왕초보 화엄경 박사 되다

정병조 지음

왕초보
화엄경 박사 되다

민족사

삼보귀의三寶歸依

이 책을 불보살님 전에 올립니다.
나무불 나무법 나무승

buddham saranam gacchami

dhammam saranam gacchami

samgham saranam gacchami

dutiyam pi buddham saranam gacchami

dutiyam pi dhammam saranam gacchami

dutiyam pi samgham saranam gacchami

tatiyam pi buddham saranam gacchami

tatiyam pi dhammam saranam gacchami

tatiyam pi samgham saranam gacchami

멀리 인도에서 유래한 불교는 북방의 실크로드와 중국, 남방의 스리랑카 등을 거쳐, 오늘날 전 세계인에게 삶과 수행의 지침이 되고 있습니다. 우리나라에는 372년 고구려를 통해 처음 들어온 이 고귀한 가르침인 불교는, 전통적인 사상의 큰 흐름을 형성하여 이미 우리의 핏줄 속에 숨 쉬고 있는 문화의 큰 축을 구성하고 있습니다.

특히 『화엄경』은 사상사적으로 중국 대륙과 우리나라에 매우 중대한 영향을 끼쳤고, 동양사상의 강력한 조류를 형성하였습니다. 『화엄경』을 바탕으로 이루어진 화엄불교의 가르침은 기존의 노장사상과 그 밖의 전통적 사고방식을 원만하게 회통시켜서, 동양인 특유의 관용적인 심성을 함양시켜 왔습니다. 『화엄경』의 원융무애한 사상은 동양의 지성인들로 하여금 세계에서도 뛰어난 정신문명의 창조자로 만드는 밑거름 구실을 했습니다.

화엄에서는 이 우주를 일심의 화현으로 파악하고 있습니다. 곧 부처님과 중생 그리고 마음을 하나로 봅니다. 다만 그 차이점은 부처님은 깨달음과 합일했기 때문에 부처님이 되었고, 중생은 번뇌에 물들었기 때문에 중생에 머물러 있는 것입니다. 『화엄경』에서는 이러한 내용을 밝히기 위해 비로자나부처님을 교주로 삼고, 문수보살을 믿음의 으뜸으로 삼으며, 보현보살을 행의 으뜸으로 삼고, 미륵보살을 결과의 으뜸으로 삼아서 설법을 전개하고 있습니다.

이 책은 『화엄경』을 요약하고 최대한 화엄불교의 이해를 돕기 위한 지침서로 쓴 것입니다. 일반 독서인들이 불교를 이해하는 데 도움이 될 수 있도록 가급적 불교용어를 풀어쓰는 것에 유념하였습니다. 그리고 서술 사이사이에 『화엄경』의 글귀를 삽입하여 독자들이 직접 『화엄경』의 원음을 들을 수 있도록 하였습니다. 『화엄경』에 대한 이해를 돕고, 아름다운 그 가르침을 전해드리고 싶다는 저의 조바심을 담았습니다.

간혹 불자들 가운데는 어떤 불교서적에 설명된 『화엄경』「노사나품」의 말씀에 감명을 받아서 실제로 경전을 찾아보았지만 도저히 찾을 수 없었다는 말을 하기도 합니다. 『화엄경』「이세간품」에 대하여 어떤 글에서는 제7회 설법이라고도 하고 다른 글에서는 제8회 설법이라고 하여, 문의하려고 해도 문의할 곳이 없어 곤혹스럽다는 말을 하기도 합니다. 혼란의 이유는 60권으로 이루어진 『화엄경』과 80권으로 이루어진 『화엄경』의 판본 차이 때문입니다.

60권으로 이루어진 『화엄경』과 80권으로 이루어진 『화엄경』의 차이를 명확히 알고 있는 전문 불교인들에게는 문제될 바가 없지만, 그렇지 못한 일반 독자들에게는 그 체계와 내용을 이해하기가 쉬운 일은 아니라 생각됩니다. 그래서 경전의 내용을 제한된 지면 안에 전부 담아낼 수는 없지만, 가르침을 추려 내어 불교공부에 도움이 될 수 있도록 구성해 보았습니다. 아울러 우리에게 익숙한 선재동자의 구법여정에 등장하는 선지식 한 분 한 분을 경전의 각 품에 소개하였습니다.

이 책을 통해서 더욱 불교와 깊은 인연을 맺어서 좋은 선근(善根)을 쌓으신다면, 그리고 혹시 처음 불교에 접하셨더라도 경전의 가르침에 조금이라도 관심을 가지게 되셨다면, 필자로서는 더할 나위 없는 기쁨이라 하겠습니다.

책의 서술을 위해 60권 『화엄경』과 80권 『화엄경』을 나란히 참조하였고, 화엄불교의 요지와 이해를 돕기 위해 「십지경론」(세친보살), 「공목장」(지상대사), 「화엄일승법계도」(의상대사), 「화엄오교장」·「탐현기」(현수대사), 「화엄경수소연의초」(청량대사), 「신화엄경론」·「약석·회석」(통현장자) 등의 서적을 참조하였습니다.

그리고 책에 실린 경전의 글귀와 게송은 동국대학교 역경원에서 출간한 『화엄경』을 참조하였고, 조계종출판사에서 발간한 화엄학 시리즈의 내용도 참고하였습니다. 아울러 용어의 자세한 풀이는 운허스님 편 『불교사전』과 대만 불광산사의 『불광사전』을 중심으로 하되 『번역명의집』 등을 참고하였습니다. 보다 깊은 이해와 공부를 원하시는 분께서는 이 서적들을 탐독하시면 될 듯합니다.

이제, 우리는 화엄의 세계로 손을 잡고 여행하기로 하겠습니다. 떠나겠습니다, 법열에 가득 찬 화엄의 세계로!

차례

제2장 화엄경 각 품의 내용

제1장

―

화엄경의 구성

화엄경과 비로자나불

『화엄경』의 원래 이름은 『대방광불화엄경(大方廣佛華嚴經)』입니다. '화엄(華嚴)'이라고 하는 말은 온갖 꽃으로 장엄(莊嚴), 장식되었다는 뜻입니다. 꽃밭에 많은 꽃이 피어 있어도 꽃과 꽃 사이는 아무런 불편함 없이 꽃을 피우는 것과 같이 화엄의 세계, 화엄에서 말하는 법계는 무애하게 공존한다는 것입니다. 이것을 사사무애관(事事無碍觀)이라고 합니다. 사물과 사물 사이에도 걸림이 없다는 뜻입니다. 그것은 마음의 세계이기 때문입니다. '경(經)'은 날실, 곧 중심축이 된다는 의미로 부처님 말씀을 담은 책을 말합니다.

『화엄경』은 석가모니부처님이 주체가 되어 법회가 열리지만, 설법자는 주로 문수보살, 보현보살 등 보살입니다. 그리고 『화엄경』에서 말하는 부처님은 비로자나불(大毘盧遮那佛)입니다. 비로자나불은 궁극적인 부처님, 근원의 부처님, 법신불입니다.

비로자나는 범어 바이로차나(Vairocana)의 흉내말〔音寫〕입니다. 그 의미는 '광명이 닿지 않는 곳 없이 두루하고 가득하여 시간과 공간을 모두 비춘다〔光明遍照〕'라는 뜻입니다.

경전의 이름을 범어로 표기할 때는 'Mahā-vaipulya-avatamsaka-sūtra'가 됩니다. 길게 풀어 보면 '대방광(mahā-vaipulya, 大方光)이라고 하는 무한대(無限大)의 부처님 가르침'이라는 뜻이 되겠습니다.

혹 다른 풀이로는 '불화엄(佛華嚴)이라는 이름의 방광(方廣)의 경(Buddhāvatamsaka-nāma-vaipulya-sūtra)'이라는 뜻도 있습니다. 간혹은 '불화엄이라는 드넓은 경(Buddhāvatamsaka-mahā vaipulya-sūtra)'이라고 표현하기도 합니다.

빛은 어둠의 구석구석까지를 밝히는 역할을 합니다. 음습한 골짜기, 어두운 세상에도 햇빛이 닿으면 모든 것은 생명의 환희로 물결칩니다. 이와 같이 부처님의 법음은 이 사바 세계의 모든 곳에 미칠 수 있고, 또 그 결과 이 세상은 상서로운 곳으로 바뀔 수 있다는 상징적 의미를 담고 있습니다.

『화엄경』은 대승불교의 시조라 할 수 있는 용수보살(Nāgā rjuna, 龍樹, 150~250경)이 삼매를 통해 용궁에서 가져왔다고 알려져 있지만, 역사적인 사실로 인정되지 않습니다. 다만 그만큼 중요한 경전이라는 뜻으로 봅니다.

사실『화엄경』은 한국뿐 아니라 중국·일본 등 동아시아 불교 국가의 가장 중요한 가르침입니다. 대승불교 사상의 핵심인 반야와 유식사상을 밑거름으로 하여 여래장사상이 싹트고 이것을 근본으로 하여 화엄의 우주관이 형성되기 때문입니다. 또 화엄은 훗날 중국 선사상을 형성하는 데도 결정적인 역할을 합니다. 즉『화엄경』은 대승불교의 세계관에 대한 완성판이자, 고대국가의 지도원리로서 자리매김을 하게 됩니다.

번역의 종류

『화엄경』은 서역승(西域僧) 즉 중앙아시아 출신의 승려들에 의해 번역, 전래되었습니다. 즉 『화엄경』은 실크로드 주변의 나라에서 여러 품이 형성되어 편집되었는데, 이 경전을 한문으로 번역한 실차난타 삼장도 중앙아시아에 있는 호탄국(于闐國) 출신입니다. 학자들은 아마도 이 지역에서 『화엄경』이 편찬되었을 것으로 추정하고 있습니다. 시기는 1세기에서 2세기 사이에 성립되었을 것으로 보고 있습니다. 특히 「십지품(Daśabhūmika-sūtra, 十地經)」과 「입법계품」 같은 경우는 별도의 경전으로 존재하고 있었습니다.

『대정신수대장경(大正新脩大藏經)』 제10권 '화엄부(華嚴部)'에 수록되어 있는 여러 경전들의 내용을 살펴보면 『화엄경』 각 품의 내용과 동일한 것이 많습니다. 이로 본다면 『화엄경』 각 품의 내용은 별도로 경명을 붙여서 번역되기도 했다는 것입니다. 간략히 도표로 나타내면 다음과 같습니다.

도표 첫 줄에 보면 후한(後漢) 때 지루가참(支婁迦讖) 삼장이 번역한 『불설도사경(佛說兜沙經)』(1권)의 경우는 『화엄경』 「명호품」·「광명각품」의 내용과 같습니다. 도표의 마지막에 제시된 「대방광불화엄경수자분」의 내용은 별역 화엄경과 거의 같은데, 사문 지승(智昇)의 『개원석교록(開元釋敎錄)』(『대정

경명	역자	품명
불설도사경(佛說兜沙經) 1권	후한(後漢), 지루가참(支婁迦讖) 삼장 (Lokaṣema, 支讖)	명호품 광명각품
불설보살본업경(佛說菩薩本業經) 1권	오(吳/三國), 우바새 지겸(支謙)	정행품
제보살구불본업경(諸菩薩求佛本業經) 1권	서진(西晉), 우바새 섭도진(聶道眞)	정행품
보살십주행도품(菩薩十住行道品) 1권	서진(西晉), 축법호(竺法護) 삼장 (Dharmarakṣa, 支法護, 曇摩羅刹, 曇摩羅察)	십주품
점비일체지덕경(漸備一切智德經) 5권	〃	십지품
불설여래흥현경(佛說如來興顯經) 4권	〃	성기품
도세경(度世經) 6권	〃	이세간품
불설보살십주경(佛說菩薩十住經) 1권	동진(東晉), 기다밀(祇多蜜) 삼장 (Gītamitra, 吉多蜜, 祇蜜多, 訶友, 歌友, 謌友)	십주품
십주경(十住經) 4권	후진(東晉-後秦), 구마라집(鳩摩羅什) 삼장 (Kumārajīva, 究摩羅什, 鳩摩羅什婆, 拘摩羅耆婆, 羅什, 什, 童壽)	십지품
현무변불토공덕경(顯無邊佛土功德經) 1권	당(唐), 현장(玄奘) 삼장	수명품
불설교량일체불찰공덕경 (佛說較量一切佛刹功德經) 1권	송(宋), 법현(法賢) 삼장	수명품
불설불설라마가경(佛說羅摩伽經) 3권	서진(西秦), 서역인 사문 성견(聖堅)	입법계품
대방광불화엄경속입법계품 (續入法界品, 화엄경입법계품) 1권	당(唐), 지바하라(地婆訶羅) 삼장 (Divākara, 日照)	입법계품
대방광여래부사의경계경 (大方廣如來不思議境界經) 1권	당(唐), 실차난타(實叉難陀) 삼장 (Śikṣānanda, 施乞叉難陀, 學喜, 喜學)	보광법당회
대방광입여래지덕부사의경 (大方廣入如來智德不思議經) 1권	〃	보광법당회
대방광보현소설경(大方廣普賢所說經) 1권	〃	별역화엄
대방광불화엄경부사의불경계분 (大方廣佛華嚴經不思議佛境界分) 1권	당(唐), 제운반야(提雲般若) 삼장 (Devaprajñā, 提雲陀若那, 天智)	별역화엄
불화엄입여래덕지부사의경계경 (佛華嚴入如來德智不思議境界經) 2권	수(陳-隋), 사나굴다(闍那崛多) 삼장 (Jñānagupta, 至德, 志德, 德志)	별역화엄
대방광불화엄경수자분 (大方廣佛華嚴經修慈分) 1권	당(唐), 제운반야(提雲般若) 삼장 (Devaprajñā, 提雲陀若那, 天智)	별역화엄

신수대장경』 제55권)에서 그 목록을 확인할 수 있습니다. 이 외에도 축법호의 『등목보살소문삼매경(等目菩薩所聞三昧經)』 3권이 있는데 『화엄경』의 「십정품(十定品)」에 해당합니다.

현재 『화엄경』은 크게 3종류가 있습니다. 도입된 시기에 따라 열거한다면 첫째가 60권본 『화엄경』이고, 둘째가 40권본 『화엄경』, 그리고 셋째가 80권본 『화엄경』입니다. 60권·40권·80권이라는 숫자는 한자(漢字)로 번역될 때 구성된 권수(卷數)에 따라서 불리어지게 된 것입니다. 이 가운데 80권본 『화엄경』을 신역(新譯)이라 하고 그 이전의 60권본 『화엄경』과 40권본 『화엄경』을 구역(舊譯)이라 합니다. 줄여서 『80화엄경』, 『60화엄경』, 『40화엄경』이라고도 합니다.

종류	역경승	국가	별칭
『60화엄경』	불타발타라	동진	구역(진역)
『40화엄경』	반야삼장	당	정원역
『80화엄경』	실차난타	당	신역(당역)

『60화엄경』은 동진(東晋) 때, 북인도 출신의 불타발타라(Buddhabhadra, 覺賢, 359년~429년) 삼장이 418년에서 420년 사

이에 한문으로 번역하였습니다. 『40화엄경』은 반야(般若) 삼장이 당(唐)에서 795년에서 798년 사이에 번역한 것으로 『60화엄경』과 『80화엄경』에 비해 축약된 형태입니다. 신역이라 불리는 『80화엄경』은 당나라 때 실차난타(Śikṣānanda 實叉難陀 652~710년) 삼장이 695년에서 699년 사이에 번역한 것입니다. 『60화엄경』이 7처 8회(34품)인 점에 비해, 『80화엄경』은 7처 9회(39품)입니다.

『80화엄경』의 가장 큰 특징은 「보현행원품」이 포함되어 있다는 것인데, 본래 『화엄경』은 39품이지만, 「보현행원품」을 넣어서 40품이라 일컫기도 합니다. 『60화엄경』은 34품, 『80화엄경』은 39품으로 구성되어 있는데, 내용면에서 큰 차이가 없습니다.

종류	구성	대표적 주석서
『60화엄경』	34품	지상대사 – 화엄경수현기
		현수대사 – 화엄경탐현기
『80화엄경』	39품	청량대사 – 화엄경연의초
		이통현장자 – 신화엄경론

그리고 『40화엄경』은 『화엄경』 39품 가운데 선재동자(善財童子)의 구법(求法)여정으로 널리 알려진 「입법계품(入法界品)」만 번역한 것입니다. 계빈국의 반야 삼장이 당나라 덕종(德宗) 정원(貞元) 연간에 번역했다고 하여 『정원화엄경(貞元華嚴經)』이라고도 합니다. 「입법계품」만 별도로 번역되어 유통된 것입니다.

『40화엄경』 - 정원화엄경	
기수급고독원	근본법회
53선지식 친견	지말법회

『40화엄경』의 내용은 부처님께서 사자처럼 용맹스럽게 설법하는 삼매인 사자분신삼매(師子奮迅三昧)에 드시자, 온 세상에 있는 티끌의 수와도 같이 많은 보살들이 한결같이 찬탄하는 가운데 보현보살이 열 가지 방법으로 삼매에 듭니다. 이때 법왕자(法王子) 문수보살(Mañjuśrī, 文殊師利, 曼殊室利)의 가르침에 따라 선재동자가 53인의 선지식을 차례로 뵙게 되어 그분들의 수만큼의 법문을 듣고 깨달음을 얻게 됩니다. 선재동자의 이러한 구법여정이 끝남과 동시에, 부처님께서

보현보살을 찬탄하자, 보현보살은 게송으로 답하면서 경전은 끝을 맺게 됩니다.

『화엄경』 가운데 범어로 편찬되어 전해지고 있는 것은 「십지품」과 「입법계품」의 2종류입니다. 이 두 품은 나중에 『화엄경』을 편찬할 때에 그 속에 편입되었지만, 이미 별도로 유통되고 있었다는 것은 각 품의 완성도가 높기 때문이라고 할 수 있습니다. 이 세 가지 번역본 가운데 『60화엄경』과 『80화엄경』이 가장 많이 애송되고 연구되어 왔습니다. 돈황에서 발견된 『50화엄경』도 있었다고 하지만, 여기서는 언급하지 않겠습니다.

2 화엄경 설법의 의미

제목에 나타난 중심사상

무수히 많은 국토(세계)와 수많은 중생들이 등장하는 방대한 분량의 『화엄경』 가운데에서 그 중심사상과 의미를 추려 내기란 쉽지 않습니다. 방대한 『화엄경』 속에는 중요한 주제들이 여러 가지 등장하기 때문입니다.

옛 스님들 가운데는 평생 경전을 읽고 연구해 온 분들이 많습니다. 옛 고승들은 경전의 이름에 대한 해석을 통해 그 중심사상을 이해시키고 있는데, 이를 흉내 내어 보면 다소나마 그 실마리를 찾아볼 수 있지 않을까 싶습니다.

경전의 이름을 통해서 실마리를 찾아본다는 것은 이름을 통해 경의 세계관과 그 가르침의 핵심을 헤아려 보는 방법이라고 할 수 있습니다. 경의 이름은 곧 그 경전의 내용을 압축, 대표하고 있기 때문입니다.

『대방광불화엄경(大方廣佛華嚴經)』의 글자 하나씩 살펴볼 때 그 의미는 다음과 같습니다.

'대(大)'는 '크다'는 뜻입니다. 크다는 것은 부처님의 가르침을 뜻합니다. 곧 '온 세계'라는 뜻으로 불교에서는 일체법계(dharma-dhātu, 法界, 法性)라는 말로 표현합니다. 진리가 온 세계에 두루 걸쳐 있다는 뜻입니다. 시간적으로는 과거 · 현재 · 미래에 걸쳐 항상 존재하고, 공간적으로는 시방의 모든 곳에 두루하다는 뜻입니다. 이것을 말로는 표현하기 힘들다고 하여, '불가사의(不可思議)'라고 합니다. 굳이 말로 표현한다면 '법계(法界)'라 할 수 있으며 그것을 '크다'로 표현한 것입니다.

불교 전반에 걸쳐, 특히 화엄에서 가르치고 있는 진리란 바로 일심(一心) 즉 우리의 이 마음입니다. 마음이 곧 불성이며, 이 불성은 영원한 진리입니다. 그래서 화엄에서 제시하고 있는 '크다'는 의미는 본체가 허공과 같이 넓고 무한하며 늘 항상한 영원한 진리인 것입니다. 진리란 여래의 본체인데 묘하고 뛰어나서 불가사의하다고 표현하는 것입니다.

'방(方)'은 형상이 반듯하고 정법(正法)을 지녔기에 삿되지 않으며 또한 평등하여 옮겨지거나 움직이지 않음을 의미합니다. 앞의 '대(大)'가 체(體) 즉 몸체라면 '방(方)'은 용(用) 즉 작용이 되겠습니다. 눈앞의 세계 외에도 수많은 시간과 공간을 가진 세계가 무수히 있으며, 이 세계는 모두 언제 어디서나 질서 정연하고 변함이 없다는 뜻입니다.

'광(廣)'은 '광대하다'는 뜻입니다. 앞의 체 즉 대(大)와 그리고 용인 방(方)의 조화가 '광(廣)'이라 할 수 있습니다. '광대하다'는 것은 바로 깨달음의 작용을 뜻합니다. 모든 것을 널리 포함하고 있으며, 또한 그 범위 안에 해당하지 않는 것이 없기에, 작용은 본체에 걸맞고 하늘과 같이 두루 편재합니다. 그래서 옛 고승들은 이 경전을 줄여서 '각행경(覺行經, 깨달음을 실천하는 경)'이라고도 했습니다.

다음 '불(佛)'은 깨달음[覺]을 뜻합니다. 혹은 진리를 구현한 인격자를 의미하기도 합니다. 인격적으로는 비로자나부처님을 뜻하고, 가르치신 법으로는 원만(圓滿)하고 원통(圓通)한 궁극의 가르침인 '화엄의 가르침'이 되겠습니다.

진리를 깨달은 이는 스스로 깨닫는 동시에 다른 이를 깨닫게 합니다〔覺行窮滿〕. 실로 심오하고 미묘한 마음을 깨닫는 것입니다. 바로 화엄법계의 이치를 올바로 아는 묘각(妙覺)을 깨우친 분이 되겠습니다. 이 부처님의 이름은 비로자나부처님입니다.

다음 '화(華)'는 아름다운 '꽃'의 비유가 되겠습니다. 꽃은 열매를 수반하게 됩니다. 단순한 꽃이 아니라, 부처님의 세계를 꽃으로 비유한 것이며 바로 보살이 꽃으로 부처님 세계를 꾸미는 것입니다.

보살이 부처님 세계를 꽃으로 꾸민다는 것은 중생 구제를 위해 실천행을 시행한다는 의미도 되고, 이 세계 자체가 온갖 꽃으로 장엄되어 있는 무궁무진한 '부처님의 바다'라는 뜻도 됩니다. 혹은 수행의 공덕을 잘 닦아 정진해 가는 것은 깨달음〔佛果〕의 원인이 되는 실천행〔因行〕이기에 이를 꽃에 비유한 것이 됩니다.

이 꽃을 연꽃이라 규정하고 조금 깊이 생각해 보면 더욱 놀라운 세계가 펼쳐집니다. 현실의 연꽃은 진흙 속에서도 청정하게 꽃을 피우는데 그 고결함은 마치 수행자의 청정한 덕(德)과도 같습니다.

그리고 보통 꽃(因)이 핀 다음 열매(果)가 맺히게 됩니다만, 이 연꽃은 독특하게도 꽃과 열매가 동시에 결실을 맺게 됩니다. 우리가 살아가는 이 사바세계는 겉으로 보기에는 부족하고 더러운 것 같지만 수승한 성현(聖賢)의 가르침이 모두 갖추어진 세계이기도 합니다.

그래서 화(華)를 '연화장 세계'라고 볼 수도 있습니다. 『화엄경』에서는 공간과 시간에 걸쳐 셀 수 없을 정도로 무수히 많은 세계가 비로자나부처님의 세계를 구성하고 있다고 보고 있습니다. 지금 우리가 몸담고 있는 사바세계를 보더라도 중생의 숫자만큼 무량하고 다양한 세계가 있을 수 있습니다. 학자의 길, 수행자의 길, 부랑자의 세계, 정치판, 서민들의 삶, 그뿐 아니라 짐승의 세계, 식물나라, 무생물의 세계 등 실로 무궁한 세계가 있습니다. 그 세계들은 눈에 보이지 않지만 서로 유기적인 연관 관계에 있기도 합니다.

'엄(嚴)'은 '장식', '장엄', '청정' 등을 의미하는데 꽃으로 장엄되어 있다는 뜻입니다. 즉 '곧고 바른 보살의 실천행을 공덕의 꽃으로 장엄했다'는 뜻입니다.

마지막으로 '경(經)'은 부처님 말씀을 뜻합니다. 더 구체적으로는 부처님 말씀을 담고 있는 그릇입니다. 바다와 같이 많은 대중을 거두고 또한 영구히 변하지 않는 진리를 담아 두는 틀이라 하겠습니다.

大 —— 법계는 허공처럼 넓고 끝없어 항상하고 모든 세계를 포함함.

方 —— 형상은 법계와 같아 반듯하고 삿되지 않으며 평등함.

廣 —— 작용은 하늘처럼 두루하여 막히거나 장애 될 것이 없음.

佛 —— 심오하고 미묘한 화엄법계의 이치를 깨친 분.

華 —— 수행결과〔佛果〕를 맺는 수행공덕〔因行〕.

嚴 —— 인행(因行) 즉 수행의 꽃으로써 불과(佛果, 부처님의 경지)를 장엄.

經 —— 오묘한 뜻을 수용한 바다.

정리하면 '대방광(大方廣)'이란, 크고 광대하다는 뜻으로 부처님의 지혜를 뜻합니다. 근본적인 지혜〔根本智〕인데, 근본 지란 평등한 불성 즉 진여(眞如)입니다. 그리고 '화엄경'은 미묘한 행을 뜻합니다.

우주 일체를 구성하는 모든 중생들의 마음과 몸의 본바탕을 불교에서는 법계라고 합니다. 이 법계는 본래부터 신령스러우면서도 밝고 또한 광대하며, 고요한 참된 실상입니다. 이러한 가르침을 쉽게 이해할 수 있도록 그물망에 비유된 법계(dharmadhātu, 法界)로 설명됩니다.

법계는 모든 중생들의 몸과 마음의 본바탕입니다. 마음은 원래부터 밝고 깨끗하며 고요합니다. 그 형체나 모양은 없지만 모든 세계에 가득하고, 막힘없이 온갖 존재들을 품고 있습니다. 법계는 또한 마음속에 분명 존재하지만 딱히 그 모양을 볼 수 있는 것이 아닙니다.

화엄의 부처님

『화엄경』에서는 부처님께서 직접 법을 설하지 않으시고, 문수보살, 보현보살 등 보살들이 설합니다. 보살들이 삼매에 들어 있다가 부처님의 지혜광명을 받아서 대신 법을 설합니다. 보살들이 법을 설하지만 그것은 곧 부처님께서 설하는 것과 다름없습니다. 다른 경전에서는 부처님께서 직접 법을 설하는데, 그와 비교한다면 독특한 구성이라 하겠습니다.

『화엄경』 설법을 주관한 부처님은 석가모니부처님이지만,

『화엄경』에서 말하고 있는 부처님은 법신불인 비로자나불입니다. 비로자나(vairocana)부처님은 궁극적 진리인 법신불의 다른 표현입니다. 그리고 『화엄경』의 가르침을 펴시는 부처님은 노사나불이라 할 수 있습니다. 비로자나불과 노사나불은 동체(同體)로서 같은 분이지만, 진리로서의 부처님은 비로자나불이고, 말씀을 통해 가르침을 펼 경우 노사나불이라고 지칭합니다. 비로자나불은 법계의 이치, 법계의 경지를 설하는 분입니다.

비로자나부처님은 여러 소리와 색과 법의 맛 등의 방식을 통해 최고의 진리를 끊임없이 설하시며 광명을 온 누리에 비추고 있습니다. 그렇다고 직접적으로 이 법은 이러하다, 저 법은 저러하다고 언급하지는 않습니다. 우리가 살고 있는 이 땅만이 아니라 온 누리에 걸쳐 끝없는 시간과 끝없는 공간에서 조용한 미소를 머금으며 늘 비추고 있기 때문입니다.

비로자나(毘盧遮那)를 비로사나(毘盧舍那) · 비로절나(鞞嚧折那) · 폐로자나(吠嚧蔗那) · 노사나(盧舍那) · 자나(蔗那)라고도 씁니다. 그 뜻은 '지혜의 광명을 두루 비춘다'는 뜻으로, 변조자나(遍照蔗那, 두루 지혜를 비추다) · 변일체처(遍一切處, 일체처에 두루하다) · 광명변조(光明遍照, 광명이 두루 비추다) · 변조(遍照, 두루 비추다)라고도 합니다. 여기서 '광명'이란 '밝은 지혜'를 의미합니다.

화엄에서는 법신·보신·응신(화신)이라는 말을 잘 쓰지 않고 그 대신 비로자나불·노사나불·석가모니불이라는 말을 씁니다. 그런데 중요한 것은 이 세 분의 부처님은 각기 다른 분이 아니라 한 부처님, 즉 동체(同體)로서 각각의 역할에 의하여 달리 부를 뿐입니다. 표현이 다를 뿐 비로자나·노사나·석가모니는 동일한 불신(佛身)을 달리 일컬음에 지나지 않습니다. 법상종에서는 자성(自性)·수용(受用)·변화(變化)의 3신(身)에 해당하며, 천태종에서는 비로자나·노사나·석가모니의 3신으로서 법신(法身)·보신(報身)·응신(應身, 화신)에 해당합니다.

해인삼매(Sāgaramudrā-samādhi)는 화엄의 기본적인 삼매이며 비로자나불의 근본삼매입니다. 능히 살필 수 있는 지혜이면서 객관적인 모든 대상을 다 포괄할 수 있는 실천행입니다. 둘이 없이 녹아 융통하여 이쪽과 저쪽의 분별이 사라지고 끊기는 것입니다. 곧 온 누리를 그대로 비추고 드러내는 작용입니다.

흔히 우리가 들어왔던 '일심(一心)'이라든지 '진여본각(眞

如本覺)'등으로 이해할 수 있습니다. 번뇌가 다하여 마음이 청정해지면 일체 모든 세계가 본 모습을 드러내는 것과 같습니다. 마치 바람이 그치면 파도가 잠잠해져서 깨끗한 모습을 드러내는 것과 같지요. 그래서 법성 진여의 바다를 다른 이름으로 '해인삼매'라고 하는 것입니다. 도장을 찍으면 원본과 같은 그림이 나오듯 법계 그 자체 그대로 투영되는 원리를 밝히는 삼매이기에, 삼매 중의 삼매라 할 수 있습니다.

지금까지 경전의 이름을 해석하여 그 종요(宗要, 가르침의 으뜸되고 요긴한 핵심)를 살펴보았습니다.

『화엄경』은 제1부와 제2부, 또는 전편과 후편으로 나누어 볼 수 있습니다. 『60화엄경』을 기준으로 할 때, 1부는 제1품인 「세간정안품(世間淨眼品)」에서부터 제33품인 「이세간품(離世間品)」까지입니다. 이어 2부는 제34품인 「입법계품(入法界品)」 한 장(章)이 되겠습니다. 먼저 이 경의 구성을 대략적으로 살펴본 다음 각 품의 내용을 상세히 살펴보도록 하겠습니다. 전통적인 구분법에 의하면 신(信)·해(解)·행(行)·증(證)의 넷으로 구분하기도 하고 설법이 행해진 곳과 횟수를 기준으로 구분되기도 합니다. 이에 대해서는 품(品)의 설명에서 논의해 보기로 하고 여기서는 먼저 설법의 장소와 횟수에 대해 짚어 보겠습니다.

『화엄경』은 7처 8회(七處八會)로 구성되어 있습니다. '7처 8회'란 『화엄경』을 모두 일곱 곳에서 여덟 번 설했다는 뜻입니다. 『60화엄경』을 설한 곳은 지상에서 3곳, 천상에서 4곳입니다. '처(處)'란 바로 설법한 장소를 말합니다. 그리고 '회(會)'란 횟수를 의미합니다. 지상의 장소는 적멸도량과 기수급고독원(서다림) 그리고 보광법당인데, 보광법당에서는 2번 거듭 설해집니다.

『60화엄경』은 모두 34품으로서 7처 8회이고, 『80화엄경』은 모두 39품으로서 7처 9회입니다. 『80화엄경』의 경우 별도로 유행되고 있는 「보현행원품」을 넣으면 40품이 됩니다.

천상의 장소는 수미산의 정상에서 타화자재천까지 차츰 높은 곳으로 그 설법 장소가 옮겨 갑니다. 지상의 3곳과 천상의 4곳에서 설한 장소를 가리켜 '인삼천사 화엄7처(人三天四 華嚴七處)'라고 합니다. 인간세계에서 3번, 천상에서 4번 설했다는 뜻입니다. 이 7처에서 설법했다는 것은 『80화엄경』과 『60화엄경』 모두 같습니다.

『60화엄경』의 설법

제1품 – 세간정안품 ┐

제2품 – 노사나불품 │

제3품 – 여래명호품 │

제4품 – 사제품 ├ 지상(地上)법회

제5품 – 여래광명각품 │

제6품 – 보살명난품 │

제7품 – 정행품 │

제8품 – 현수보살품 ┘

제9품 – 불승수미정품 ┐

제10품 –묘승전상설게품 │

제11품 –보살십주품 │

제12품 –범행품 │

제13품 –초발심보살공덕품 │

제14품 –명법품 │

제15품 –불승야마천궁자재품 ├ 전편

제16품 –야마천궁보살설게품 │

제17품 –공덕화취보살십행품 │

제18품 –보살무진장품 │

제19품 –여래승도솔천궁일체보전품 ┘

제20품 —도솔천궁보살운집집찬불품

제21품 —금강당보살십회향품

제22품 —십지품

제23품 —십명품

제24품 —십인품

제25품 —심왕보살문아승지품 ——천상(天上)법회 『60화

제26품 —수명품 엄경』의

제27품 —보살주처품 34품

제28품 —불부사의법품

제29품 —여래상해품

제30품 —불소상광명공덕품

제31품 —보현보살행품

제32품 —보왕여래성기품 ——

제33품 —이세간품 ——————
——지상(地上)법회 ——후편
제34품 —입법계품 ——————

　덧붙여 이 책을 읽기 위한 중요한 열쇠의 하나로서 '본체
와 작용', '원인과 결과'에 대해서 살펴보겠습니다.

　『화엄경』에는 많은 불보살이 등장합니다. 중요하지 않은
분들이 없지만 대표적으로 비로자나부처님, 문수보살, 보현

보살 등을 들 수 있습니다.

이 경전은 법신불(法身佛)인 비로자나부처님을 본체로 삼고 있고, 문수보살의 미묘한 지혜〔智〕로 그 작용을 삼고 있으며, 지혜에 의지하여 번뇌를 끊은 보현보살의 미묘한 실천〔行〕을 원인으로 삼고 있습니다. 그리고 수행을 통하여 지혜가 원만하면 일생보처인 '미륵보살(Maitreya, 彌勒菩薩)'의 결과〔果〕를 이루게 된다고 설명합니다. 수행의 원만한 덕을 결과라고 한다면 수행의 과정은 그 경과입니다.

원만한 수행 즉 인행(因行)은 반드시 좋은 결과를 가져오게 되며, 원만한 과덕(果德)도 반드시 좋은 원인을 품고 있습니다. 상호 융통하여 상대(相對)하고 상융(相融)하는 것이며 이를 평등인과(平等因果)라 합니다.

비로자나부처님	——————	본체
문수보살	——————	작용
보현보살	——————	원인
미륵보살	——————	결과

화엄에서는 비로자나부처님을 교주로 삼고, 문수보살을

믿음의 으뜸으로 삼고, 보현보살을 행의 으뜸으로 삼고, 미륵보살을 결과의 으뜸으로 삼습니다. 비로자나부처님을 교주로 삼은 까닭은 본체를 세우기 위한 것이고, 문수보살을 믿음의 으뜸으로 삼은 것은 작용을 일으키기 때문입니다. 보현보살이 실천행을 여실히 하는 바는 원인을 보이기 위함입니다.

또한 보리심이라는 선근에 대하여 문수보살이 그 싹을 틔우고, 관음보살(Avalokiteśvara, 觀世音菩薩 · 觀自在菩薩)은 그 싹을 키우며, 보현보살이 열매를 맺음도 간과해서는 안 되겠습니다.

이 관계를 상징적으로 음미한다면 다음과 같은 설명이 가능합니다. 불교의 입문은 지혜, 즉 문수보살입니다. 그 불교적 실천은 관음, 곧 자비의 실현입니다. 아울러 불교의 완성은 보현의 행원입니다. 선재동자의 구법행각에서 첫 번째 만남이 문수였고, 마지막 회향이 관음을 거쳐 보현에 이르는 것도 바로 이런 까닭 때문입니다.

지상과
천상의 설법 3

화엄경의 전개 방식

『60화엄』의 전개를 하나의 대서사시로 보아 그 흐름을 나누어 본다면, 제1부는 지상(地上)의 2곳, 천상(天上)의 4곳, 다시 지상의 1곳으로 모두 7처가 됩니다. 그리고 제2부는 역시 지상의 나머지 1곳(입법계품)으로 구성되어 있습니다. 모두 8장으로 총 34품의 구성입니다. 『화엄경』은 인류사에 유래 없는 광활한 대서사시입니다. 아름답고 웅장한 화엄의 메시지는 법신이신 부처님, 그 가능성을 잉태한 중생, 그리고 중생심의 근원인 일심에 대해서 노래하고 있습니다.

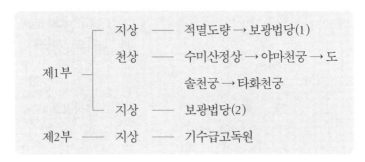

마지막의 제34품은 기수급고독원 서다림회로 여기서 그 유명한 「입법계품」의 가르침이 펼쳐지는데 우리가 흔히 일컫는 '선재동자 구법 이야기'가 이에 해당합니다. 39품으로 구성된 『80화엄경』에서는 마지막 품인 제39품이 여기에 해당합니다. 여기에 「보현행원품」이 추가되어 40품으로 구성되어 있다고 보는 견해도 있습니다.

특히 선재동자 구법의 여정은 내용면에서나 구성면에서 치열한 구도의 과정을 제시함으로써 앞서 언급된 경전의 여러 내용이 다시금 요약되고 있어, 경전의 백미를 이루고 있습니다.

참고로 말씀드리자면, 간혹 『화엄경』이 40품으로 언급되기도 하는데, 여기에는 두 가지 뜻이 있습니다. 첫째가 방금 앞에서 언급한 제40품인 「보현행원품」을 마지막 품으로 여겨 경전에 합치시킨 것인데. 주로 통현(通玄) 장자가 이러한 입장을 취하고 있습니다. 이 경우 「보현행원품」이 급고독원에서 설해졌기 때문에 7처 10회의 설법으로 합산됩니다. 여기서 2번 이상 반복된 처소는 하나로 계산됩니다.

두 번째는 『화엄경』을 10처 10회 40품으로 보는 입장입니다. 송나라 계환(戒環) 선사의 관점인데, 중복된 처소를 모두 합쳐서 합산합니다. 보광명전의 설법이 원래 『80화엄경』에서는 3번에 걸친 3회로 이루어지기 때문에, 세 곳 모두 합산하여 9처 9회로 삼게 됩니다.

여기에서 주의해야 할 점은 3선천(三禪天)의 1품이 누락되었다고 판단하여 그 결과 3선천 1회를 추가하여 10처 10회 40품으로 삼고 있는 것입니다. 참고로 초선천의 이름은 이생희락지(離生喜樂地), 제2선천의 이름은 정생희락지(定生喜樂地), 제3선천의 이름은 이희묘락지(離喜妙樂地), 제4선천의 이름은 사념청정지(捨念淸淨地)입니다.

『80화엄경』을 기준으로 중심 내용과 설법의 장소에 대해 살펴보기로 하겠습니다. 앞에서 화엄에서는 비로자나부처님을 교주로 삼고, 문수보살을 믿음의 으뜸으로 삼고, 보현보살을 행의 으뜸으로 삼고, 미륵보살을 결과의 으뜸으로 삼고 있다고 소개하였습니다. 그 내용을 염두에 두고 경전의 내용을 생각해 보신다면 크게 도움될 듯합니다.

설법의 주요 내용

경전이 설해진 장소는 중복된 곳을 제외한다면 모두 7곳이 됩니다. 이를 『60화엄경』에서는 8회의 설법으로 보고, 『80화엄경』에서는 9회 설법으로 보고 있다고 말씀드렸습니다. 『80화엄경』을 기준으로 설법의 처소와 내용을 살펴보면 다음의 표와 같습니다.

이 7처의 장소는 보리도량, 보광명전, 도리천궁, 야마천궁, 도솔타천〔도솔천궁〕, 타화자재천, 서다원림〔기수급고독원〕인데, 그 가운데 보광법당〔보광명전〕에서는 3번에 걸쳐 설해져서 모두 9회 설해집니다.

처음의 제1회 설법에서는 부처님께서 보현보살에게 가피를 주어 설하게 하셨는데, 「세주묘엄품」, 「여래현상품」, 「보현삼매품」, 「세계성취품」, 「화장세계품」, 「비로자나품」 등 6

설법의 처소	『80화엄경』 법문
제1회 보리도량회	여래의 의보인과(依報因果)
제2회 보광법당〔보광명전〕	10신 법문
제3회 도리천궁	10주 법문
제4회 야마천궁	10행 법문
제5회 도솔타천	10회향 법문
제6회 타화자재천궁	10지 법문
제7회 보광법당	원인의 원만〔因圓〕·결과의 가득함〔果滿〕
제8회 보광법당	보현의 실천행
제9회 실라벌성 서다원림 -9회 말미 보리도량	입법계법문 / 근본과 지말 보리도량으로 회귀하여 끝과 시작의 일치

품을 설했습니다.

제2회 설법에서는 보광법당, 즉 보광명전에서 문수보살이 설주(說主)가 되어 10신(十信)의 법문이 설해집니다. 이 설법에서는 모두 열 가지 '수(首)' 자가 들어가는 이름의 보살들이 함께 계시는데, 10신의 법문이 말할 수 없이 많은 공덕을 가지고 있으며 여러 수행의 으뜸이 되기 때문입니다. 2회에는 「여래명호품」, 「사성제품」, 「광명각품」, 「보살문명품」, 「정행품」, 「현수품」 등 6품을 설했습니다.

제3회에서는 법혜보살(法慧菩薩)이 설하게 되는데 10주(十住)의 법문이 설해집니다. 십주의 법문이 지혜의 마음을 증가시키기 때문입니다. 3회에서는 「승도리천궁품」, 「도리천궁게찬품」, 「십주품」, 「범행품」, 「초발심공덕품」, 「명법품」 등 6품을 설했습니다. 이 가운데 「도리천궁게찬품」은 「승수미산정품」 혹은 「수미산정게찬품」으로도 불립니다.

제4회에서는 공덕림보살(功德林菩薩)이 설법하는데, 10행(十行)의 법문이 설해집니다. 10행법의 실천행이 마치 수풀의 나무처럼 솟아 있고 숲의 그늘과 같이 시원함을 주기 때문에 보살 이름에 수풀 '림(林)' 자를 사용한 것입니다. 이 4회의 설법에서는 「승야마천궁품」, 「야마천궁게찬품」, 「십행품」,

「십장품」등 4품을 설했습니다.

　제5회 설법은 10회향의 법문으로 금강당보살(金剛幢菩薩)이 설합니다. 중생에게 돌려주는 10회향의 공덕은 높고 숭고하게 솟아 있는 것이 마치 깃대〔깃발〕와도 같고 탐욕의 번뇌를 부수는 병사의 군기와도 같습니다. 그런 까닭에 깃발 혹은 휘장이라는 의미를 가진 '당(幢)' 자를 사용하여 보살 이름이 금강당보살이 된 것입니다. 「승도솔천궁품」, 「도솔궁중게찬품」, 「십회향품」 등 3품을 설했습니다.

　제6회의 설법에서는 1품이 설해지는데, 「십지품(十地品)」입니다. 이 법문은 타화자재천궁에서 10지(地)의 수승한 법문을 설한 것입니다. 또한 수승한 까닭에 화락천을 뛰어넘습니다. 이 법문은 금강장보살(金剛藏菩薩)이 설합니다. 10지의 법문은 모든 것을 품고 길러내는 공덕을 가집니다. 그래서 품고 저장하다는 의미에서 보살 이름에 '장(藏)' 자를 사용하게 됩니다.

　제7회의 설법은 보광법당에서 거듭 설해집니다. 보현보살의 설법으로 행하여지는데, 법계에 두루 원만한 공덕〔行德〕은 원인도 원만하고 결과도 수승함을 설하고 있습니다. 「십정품」, 「십통품」, 「십인품」, 「아승지품」, 「여래수량품」, 「보살주처품」, 「불부사의품」, 「여래십신상해품」, 「수호광명공덕품」, 「보현행품」, 「여래출현품」입니다.

　제8회의 설법은 세 번째로 설해지는 보광법당의 설법입니다. 해당하는 품은 1개로 「이세간품」입니다. 여기서는 보현보살의 법문으로 그 대행(大行)이 설해집니다. 수행으로 삼을 2천 가지의 실천행법이 등장하며, 하나하나 모두 원만하게 거두어집니다. 보광법당은 앞서 제2회의 10신(信) 법문이 설해진 장소입니다. 발심의 처음 자리에서 시작하여 마지막 성불에 이르기까지 처음의 원인이 누락되지 않고 모두 같이 닦아 나아감을 의미합니다.

　제9회 설법은 「입법계품」에 해당합니다. 실라벌성 서다원림(室羅筏城 逝多園林) 즉 기수급고독원의 중각강당 서다림회에서 법계(法界)의 법문을 설하고 있습니다. 이때 여래께서는 스스로 사자빈신삼매(獅子嚬呻三昧)에 드십니다. 그리고 모든 중생들로 하여금 법계를 단번에 증득하게 하고자 모습을 나투어 설하십니다. 설하시는 분은 보현보살이며, 법계를 열어보이는 분은 보현보살과 문수보살 두 분입니다. 법계를 열어보임을 시작으로 하여, 100군데의 성에 있는 선지식들이 나란히 함께 설하는 것입니다. 이 법문에서는 근본과 지말을 함께 밝히며, 더불어 돈점(頓漸)을 설하여 법계의 증득함을 밝힙니다.

이 9회를 엮어 경전을 4부분 즉 신(信)·해(解)·행(行)·증(證)으로 나눌 수 있습니다. 1회 설법은 '결과를 보여 즐겁게 믿음을 내기 권하는 부분[擧果勸樂生信分]', 2회 설법에서 7회 설법에 이르기까지는 '인행을 닦아 과위에 합치하여 이해를 내는 부분[修因契果生解分]', 제8회 설법은 '법에 의지하여 닦아 정진하여 행을 이루는 부분[托法進修成行分]', 제9회 설법은 '사람에 의지하여 증득해 들어가 과덕을 이루는 부분[衣人證入成德分]' 등입니다. 이를 줄여 신-해-행-증이라 합니다.

화엄의 설법은 비로자나부처님의 설법에 대하여 각기 다른 근기를 가진 자들이 각각 다른 시간과 장소에서 각기 다른 법문으로 들으면서 이익을 얻는 묘용(妙用)의 힘을 가집니다. 그래서 경전에서는 지상과 천상에서 설해지는 법문이라 하더라도, 그 법문은 온갖 세계에 걸쳐 두루두루 설해지는 것입니다. 다시 말해서 법문의 내용은 같지만 각자 자신의 근기에 맞게 이해하여 깨달음을 얻게 되는 것입니다.

우리가 사는 이 세계를 불교에서는 사바세계라 합니다. 이 사바세계를 '인토(忍土)'라고 하는데, 끊임없이 고통을 감내하면서 살아가야 하는 곳이라는 뜻입니다. 그런데 이 사바세계는 바로 『화엄경』의 주불(主佛)인 비로자나부처님이 만든 연화장세계의 일부입니다. 『화엄경』의 설법은 우리 사바세계는 물론이고 기타 모든 법계(세계)에 두루하게 됩니다. 설법이 설해지는 곳 그리고 그 설법의 내용은 곧 그 법계입니다. 법계는 진여의 다른 표현이기도 합니다.

우리가 살고 있는 이 사바세계에 설해지는 그 법문은 다른 세계에도 동시에 설해지는 것입니다. 이것이 바로 화엄설법의 묘미입니다. 그리고 이렇게 설해진 법문은 다시 거듭하고 거듭하여 우주 공간에 두루 설해집니다. 그리하여 한 곳의 부처님만이 아닌 백억 세계의 모든 부처님과 중생이 더불어 함께 연화장의 노래를 부릅니다. 그 진여의 경지는 하나의 티끌 속에도 존재하고 있습니다. 겨자씨 같은 작은 티끌 속에서도 시방세계의 오묘한 철리가 숨어 있는 것입니다. 그것이 연화장세계의 섭리이며 우주의 질서입니다.

제2장

—

화엄경 각 품의 내용

부사의(不思議)한 민음 1

첫 번째 설법

7처 설법 중 제1회 설법의 주체는 보현보살(Samantabhadra, 普賢菩薩)입니다. 보현보살은 비로자나여래장신삼매(毘盧遮那如來藏身三昧)에 들었다가 깨어나 비로자나부처님의 성불 과정과 그 덕에 대해 설명하고 있습니다. 구역인 『60화엄경』에서는 적멸도량(寂滅道場)이고, 신역인 『80화엄경』에서는 이를 보리도량(菩提道場)이라 표기합니다.

그리고 제1회의 설법은 『60화엄경』의 경우 제1품인 「세간정안품」과 제2품인 「노사나불품」에 해당합니다. 이 「세간정안품」은 『80화엄경』에는 「세주묘엄품」에 해당합니다. 그리고 『60화엄경』의 제2품 「노사나불품」은 『80화엄경』에서는 「여래현상품」·「보현삼매품」·「세계성취품」·「화장세계품」·「비로자나품」의 다섯 품에 해당합니다. 초회 설법의 중심이 되는 광명은 입 안의 치아에서 나오는 광명과 눈썹 사이의 광명입니다.

---

[1] **세주묘엄품**(世主妙嚴品)

『80화엄경』에서 말하는 '세주(世主)'란 직접적으로는 비로자나불을 말하지만, 사실은 천왕과 산왕·해왕 등의 여러 성중까지를 아울러 일컫는 말입니다. 구체적으로 부처님의 복덕과 위신력(威神力)을 받아 세간을 보호하기에 '세주'라 하는 것이며 동시에 이들은 부처님의 설법을 듣는 대중입니다. '묘엄(妙嚴)'이란 바로 이러한 대중들이 부처님께서 계시는 도량에 와서 장엄을 하기 때문에 '세주묘엄'이라 칭해지는 것입니다.

장엄을 어떻게 하는가 하면, 이 경의 처음에 모든 신과 천왕 등 팔부의 대중이 모두 세간의 주(主)가 되어 각각 시방

불세계의 티끌 수처럼 많은 대중을 거느리고 함께 와서 도량을 장엄하며 부처님과 보살이 아울러 세간주가 되어 곧 중생을 이끌어 갑니다. 이 1회 설법인 보리도량에서 보현보살은 삼매에 들었다가 깨어나, 모두 부처님의 위신력을 이어받아 여러 대중들에게 부처님의 가르침을 설합니다.

경전은 다음과 같이 시작됩니다.

> 이와 같이 내가 들었다.
> 부처님께서 마갈제국(摩竭提國) 아란야법(阿蘭若法) 보리도량(菩提道場)에 계시니, 바야흐로 정각을 이루신 때였다.

적멸도량의 보리수 아래에 대각(大覺)을 이루신 부처님께서 묵묵히 앉아 자비와 광명의 빛을 발하고 계시는 장면이 나옵니다. 정각을 이루신 그 자리는 모두 보리로 장엄되었습니다. 거기에는 시방 불세계(佛世界)의 수많은 이들이 모여 있는데, 10신(信)과 10주(住), 10행(行)과 10회향(回向) 그리고 10지(地)를 표시하는 여러 대보살들과 금강역사(金剛力士), 도량신(道場神), 용신(龍神), 약초신(藥草神), 곡신(穀神), 해신(海神), 풍신(風神), 허공신(虛空身), 주방신(主方神, 方位를 주관하는 神), 주주신과 주야신(主晝神·主夜神, 밤과 낮을 주관하는 신), 아수라(阿修羅), 가유라(伽留羅), 긴나라(緊那羅), 마후라가(摩睺羅伽), 구반다(九槃茶), 월천자(月天子), 일천자(日天子) 등이 모였고, 그 밖에 6욕천(六欲天)의 왕들이 모였는데 이들은 한결같이 광명을 발하였습니다.

부처님께서는 여러 보살들과 각각의 왕들이 세계의 깊은 뜻을 알고자 하는 생각을 가진 것을 보시고 일체의 모든 세계를 환히 비춰 보이십니다. 법회에 운집한 대중들은 차례로 이제 막 성각(成覺)하신 부처님을 찬탄·찬양하는 노래를 읊게 됩니다.

이 경전에서 언설하고자 하는 중요한 내용을 등장하는 보살·신중들이 찬탄으로써 표시하고 있습니다. 그러다 보니 화엄의 수행계위에 해당하는 수많은 분들이 끊임없이 등장하여, 중생을 교화하기 위한 당위성을 천명하고, 이를 주관하시는 부처님의 덕에 대해 멈추지 않고 설명합니다. 한결같이 이분들은 무량하고 헤아릴 수 없는 세계가 모두 비로자나 부처님의 덕이 불가사의(不可思議)하여 두루하지 않음이 없음을 찬탄합니다.

1. 의업(意業)과 신업(身業)과 어업(語業)

2. 불가사의함

3. 수승한 여래의 위세

4. 깊고 광활한 여래의 복과 덕

5. 여여(如如)한 거래(去來)

6. 원만한 상호

7. 구름같이 자재한 덕과 언설

8. 자재로이 중생을 교화

9. 원만하고 두루한 법신(法身)

10. 현상과 실재에 미치지 아니한 곳이 없고 일체에 융통
    (融通)

처음 경전을 여는 이「세주묘엄품」의 옛 번역은「세간정안 품」입니다. 그 말의 뜻은 세간을 정결한 빛으로 관망함을 깨 끗한 눈에 비유한 것입니다. 깨달은 눈으로 볼 때의 세간은 청정하고, 또한 청정한 눈으로 능히 세간을 청정하게끔 한다 는 의미로『60화엄경』에서는 이를 세간의 정안[世間淨眼]이 라 합니다. 법안(法眼)은 능히 세간을 청정하게 하는 광명이 기 때문입니다.

풀이하면 '세간(世間)'은 법(法, 존재 혹은 진리)이며, 구체적으로 '세(世)'는 시기를 의미하고 '간(間)'은 때와 때 사이를 의미합니다. 이 품은 일체를 바라보는 경전의 관점을 가장 극명하게 제시하는 동시에, 불보살님과 여러 천신 및 신중들을 통해 그 수승함이 드러나고 있습니다. 그러한 까닭에 일체를 청정하게 보고 원래 중생이 청정하다고 보는 관점이 화엄의 눈이라 여기시면 될 듯합니다.

앞서 화엄의 번역에 3종이 있다고 말씀드렸는데, 이 품은 경전이 설해지는 인연 그리고 경전이 설해지는 경위를 밝히고 있습니다. 전체 9회의 설법을 일으키는 부분[通序]이며, 품의 요지는 바로 '시성정각(始成正覺)'입니다. 시성정각 즉, 비로소 정각을 이루심을 뜻하는 이 말의 요체는 시간과 공간적으로 길고 짧다는 견해를 초월하여 원만한 상호로 이루셨고, 과거 · 현재 · 미래 삼세에 두루하기에 비로소[始] 지혜가 드러나 원만함을 이룸[成]을 일컫습니다. 그래서 그 묘한 이치와 지혜 그리고 자비의 조화는 다른 모습이 아닌 바른 것[正]이며, 광대한 지혜는 끊임없이 사방을 두루 비추게 되어 얻은 바 없이 깨닫게[覺] 되는 것입니다.

이 세간은 다시 셋으로 분류됩니다. 기세간과 지정각세간과 중생세간입니다. 기세간은 중생의 의지처가 되는데, 장소로는 별도로 상정하겠지만, 실은 연화장장엄세계의 한 부분이며, 법계의 그물망이라는 진리의 눈으로 관망하며 두루 다른 곳과 통하는 곳이 됩니다. 지정각세간은 교화주가 됩니다. 지정각에는 두 가지가 있는데 3신과 10신입니다. 그리고 중생세간은 교화를 받는 중생입니다.

세간의 청정을 다른 말로 표현하면 성도하신 부처님과 아울러 신들과 하늘입니다. 『60화엄경』「세간정안품世間淨眼品」 중 시기대범(尸棄大梵)이 읊은 게송의 일부를 잠시 보겠습니다.

> 불신(佛身)의 무변(無邊)함은 허공과 같고
> 지혜의 빛, 맑은 음성도 또한 그러하도다.
> 부처님은 제법에 장애가 없으니
> 마치 달빛과 같이 모든 것을 비춘다.

긴 찬탄의 노래가 이어진 다음, 이 아름다운 세계가 부처님의 위신력으로 크게 진동하고, 향기롭고 보배로운 구름이 무수한 공양구(供養具)를 비 오듯 뿌립니다. 이 세계를 일컬어 바로 경전에서는 '연화장장엄세계해(蓮華藏莊嚴世界海)'라 하여 바다와 같은 넓은 세계 혹은 연꽃으로 장엄된 세계라고 부릅니다.

경전의 첫째 품에서 나오는 청중들은 이후 해당하는 설법의 법회에서 다시금 나오는데, 10신부터 등각·묘각까지의 대중이 순차적으로 등장합니다. 초회 설법에서 마가다국의 보리도량에 이들 청중이 모인 이유는, 오랜 겁 동안 닦아 증득한 일을 밝히고 있기에 보리도량에 의거하는 한편 법문 역시 보리도량을 거치게 됩니다.

전체 경전을 시작 부분인 '서분(序分)'과 경전의 가르침이 고스란히 담겨 있는 중심 내용인 '정종분(正宗分)'으로 나누면, 제1품은 서분에 해당합니다.

이제 제1품의 순서대로 설법을 증명하는 여러 부류의 대중을 보기로 하겠습니다.

▍10신(十信)

부처님을 에워싸고 운집한 대중을 살펴보면 그 처음이 10

신을 표시하는 대중이 되겠습니다. 바로 보현보살이 설법의 주체로서 보현의 무진한 실천행을 표시합니다. 구체적으로 신행의 첫 단계라 할 믿음에 대한 증명으로 10신(信)을 상징합니다.

10신의 가득함(滿心)과 그 다음 단계인 10주(住)의 1단계를 더불어 표현하고 있는 보살 대중입니다. 여기에서 경전은 보살 대중의 덕을 찬탄하고 있습니다. 그 덕을 살펴보면, 첫째 자리행(自利行)이 원만함, 둘째 이타행(利他行)이 원만함, 셋째 도를 이룬 지위가 지극함, 넷째 불과(佛果)의 행(行)에 승진(昇進)함, 끝으로 자리(自利)와 이타(利他)에 걸림이 없는 것 등입니다.

10신을 나타냄에 모두 열 분의 보살이 등장하는데, 한결같이 원만한 실천행을 상징하는 '보(普)' 자를 이름으로 삼고 있습니다.

▌10주(十住)

다음은 10주법의 제2주부터 제10주까지 표시하는 대중이 되겠습니다. 처음 해월광대명보살(海月光大明菩薩)에서 시작하여 대복광지생보살(大福光智生菩薩) 등에 이르기까지 열 분의 보살이 등장합니다. 모두 10주 수행의 결과(果行)을 표시합니다. 그래서 '보(普)' 자 뒤에 열 가지의 각기 다른 이름으로 등장하여 보현행에 의지한 수행의 차별을 표시합니다.

해월광보살에서 시작함은 바로 널리 포용하고 제도하며 번뇌를 없애 깨달음을 여는 것을 상징합니다. 그리고 대복광지생보살에서 마친 것은 이로운 그 수행의 과보가 밝아 종지를 끝까지 이루어 처음부터 끝까지 모두 덕을 이룬 것입니다.

그리고 집금강신(執金剛神)에서 주약신(主藥神)에 이르기까지 아홉의 대중은 10주의 인행(因行)을 표시합니다. 집금강신에서 정의를 수호하여 무너짐이 없음에서 시작하여 주약신에 이를 때 근기를 잘 알아 구제함을 의미합니다. 그리고 그 가운데에는 대중들이 각각 머무르는 곳인 불찰미진수가 있어 지위의 원융한 행을 상징합니다.

집금강신(執金剛神) —— 법과 정의를 수호하며 무너짐이 없는 응신(應身)

신중신(身衆神) —— 모든 행이 원만하여 정도(正道)를 따름

족행신(足行神)	—	무량한 부처님을 섬기며 이에 무량한 몸
도량신(道場神)	—	대원으로 장엄하고 널리 공양을 행함
주성신(主城神)	—	심성(心城)을 잘 수호하여 국토를 엄정히 함
주지신(主地神)	—	깊고 넓은 원력을 중생을 따라 성취
주산신(主山身)	—	선근을 쌓아 세상에서 벗어나 수승하고 빼어남
주림신(主林神)	—	지혜의 줄기와 행의 꽃을 법문을 설하여 널리 펼침
주약신(主藥神)	—	중생의 근기를 알아 구제하고자 법의 약(法藥)을 사용

■10행(十行)

다음은 10행의 수행을 표시하는 대중입니다. 앞의 법문에서는 보살로서 과(果)를 삼고 신중으로서 인(因)을 삼았는데, 여기서는 시종일관 모두 신중으로서 표시하고 있습니다. 그의미는 십행법이 곧 인(因)이자 과(果)이며, 바로 1승의 바탕이 됨을 의미하는 것입니다.

불과(佛果)에 이르는 바탕이 될 보시·지계·인욕·정진·선정·지혜 등의 여섯 바라밀을 닦아 모으는 단계입니다. 다른 이름으로는 순해탈분(順解脫分)이라고도 합니다. 바로 유정들을 위하여 해탈하기를 구하는 자리이므로 해탈에 순응하는 인도(因道)라는 뜻이 되겠습니다.

1. 제1행을 표시한 주가신(主稼神)

2. 제2행을 표시한 주하신(主河神)

3. 제3행을 표시한 주해신(主海神)

4. 제4행을 표시한 주수신(主水神)

5. 제5행을 표시한 주화신(主火神)

6. 제6행을 표시한 주풍신(主風神)

7. 제7행을 표시한 주공신(主空神)

8. 제8행을 표시한 주방신(主方神)

9. 제9행을 표시한 주야신(主夜神)

10. 제10행을 표시한 주주신(主晝神)

▌10회향(十回向)

설법 일반에서 자주 들을 수 있는 명칭이 아수라와 마후라가 대중 등의 명호입니다. 아수라 대중으로부터 일천자 대중에 이르기까지 모두 10회향을 표시합니다.

1. 제1회향을 표시한 아수라왕(阿修羅王)

2. 제2회향을 표시한 가루라왕(迦樓羅王)

3. 제3회향을 표시한 긴나라왕(緊那羅王)

4. 제4회향을 표시한 마후라가왕(摩睺羅伽王)

5. 제5회향을 표시한 야차왕(夜叉王)

6. 제6회향을 표시한 용왕(龍王)

7. 제7회향을 표시한 구반다왕(鳩槃茶王)

8. 제8회향을 표시한 건달바왕(乾達婆王)

9. 제9회향을 표시한 월천자(月天子)

10. 제10회향을 표시한 일천자(日天子)

▌10지(十地)

10지법을 표시하는 대중은 크게 두 부류로 나눌 수 있습니다. 욕계의 5하늘과 색계의 5하늘입니다. 욕계5천은 33천왕, 야마천, 도솔천, 화락천, 타화자재천입니다. 색계의 5천은 초선천, 2선천, 3선천, 4선천, 대자재천입니다. 대자재천은 색계의 정상에 있습니다.

1. 제1지를 표시한 삼십삼천왕(三十三天王)

2. 제2지를 표시한 수야마천왕(須夜摩天王)

3. 제3지를 표시한 도솔타천왕(兜率陀天王)

4. 제4지를 표시한 화락천왕(化樂天王)

5. 제5지를 표시한 타화자재천왕(他化自在天王)

6. 제6지를 표시한 대범천왕(大梵天王)

7. 제7지를 표시한 광음천왕(光音天王)

8. 제8지를 표시한 변정천왕(遍淨天王)

9. 제9지를 표시한 광과천왕(廣果天王)

10. 제10지를 표시한 대자재천왕(大自在天王)

10종의 하늘로 10지를 표시하지만, 무색천〔無色界〕의 대중을 보통 들지 않습니다. 색계(色界) 위에 있어 물질을 여읜 순정신적 존재인 세계가 바로 무색계인데, 공무변처(空無邊處) · 식무변처(識無邊處) · 무소유처(無所有處) · 비상비비상처(非想非非想處)의 4천이 있습니다.

이어 경전에서는 수승한 법문에 해당하는 10지 법문의 상징인 대중들이 부처님의 덕을 찬탄하고, 10회향, 10행, 10주

그리고 10신을 표한 대중들이 차례로 순서를 따릅니다.

부처님의 위신력은 말로는 가히 표현하기 힘들며, 우리의 생각을 뛰어넘은 것이며, 참으로 대단하다 하지 않을 수 없습니다. 부처님의 이러한 위신력을 받아 무수한 중생들은 각자 갖가지 믿음으로 부처님의 수승하고도 묘한 지혜를 깨닫게 됩니다. 또한 그 믿음을 받아 원을 행하고 행을 닦으면 부처님의 진실한 법의 가르침 그 자체를 제대로 알고 여러 신통을 얻게 됩니다.

어떤 이는 부처님의 법신을 보고, 어떤 이는 부처님의 육신을 보고, 어떤 이는 걸림없는 지혜를 보고, 혹은 부처님의 음성을 듣고, 혹은 광명을 보거나, 혹은 부처님의 복덕 장엄과 그 복덕이 생겨나는 곳을 본다고 합니다.

② 여래현상품(如來現相品)

화엄의 제1품인 「세주묘엄품」이 서품이라면, 여기 제2품인 「여래현상품」부터는 정종분(正宗分)입니다. 광명의 모습으로 나타내 보임으로써 주제를 삼고, 지혜가 뛰어난 이로 하여금 깨치게 함으로써 취지를 삼는 것이 이 품의 요지입니다. 앞의 품에서 세간주 등이 마음으로 머금어 질문을 한 서른일곱 가지에 대해 광명을 놓아 대중을 모으고 온갖 법상(法相)을 보여서 앞부분의 대중이 물은 37가지 법에 답하는 바가 되겠습니다.

「여래현상품」에서는 대중들이 법을 청하자 부처님께서 여기에 응하셔서 상서를 나타내 보이시는 대목입니다. 이를 '광명보조(光明普照)'라 합니다. 부처님의 입에서 나오는 광명은 시방세계에 두루 그 빛을 비추어 널리 부처님의 정각을 알게 합니다. 이는 부처님의 어업(語業)과 음성의 원만함이 두루함(圓音)이 미치지 않는 곳이 없음을 알게 하는 것입니다. 18종의 법에 대한 질문, 19종의 보살 경계(보살해)를 여쭙자, 비로자나부처님은 다양한 방법으로 이에 대해 답을 하셨습니다. 처음에 입으로 광명을 놓으심에 끝없는 불국토와 무량한 불·보살이 나타나게 되고, 양미간의 광명으로는 설법할 법주(法主)를 두루 비추게 됩니다.

부처님께서는 모든 보살들의 생각함을 아시고 입과 치아로 세계의 티끌 수처럼 많은 광명을 놓으셨다고 합니다. 모든 보살과 여러 대중들이 생각으로 법을 청하는데, 이 보살들은 온갖 세상에서 부처님을 친견하고자 모인 분들이며, 부처님을 친견하고 또한 그 덕을 찬탄하고자 온 분들입니다.
그 시방의 세상은 다음과 같습니다.

1. 청정광(淸淨光) 세계 – 동방

2. 일체보월(一切寶月) 세계 – 남방

3. 가애락(可愛樂) 세계 – 서방

4. 비유리(毗琉璃) 세계 – 북방

5. 염부단금(閻浮檀金) 세계 – 동북방

6. 금장엄(金莊嚴) 세계 – 동남방

7. 일광변조(日光遍照) 세계 – 서남방

8. 보광조요(寶光照耀) 세계 – 서북방

9. 연화향(蓮華香) 세계 – 하방

10. 마니보(摩尼寶) 세계 – 상방

한결같이 궁금해 하는 마음으로 부처님께 법을 청하게 되
는데, 덕의 작용이 원만함, 체상(體相)의 나타남 등에 대해 여
쭙게 됩니다. 이어 교화의 작용이 두루함과 인(因)의 덕이 깊
고 넓음을 부처님께 예를 청하면서 다시 여쭙니다.

많은 보살과 신과 천왕과 대중들이 이미 다 모여서 묵묵히
생각으로 법을 청하는 질문에 부처님께서는 그 마음을 아시

고 입에서 광명을 놓아 모습을 나타내 보여 시방의 대중을 모아 물음에 답합니다.

먼저 입과 치아로 광명을 놓아 답하시는데, 구체적으로 경에서는 광명의 이름과 권속과 색상과 게송을 설합니다. 그 내용은 원인과 결과는 원만, 대중은 모두 모임, 원만한 음성은 중생의 근기를 따름, 바다와 같은 뜻을 일시에 연설, 광명의 뜻 등입니다.

이 품에서 부처님은 2회에 걸쳐 광명을 놓습니다. 치아 광명으로 온 시방의 대중에게 알려 다 모이게 하신 다음, 이어서 백호광명으로 법을 보여 부처님의 경계와 행해지는 인과의 행문(行門)을 믿게 하십니다. 그리고 모여든 보살들이 한결같이 털구멍에서 방광하니 불보살 모두 합쳐 전부 3회에 걸쳐 방광하신 셈이 됩니다. 그리고 시방의 대중을 모아 불보살의 경계 모습으로 앞서 대중의 물음에 답하시기에 '현상품'이라는 명칭을 쓰고 있습니다.

참고로 경전 전체를 통해 여래의 방광을 살펴보면 전부 열 번의 빛을 놓으십니다. 첫째, 입안의 치아에서 방광하여 타방의 대중을 모으고 둘째, 미간의 백호광명으로 불과(佛果)를 보여 인행(因行)을 이루며, 셋째 발바닥의 바퀴 모양에

서 방광하여 10신을 이루고, 넷째 제석궁중에서 발가락 끝
으로 방광하여 대중을 모아 도에 들게 함으로써 10주의 지
위를 이루며, 다섯째 야마천궁에서 발로 방광하여 10행문을
이룹니다.

여섯째, 도솔천궁에서 무릎 위에서 방광하여 10회향을 이
루고, 일곱째 타화천궁에서 미간 백호상으로 방광하여 10지
를 이루며, 「여래출현품」에서 미간에서 방광하여 문수보살
의 정수리에 들어갑니다. 그리고 아홉째, 입에서 방광하여
보현의 입으로 들어가 문수보살과 보현보살로 하여금 여래
께서 출현하신 처음과 끝의 인과(因果) 도리를 문답하게 합니
다. 마지막으로 열 번째는 미간광명을 놓으신 것이니 바로
「입법계품」에서 '보조삼세법계문'이 이에 해당하며, 그리고
「여래수호광명공덕품」에 항상 광명을 놓아 근기에 맞게 널
리 비춤은 이 광명은 항상 근기에 의해 교화하고 있는 광명
입니다.

앞뒤 품과 연계해 볼 때, 지혜의 이치로 알게 하신 것이 지
경(智境)에 대한 내용인 「여래현상품」이며, 삼매와 수행작용
으로 나타낸 답이 행경(行境)에 대한 내용인 「보현삼매품」입
니다. 이 모두를 합쳐 부처님의 지행경계(智行境界)라 합니

다. 보살들은 하나하나의 털구멍에서 비로자나부처님과 마찬가지로 광명을 나타내고 모든 부처님을 두루 섬기고 모든 중생을 두루 제도하게 됩니다.

앞 품인 「세주묘엄품」에서는 보리수와 궁전 등으로 국토가 장엄되고 보현보살과 집금강신과 신중신 등에서 대자재왕에 이르는 41부류의 대중들이 부처님을 수호하고 그 덕을 찬탄하였습니다. 그리하여 다음이 바로 이 「여래현상품」이 됩니다. 앞 품에서 여러 보살들과 세간의 주인들이 모였는데, 모였던 보살들과 신들과 하늘들과 세간의 여러 주인들이 부처님의 지위와 경계 등 서른일곱 가지 질문을 합니다. 처음에는 18종의 불법을 묻습니다. 그리고 이어 19종의 보살의 바다를 묻습니다. 그 내용들은 모두 부처님의 행하는 경계의 덕용에 해당합니다〔行境德用〕. 여기에 근거하여 이 경전의 일체 법문을 일으키게 됩니다.

③ 보현삼매품(普賢三昧品)

이때 보현보살은 부처님의 위신력을 받들어 일체여래장비로자나장신삼매(一切如來藏毘盧遮那藏身三昧)에 들어갑니다. 삼매의 이름에 깃든 의미를 경전의 본문에 게재된 부분을 통해 먼저 보겠습니다.

이 삼매는 이름이 일체제불비로자나여래장신(一切諸佛毘盧遮那如來藏身)이니, 모든 부처님의 평등한 성품에 두루 들어가 법계에서 모든 영상(影像)을 능히 보이며, 넓고 크고 걸림이 없어 허공과 같고 법계의 소용돌이에 따라 들어가지 않는 데가 없으며, 온갖 삼매의 법을 내기도 하고 시방의 법계를 널리 포함키도 하며, 삼세의 모든 부처님들이 지혜 광명 바다가 모두 여기서 나오고 시방에 나란히 벌여 있는 바다들을 능히 나타내기도 하며, 온갖 부처님의 힘과 해탈과 모든 보살의 지혜를 모두 머금어 간직하고 온갖 국토의 티끌로 하여금 그지없는 법계를 용납하게 하며, 모든 부처님의 공덕바다를 성취하고 여래의 크신 원력바다를 나타내어 보이는 모든 부처님의 법륜을 유통하고 보호하여 끊어지지 않게 하였다.

법계에 모든 모습을 나투시어 일체의 삼매법을 출생하고 일체 공덕의 바다를 성취하셨으며, 시방세계 낱낱 티끌 가운데 수많은 부처님이 계시고, 낱낱의 부처님 앞에 각각 보현보살이 삼매에 들어가 있습니다. 보현보살이 비로자나여래 장신삼매에 든 것은 시방의 모든 부처님께서 함께 가피하신 것입니다. 보현보살의 덕은 두루하여 부처님의 행문(行門)을 표시하여 부처님의 경계가 원만함을 드러냅니다. 보현보살은 일체 비로자나부처님의 장신삼매에 들게 되고, 법계에 갖가지 모양을 나타내어 보이게 되는데, 여기서 장신삼매의 다른 이름이 바로 수능엄정(首楞嚴定)입니다. 법계의 근본지로써 그 틀을 삼으며 중생을 따르는 차별지로 용을 삼는다고 합니다.

이지(理智)가 끝없음을 '보'라 이름하는데, 지혜로 근기를 따라 이롭게 함을 '현'이라고 일컫습니다. '삼'은 바른 것이며 '매'는 선정입니다. 등지(等持) 혹은 정수(正受)로 삼매를 지칭하기도 하는데, 등지는 바른 선정이 옳은 지혜를 잘 내어 온갖 법을 균등히 유지하기 때문에 삼매라고 합니다. 그리고 바른 선정이 산란하지 않고 온갖 법을 잘 수용하고 기억해 지녀 간택하기에 정수라고 합니다. 모든 보살로 하여금 각각 수많은 행문(行門)을 얻게 함이고, 행의 경계를 나타내어 앞에서의 물음에 대한 답을 총답하고 있습니다.

「보현삼매품」은 부처님의 행하는 경계를 나타내어 앞 물음에 총답한 품입니다. 이는 보현보살의 덕이 두루하지 않음이 없음으로써 부처님 행의 문을 표시한 것입니다. 이 품의 주제는 법계의 선정에 들어 법계의 부처님께서 가피하심을 주제로 삼고, 법계의 대중으로 하여금 법계의 덕을 이루게 하는 것을 그 주된 목적으로 합니다. 설하는 목적은, 앞서의 대중이 이미 모였기 때문에 광명으로 법주를 보이고 그 법주는 입정에 들면서 부처님의 가피를 찬탄합니다. 삼매〔正定〕는 바로 부처님의 위신력으로 보현보살에게 가피를 주어 삼매에 들게 하여 행의 경계를 나타낸 것입니다.

그렇기에 보현보살은 늘 삼매에 있으면서 고요함과 산란함이 다 참되나, 중생을 교화하는 까닭에 법칙을 이루어서 의문을 답하게 됩니다. 모든 삼매에서 들고 나며 같거나 다른 모습을 잘 가려내고, 중생 업의 과보와 부처님 행업의 과보를 잘 간택하기 위하여 마땅히 입정하십니다. 선정에서 일어난 뒤에는 「세계성취품」과 「화장세계품」 그리고 「비로자나품」을 설하여 앞서의 「여래현상품」에서 제시된 물음에 대해 이 품에서 자연스레 이어져 답해지고 있습니다. 다른 품에서는 들고 나옴이 하나라면, 이 회는 그 들고 나옴의 횟수가 매우 다분합니다.

이미 앞의 지혜와 행의 경계에 대한 답을 마치고, 이후의 법문은 일체의 인과이므로 지혜와 행으로 거두지 않음이 없습니다. 그렇기에 「보현삼매품」까지의 2문이 총답이라면, 이하 서른일곱 개의 품은 모두 별답이 됩니다. 순서에 따라 계속 그 내용을 하나하나씩 살펴보기로 하겠습니다.

④ 세계성취품(世界成就品)

이어 경전에서는 부처님의 신행(身行)이 두루함을 밝힙니다. 이 품의 묘용(妙用)은 초발심자로 하여금 중생의 업보가 마음에 기인하여 지어짐을 알게 합니다. 초발심자로 하여금 중생계의 광대함이 법계 허공계와 같음을 알게 하고, 또한 그림자와 같음을 알게 하여, 서로 섭입(攝入)함이 중중무진(重重無盡)하여 의지하여 머무름이 각기 다릅니다.

이에 초발심 보살로 하여금 모든 불보살의 경계나 중생의 경계가 같거나 다른 점을 얻지 못함을 알게 합니다. 그래서 중생 스스로의 업이 변함에 따라 국토가 더욱 변함을 알게 합니다. 그리고 업이 무너짐에 따라 국토 역시 무너짐을 알게 하여, 여러 인연으로써 이 품은 마땅히 이어져 초보자의 깊은 바라밀 마음을 키우게 합니다.

그 내용을 추려 보면, 세계가 이루어진 인연 열 가지와 세계가 의지하여 머무름 열 가지가 있고, 세계의 형상 열 가지와 그 체성(體性) 스무 가지 및 장엄 열 가지가 있습니다. 또한 세계의 청정한 방편이 있는 열 가지 이유와 부처님이 출현하는 열 가지의 차별이 있고, 세계에 겁의 머무름 열 가지와 변천하는 열 가지 차별 및 차별 없는 열 가지 등이 있습니다. 경문에서는 다음과 같이 설합니다.

보현보살 마하살이 여러 대중에게 말하였다.

"무엇을 열 가지라 하는가. 이른바 세계해가 일어나던 인연과 세계해가 의지하여 머무름과 세계해의 형상과 세계해의 체성(體性)과 세계해의 장엄과 세계해의 청정함과 세계해의 일어남과 세계해의 겁이 머무름과 세계해의 겁이 변천하는 차별과 세계해의 차별이 없는 문이니라.

여러 불자들이여, 간략히 말하여서 세계해에 이 열 가지 일이 있다 하지만, 만일 자세히 말하자면 세계해의 티끌 수와 같나니 지난 세상과 지금 세상과 오는 세상의 부처님들이 이미 말씀하셨고, 지금 말씀하시고, 장차 말씀하시리라."

보현보살은 온갖 세계바다·중생바다에 대해 관찰하고 부처님의 부사의한 지혜를 찬탄합니다. 여래의 땅[國土]과 제불(諸佛)이 머무는 나라[刹土]에 대해 언급하고 있습니다. 그런 까닭에 이「세계성취품」의 의미는 '세계가 성취된 품'으로 보면 되겠습니다.

　앞의「보현삼매품」과 더불어 짝이 되어, 세계의 바다가 의지해 머무는 형상과 그 괴롭거나 즐겁거나 깨끗하거나 더러운 바가 모두 중생의 자기 업의 과보로 비롯된 장엄임을 가르치고 있습니다. 만일 이 품이 없다면, 우리는 초발심 보살이 여래의 중생을 거두는 당면의 사명과 거기에 따른 이치를 모르게 됩니다.

　즉, 이 품의 요지는 중생들이 더럽고 깨끗한 경계가 무엇인지를 바로 알게 하여 부처님의 지혜바다인 화장장엄세계해를 직시토록 하는 것이라 할 수 있습니다. 이를 위해 성현께서는 부처님의 신력과 법이 마땅히 그러하며, 중생들의 행과 업 등이 여러 인연으로 세계가 이루어짐을 경전을 통해 말씀하고 계시는 것입니다.

　이를 통해 우리는 무엇을 배우게 되느냐 하면, 국토가 마음에서 기인한 것이어서 마땅히 나와 남의 마음을 깨끗이 하며, 불국토와 중생계가 다르지 않기에 보리심을 낸 이는 부처님의 행과 보살행, 대자비를 헤아리고 본받아 중생을 교화하고 제도해야 함을 알게 되는 것입니다. 앞서의 품이 부처님의 광명과 신력을 총답으로 제시하고 있다면, 이 품에서는 부처님의 행과 안이비설(眼耳鼻舌)·바라밀·법계에 두루함·중생들이 지은 행위(業報)를 제시합니다. 그래서 여러 의문에 대해 일시에 전부 대답함으로써 대중들이 부처님의 행을 깨달아 보현보살의 행에 들게 하기에 '불화엄경'이라는 이름을 갖게 됩니다.

중생으로 하여금 더럽고 깨끗한 고락 등의 모습이 모두 업을 따라 발생함을 준엄하게 가르치는 설법이며, 그래서 드디어 바른 마음을 낸다면, 드디어 깨달음에 이르는 중요한 도를 닦는다면, 부처님의 지혜 바다와 부처님의 화장세계바다에 들어갈 수 있음을 알게 하고자 한 것이라 할 수 있습니다. 이런 까닭에 먼저 「세계성취품」을 설하고 다음에 「화장세계품」을 설하는 순서로 경전이 구성된 것입니다.

연이은 「화장세계품」에서는 청정한 무진법계인 이 화장세계를 설명하고 있습니다. 열 겹의 풍륜(風輪)은 향수해를 지탱하고, 큰 연꽃을 피어나게 합니다. 그래서 수많은 국토들은 이 풍륜 위에 서로 의지하게 되는데, 풍륜은 바로 부처님의 큰 서원에서 비롯됩니다. 큰 서원의 풍륜이 큰 지혜의 바다를 지니기에, 마치 바다와 같이 경계가 가히 없어 그 무변하고 미묘한 자비의 꽃을 피워냅니다.

이를 통해 큰 자비의 바다를 유지하고 헤아릴 수 없는 인행(因行)의 꽃을 내어 자리와 이타(利他)를 표시하셨습니다. 때문에 「여래출현품」 가운데 다분히 세계를 잡아 부처님 덕에 비유하고 있습니다. 흔히 언급되는 바, 두루 보편하고 중중(重重)의 무애(無碍)한 거리낌 없는 세계가 이 세계를 지칭하는 것이라 보시면 되겠습니다.

경문의 내용을 잠시 보겠습니다.

화장장엄세계해(華藏莊嚴世界海)는 비로자나부처님이 지난 옛적 세계해의 티끌 수 겁 동안 보살행을 닦을 때에 낱낱 겁마다 세계해의 티끌 수 부처님을 친근하였고, 낱낱 부처님 계신 데서 세계해의 티끌 수 큰 서원을 닦아서 깨끗하게 장엄한 것이니라.

여러 불자들이여, 이 화장장엄세계해에 수미산 티끌 수의 풍륜(風輪)이 있어 받치었으니, 맨 밑에 있는 풍륜은 이름이 평등하게 머무름으로, 그 위에 있는 온갖 보배 불꽃 치성한 장엄을 받치었고, 그 다음 풍륜은 이름이 가지가지 보배 장엄을 냄으로, 그 위에 있는 깨끗한 광명 비치는 마니왕 당기를 받치었고, 그 다음 풍륜은 이름이 보배 위덕으로 그 위에 있는 온갖 보배 방울을 받치었고, 그 다음 풍륜은 이름이 평등불꽃으로 그 위에 있는 햇빛 광명 마니왕 바퀴를 받치었고, 그 다음 풍륜은 이름이 가지가지 두루 장엄으로, 그 위에 있는 광명바퀴 꽃을 받치었고, 그 다은 풍륜은 이름이 널리 청정으로, 그 위에 있는 온갖 불길 사자좌를 받치었고, 그 다음 풍륜은 이름이 소리가 시방에 두루함으로, 그 위에 있는 구슬왕 당기를 받치었고, 그 다음 풍륜은 이름이 온갖 보배 광명으로, 그 위에 있는 온갖 마니왕 나무 꽃을 받치었고, 그 다음 풍륜은 이름이 빠르게 널리 가짐으로, 그 위에 있는 온갖 향 마니 수미 구름을 받치었고, 그 다음 풍륜은 이름이 가지가지 궁정이 돌아다님으로, 그 위에 있는 온갖 보배 빛 향대(香臺)구름을 받치었느니라.

　여러 불자들이여, 저 수미산 티끌 수 풍륜에서 맨 위에 있
는 것은 이름이 훌륭한 위엄 광명으로, 보광마니장엄향수해
(普光摩尼莊嚴香水海)를 받치었는데, 이 향수해에 큰 연꽃이 있
으니, 이름이 가지가지 광명 꽃술 향기 당기이다. 화장장엄
세계해가 그 복판에 있는데 사방이 고루 평탄하며 청정하고
견고하여 금강륜산(金剛輪山)이 한 바퀴 돌리었으며, 땅과 바
다와 모든 나무들이 각각 구별되어 있느니라.

「화장세계품」은, 부처님 경계의 과보로 얻은 국토를 연꽃
이 지탱하는데 온갖 깨끗하거나 더러운 경계를 다 그 가운데
감추고 있음을 설하기에 '화장(華藏)'이라 합니다. 연꽃이 씨
를 머금은 곳을 경전에서는 '장(藏)'이라 하고, 여러 국토들
을 큰 연꽃이 품은 것이라 '화장(華藏)'이라 하고 있습니다.
여기서 '장엄'이란 낱낱의 경계가 모두 국토의 먼지 수와 같
이 헤아릴 수 없고 또한 그 공덕이 청정하여 붙인 이름입니
다. 거기에 장엄된 '세계'가 매우 깊고 넓기 때문에 '해(海)'
라 지칭한 것입니다.

　'화장장엄세계해'는 비로자나부처님이 과거 보살로 계실

때, 무수한 부처님을 친견하고 대원을 청정히 닦아 장엄하신 것으로 큰 연꽃 가운데 있는데 화장장엄세계의 온갖 경계가 낱낱이 다 세계의 한없이 청정한 공덕으로 장엄하여 불가사의한 것입니다.

이 화장장엄세계해는 열 겹의 풍륜 위에 향기 나는 물로 된 바다 가운데, 깃발 같은 큰 연꽃〔香水海藥香幢大蓮華〕 속에 있습니다. 향기로운 바다, 다시 말해 무량한 자비의 바다를 향수해(香水海)라고 합니다. 그리고 여래가 피워 내는 연꽃의 씨앗을 세계종(世界種)이라 합니다. 향수해와 세계종은 무수하고 티끌 수보다도 많으며 서로 의지하면서 머물고 있습니다. 우리가 사는 이 사바세계는 제 13겹째에 위치합니다.

이 세계는 10개의 세계종이 둘러쳐져 있으며, 다음 10세계종 밖에 또 백 개의 세계종이 둘러싸고 있습니다. 금강으로 되어 있는 큰 철위산〔金剛大鐵圍山〕으로 싸여져 있다고 합니다.

도표로써 이 품을 살펴보는 편이 이해하기에 도움이 될 듯합니다.(84쪽 표 참조)

법성(法性)으로 바다를 삼으면 마음이 바로 꽃이 됩니다. 옛 어른들의 말씀에 의하면 여래장식은 향수바다이자 법성의 바다이며 머무름 없는 근본에 의지하기에 풍륜에 근거한

화장세계의 인과(因果)	부처님을 친견하고 서원으로 장엄
	수많은 풍륜(風輪)이 화장세계를 떠받침
	향수해(香水海)를 맨 위의 풍륜이 떠받침
	향수해에 큰 연꽃
	화장세계가 연꽃의 한복판
대철위산(大鐵圍山)	대철위산의 머묾과 체상(體相)
철위산 안의 대지(大地)	대지의 위치와 체상
대지 안의 향수해	향수해의 체상과 장엄
향하강(香河江)	향하강의 수와 장엄
향하강의 숲	숲의 장엄
화장세계의 장엄	경계는 청정한 공덕으로 구성
세계종(世界種)의 머묾과 체상	미진수 향수해에 세계종, 그 세계종 안에 세계
화장장엄세계의 규모	화장세계의 가운데 위치한 향수해
세계는 각각 20층, 각각 10세계, 모두 100세계해	중앙의 무변(無邊)향수해
	동쪽 이구염장(離垢焰藏)향수해
	남쪽 무진광명륜(無盡光明輪)향수해
	무진향수해 오른쪽의 금강보염(寶焰)향수해
	금강보염향수해 오른쪽의 제청(帝靑)향수해
	제청향수해 오른쪽의 금강륜(輪)향수해
	금강륜향수해 오른쪽의 연화(蓮華)향수해
	연화향수해 오른쪽의 적집(積集)향수해
	적집향수해 오른쪽의 보장엄(寶莊嚴)향수해
	보장엄향수해 오른쪽의 금강보취(寶聚)향수해
	금강보취향수해 오른쪽의 천성(天城)향수해
세계종(世界種)	각각 다른 세계에 대한 무수한 비유
	염정(染淨)과 성괴(成壞)와 고락(苦樂)이 다름을 밝힘
	세계의 미세함과 그 체성, 장엄 및 형상
	부처님의 출현
	광명이 유무(有無)
	악도(악의 소리), 인천(人天)의 소리, 불보살의 묘음(妙音)

다고 하였습니다.

비로자나품(毘盧遮那品)

앞서 살펴보셨던 『80화엄경』의 「세주묘엄품」은 『60화엄경』의 「세간정안품」에 해당하고, 『80화엄경』의 제2품 「여래현상품」에서 제6품 「비로자나품」까지는 『60화엄경』의 「노사나불품」에 상응합니다. 이로써 보리도량의 적멸도량회인 제1회 설법이 완료됩니다.

「비로자나품」은 보현보살이 설법의 주체가 되어 부처님의 위신력을 가피 받아 대중들을 가르치게 됩니다. 그 모든 묘사는 삼매 속에 나타나는 신묘한 세계의 광경을 그려냅니다. 일체 존재 하나하나가 다 성품에 걸맞게 연기 무애하여 어두움을 떠나 깨달아 비춤을 광명(光明)이라 합니다. 광명은 어두운 성품을 비추어 깨치게 하며, 널리 두루하지 못함이 없어 이를 명칭으로 부를 때 부처라고 이름하게 됩니다.

이 품은 비로자나불의 인행(因行)이었던 대위광(大威光)태자의 행적을 밝힌 것입니다. 비로자나부처님의 전신인 대위광태자가 과거의 네 부처님을 친견하고 찬탄·공양하면서 법을 깨칩니다. 비로자나여래는 화장세계에 계시면서 중생을 이롭게 하셨기에 옛것을 이끌어 현재와 미래를 증명하여 끊임없이 광명으로 중생을 제도하고 있음을 밝히고 있습니다.

대위광태자는 부처님의 광명을 보고 법문을 증득하고 이어 태자를 따라 부왕(父王)인 희견선혜왕(喜見善慧王)도, 10부(部)의 여러 왕들도 결국 함께 부처님께 나아가 법문을 듣게 됩니다. 대위광은 법을 들어 광명을 얻고, 광명의 주체와 인과(因果)에 대해 설하고 부처님과 같기를 서원하는 한편 여러 가지 힘을 나타내어 중생들을 교화합니다.

경에서는 결국 대위광은 전륜왕(轉輪王)이 되고, 다시 나아가 부처님께 법을 듣고 법을 얻어 삼매를 얻게 됩니다. 그 삼매의 이름은 대복덕보광명(大福德普光明)입니다. 이 삼매를 통해 보살은 일체 보살과 일체중생의 과거·현재·미래의 복과 복 아닌 바다를 모두 분명하게 알게 됩니다.

「비로자나품」에서 주제와 설해짐의 취지를 밝혀 보면 사람과 법을 들 수 있습니다. 사람을 설명함에 가피하는 자와 가피 받는 자로 나누어 말씀합니다. 여기에 각각의 본체〔體大〕·형상〔相大〕·작용〔用大〕이 있음을 제시하는데, 모든 회상이 다 하나이지만 장소와 회상에 의해서 차이를 구분하고 있습니다. 본체와 형상과 작용을 3대(三大)라고 하는데, 본체와 속성과 작용의 절대적인 뜻으로 풀이하면 될 듯합니다.

체대는 진여가 절대 평등한 본체입니다. 일체 모든 법을 함유하며 불변 상주의 실체(實體)입니다. 상대는 진여가 현상의 위에 실현됨을 의미합니다. 그래서 만유의 활동을 일으키는 성능 공덕을 그 자신에 갖춘 것을 뜻합니다. 그리고 용대는 성능 공덕이 현실에 나타나는 것입니다. 보통 금으로 만든 사자상을 비유하는데, 여기에서 금은 체, 금이 여러 가지 형상을 나타낼 수 있는 성능이 있는 것은 상, 사자가 되는 것은 용이라 할 수 있습니다.

가피자와 가피를 받는 이는 부처님과 보살입니다. 그렇다면 이분들이 주제로 삼아 말씀하시고 수행토록 권하는 것이 빠질 수 없습니다. 그것은 바로 '법(法)'입니다. 법은 법계와 세계의 바다로 주제를 삼거나 정토를 회상의 설법 주제로 삼습니다. 법을 본체로 삼고, 화장세계로 형상을 삼으며, 중생을 이롭게 함으로 작용을 삼게 됩니다. 셋은 둘이 아닌 하나의 가르침이 됩니다. 이 지위의 가르침과 이치는 융섭하기에 둘이 아님을 하나의 법으로 삼고, 사람과 법이 원융하기에 둘이 아님을 하나의 주제와 취지로 삼습니다.

체상용(體相用)이란 결국 하나의 연기로 상즉하여 걸림이 없음을 증명하는 것입니다. 그렇기 때문에 혹은 오직 부처님과 법과 법의 활용을 나누어 이야기하더라도, 그 근간은 모두 다르지 않습니다. 불과(佛果)뿐이면 모두가 부처님이거나, 오직 인행(因行)뿐이면 모두 다 보현보살이거나, 혹 가르침·뜻·사람·법·본체·작용·주체 내지 혹은 가르침 등으로 모두 거두면 작용(作用)이라 합니다.

다른 회상의 주제와 취지 모두 이러한 이치가 있으며 또한 형상을 가지고 있기에 여기에 준하여 생각하되, 다만 가르침 내지 법에 따라 다르다고 보시면 되겠습니다.

수행의 공덕

1회 설법에서 대중이 모였고, 전체 경전의 위치에서 이 품은 언설의 법을 표시하게 되어 시설된 것입니다. 현수 법장스님은 서분(序分)에 이어 정종(正宗)을 나타내기 위해 부처님 명호로 거론하였다고 보았습니다.

곧 비로자나부처님께서 도를 이룬 옛 일을 거론하여 그 인과(因果)와 중생을 이롭게 하는 일을 말하는 것입니다. 삼세의 가르침은 다르지 않으며 인과 역시 다르지 않음을 제시하여, 정진하는 수행자가 그러한 과를 똑같이 증득케 하고자 하는 것입니다.

예로부터 불교의 수행 과정을 설명할 때, 신(信)·해(解)·행(行)·증(證)으로 설명해 왔습니다. 제1회 설법은 신·해·행·증 가운데에서 첫 출발점인 믿음〔信〕에 해당합니다. 그렇다면 제1회의 설법에서 부처님께서 자기의 과위를 스스로 드러내어 보이는 것은 무엇을 위하기 때문인지 짚어 보아야 할 것입니다. 그것은 바로 믿음을 내게 하는 것입니다. 제1회의 설법을 통해 비로자나부처님의 원만하고도 청정한 과보의 세계를 드러내고 보여줌으로써 사람들이 신심(信心)과 환희심을 내게끔 하는 것입니다.

설법의 주체	—	보현보살
삼매	—	비로장신삼매(毘盧藏身三昧)
내용	—	여래의 의보와 정보〔如來依正〕

제1회 설법			
『60화엄경』		『80화엄경』	
적멸도량	1. 세간정안품	1. 세주묘엄품	보리도량
	2. 노사나불품	2. 여래현상품	
		3. 보현삼매품	
		4. 세계성취품	
		5. 화장세계품	
		6. 비로자나품	

제1회의 보리도량 여섯 품은 모두 믿을 대상을 제시합니다. 즉 부처님과 세계의 묘한 공덕을 제시한 것입니다. 현수대사의『화엄경탐현기』권1에 따르면 이를 바로 믿을 인과인 소신인과(所信因果)라 합니다. 그리고 옛적에 닦던 수행[因行]을 말하는 것으로 사람들이 믿음을 일으키게 하므로 소신인과(所信因果)라고도 합니다. 흔히 우리가 닦아 가는 과정으로 제시되는 신해행증(信解行證) 가운데, 첫째인 '신(信)'에 해당합니다.

한편 청량대사의 구분에 의한 다른 명칭으로는 거과권락생신분(擧果勸樂生信分)이라고도 합니다. 이 말은 처음 지상존자 지엄스님이 구분한 것인데, 그 의미는 '결과를 보여 믿음을 즐거이 내기 권하는 것[所信因果, 說佛依果會]'입니다. 이는 과보(果報)를 의미하며 믿음을 내게끔 하는 것입니다. 또한 부처님의 지견(佛知見)을 밝혀 수행자가 수행을 그르치지 않게끔 하고 있습니다. 불과의 끝없는 국토로써 3세간을 전부 갖추어 다함없이 자재함을 주제로 삼습니다. 그래서 여러 보살로 하여금 청정한 믿음을 내고 수행하여 불과를 구하도록 하게 함으로써 그 취지를 삼는 것이 바로 거과권락생신분의 중요한 의의가 되겠습니다.

2 변치 않는 믿음과 지혜의 열 가지 설법

보광명전의 설법

비로자나부처님의 삼매(三昧)는 끊임없이 이루어지는 것인데, 끊임없는 시간[無量劫]은 곧 찰나의 일념(一念)과 다르지 않으며, 공간적으로는 하나의 티끌과 무한한 우주 법계가 서로 상섭(相攝)하고 용융(鎔融)한다고 표현합니다. 신라의 고승 의상(義湘)대사가 「화엄일승법계도(華嚴一乘法界圖)」에서 읊은 "일중일체다중일 일즉일체다즉일(一中一切多中一 一卽一切多卽一)"의 진리가 삼매 가운데에서 비로소 이루어진다는 사실을 우리는 이해할 수 있게 됩니다.

연기적 중도를 바탕으로 온 법계를 통해 비로자나부처님의 설법이 펼쳐지는 것이며, 부처님의 설법 그 자체가 법계이기도 합니다. 법신인 비로자나부처님은 모든 시간과 모든 공간 그 자체이기도 하고, 여래성(如來性)을 증명하고 있습니다. 그런데 간혹 이러한 이치를 모르는 소승불교도 혹은 외도들이 화엄의 가르침을 '브라흐만적 법계' 내지 그에 부속된 가르침이라 운운하며 망령되이 성현의 가르침을 훼손하고자 시도하곤 합니다. 아무래도 '연기'와 '성기'의 중도(中道) 이치를 고려하지 못하고 자신의 일천한 지식을 바탕으로 화엄불교를 이해한 탓이라 생각됩니다.

제2회 설법은 마가다국의 적멸도량(寂滅道場)에서 멀지않은 보광법당(普光法堂. 마갈타국 아란야법보리도량)입니다. 『80화엄경』에서도 이를 보광명전(普光明殿)이라 이름하고 있습니다. 보광명전의 광명은 발바닥에서 바퀴 무늬의 광명〔兩足輪光〕입니다.

이때 부처님은 비로소 정각을 이루시고 보광명전에서 연화장사자좌(蓮華藏獅子座) 위에 계시되, 10불국토(十佛國土)의 티끌 수 만큼이나 많은 대보살과 더불어 앉아 계십니다. 여전히 부처님은 말씀이 없지만 보살들의 소원을 알고 계십니다.

보살들은 불국토가 보고 싶고, 부처님께서 머무시는 모습과 그 부처님 나라의 장엄되고 청정한 모습, 불법과 공덕 등이 알고 싶었습니다. 또한 부처님께서 설하실, 보살이 마땅히 머물러야 할 보살의 10주(十住)·10행(十行)·10회향(十廻向)·10장(十藏)·10지(十地)·10원(十願)·10정(十定)·10자재(十自在)·10정(十頂) 등에 관한 말씀이 듣고 싶었습니다.

2회에서는 보현보살이 아니라 문수보살이 부처님 앞에 나타나 위신력을 입어 진리의 내용을 설명합니다. 여기 제2회 보광명전설에서 법사 문수보살은 10신(十信)의 설법을 합니다. 물론 아직 10신을 증득치 못해 경전에서는 삼매는 제시되지 않습니다.

보광명전회를 설하는 까닭은 수행자가 이해를 내는 것에는 '믿음'이 으뜸이 되기 때문에, 1회 설법에서는 '믿음의 대상'을, 2회 설법에서는 '믿는 행'을 밝혀 이를 설한다고 청량 징관스님은 설명하였습니다.

현수 법장대사는 1회 설법에서 정토를 들어서 '믿음의 대상'으로 삼았고, 능히 '믿는 마음'을 밝히기 위해 2회 설법을 언설한다고 하였습니다.

그런데, 믿음을 다룸에 있어서 제1회와 제2회 설법은 같은 믿음을 다루더라도 설명의 방식이 사뭇 다릅니다. 1회 설법에서는 불과(佛果)를 자세히 설명하고 인행(因行)은 간략히 설명합니다. 그렇지만 모든 설법이 결국 불과에 속하게 하는 효용을 지닙니다. 반면 2회 설법에서는 인행을 자세히 하고 불과를 간략히 설명하여, 결국 인행에 속하게 합니다. 이는 불가사의한 여래의 법문을 중생에게 이해시키고자 하는 의도가 깃들어 있기 때문입니다. 다시 말해 1회 설법에서는 국토〔依, 의보〕를 밝히고, 2회 설법에서는 심신〔正, 정보〕을 설합니다.

국토 등의 심신이 의지하는 곳은 마치 나무줄기와 잎사귀와 같아 보기 쉽기 때문에 먼저 밝히고, 정보는 보다 세밀하여 뿌리처럼 숨어 있어서 알기 어렵기 때문에 뒤에 설하는 것입니다. 불과에 의하여 원만한 인행을 일으키고 인행이 원만할 때 도리어 원만한 불과에 융합하여 돌아감을 나타내기 위한 것이라 할 수 있습니다.

정리하면 「여래명호품」에서는 몸과 이름의 차별을 밝힙니다. 그리고 「사성제품」에서는 가르침이 널리 미치지 않음이 없음을 가르치고, 「광명각품」에서는 부처님의 광명이 한량

없음을 밝힙니다. 즉 각각 7·8·9품에서 몸과 입과 마음을 표시하여, 수행자가 의지할 바〔果〕가 제시됩니다. 여기에 힘입어 수행자가 닦는 인행으로써 바른 이해로 이치를 관함·연(緣)을 따르는 원행(願行)·덕용(德用)으로 섭수(攝授)함을 밝히는 품이 10·11·12품으로 각각 「보살문명품」·「정행품」·「현수품」에 해당합니다.

	『60화엄경』	『80화엄경』	
	여래명호품 — 여래명호품		
	사제품 — 사성제품		
보광법당	여래광명각품 — 광명각품	보광명전	
	보살명란품 — 보살문명품		
	정행품 — 정행품		
	현수보살품 — 현수품		

위에 열거한 여러 품들은 모두 제2회 설법에 해당합니다. 특히 「여래광명각품(如來光明覺品)」과 「명난품(明難品)」의 게송들에 매우 의미 깊은 말씀들이 있으므로 그 가르침을 음미해 보기로 하겠습니다.

만약에 나와 부처가

평등한 상에 안주함을 보고

그가 머무르지만 머무르는 바 없이

멀리 일체의 유상을 떠나 있으며

색(色)에나 수(受)에 수(數)가 없으며

상(想)·행(行)·식(識)에도 또한 그러한 것을

능히 있는 그대로 아는 자라면

그는 바로 대모니(大牟尼)로다.

보는 사람이 따로 있지 아니하고

보여진 법이 또한 따로 있지 않으니

일체의 법을 이렇게 분명히 알면

그는 세간을 능히 비칠 수 있도다.

일념으로 보기를 제불(諸佛)이

세간에 출현하지만

사실은 생긴 일 없음을 알면

그 사람이야말로 큰 사람이라 일컬어지리라.

아(我)도 없고 중생도 없고

또 패괴(敗壞)함도 없이

만약 이와 같은 상을 전(轉)하면

그는 곧 무상인(無上人)이로다.

하나 안에서 무량함을 깨닫고

무량한 것 안에서 하나를 깨닫노니

전전(展轉)하여 생기는 것이 실(實)이 아니기에

이를 아는 자는 두려울 바가 없느니라.

– 문수사리보살의 게송 중에서

7 여래명호품(如來名號品)

「여래명호품」은 여래의 명호를 밝혀 내는 품입니다. 『60화엄경』과 『80화엄경』 모두에서 품의 이름이 같습니다. 부처님 명호가 두루한 것을 나타냄이 이 품의 주된 가르침인데, 이를 통해 근기에 맞게 교화하여 이롭게 함으로 그 취지를 삼아 믿음을 내게 합니다. 교화하는 자비와 덕의 자재한 형상을 주된 내용으로 삼고 불국토의 바다를 골자로 제시한다고 할 수 있습니다.

부처님께서 마가다국 고요한 도량에 계셨는데, 처음 정각을 이루시고 보광명전에서 연화장사자좌에 앉으셨을 때였습니다. 묘하게 깨달은 바가 원만하시며, 열 세계 티끌 수 보살들과 함께 계셨는데, 모두 일생보처로서 다른 지방으로부터 와서 모인 분들입니다. 이분들은 한결같이 모든 중생계와 법계, 세계와 열반계, 모든 업의 과보와 마음으로 행하는 차례, 온갖 글과 뜻, 세간과 출세간 등을 포함해 과거·현재·미래의 3세간을 잘 관찰하는 분들이었습니다.

이때 부처님께 나아간 보살들을 살펴보면, 동방의 문수보살과 함께한 여러 보살, 남방의 각수(覺首)보살과 함께한 여러 보살, 서방의 재수(財首)보살과 함께한 여러 보살, 북방의 보수(寶首)보살과 함께한 여러 보살, 동북방의 공덕수(功德首)보살과 함께한 여러 보살, 동남방의 목수(目首)보살과 함께한 여러 보살, 서남방의 정진수(精進首)보살과 함께한 여러 보살, 서북방의 법수(法首)보살과 함께한 여러 보살, 하방의 지수(智首)보살과 함께한 여러 보살, 상방의 현수(賢首)보살과 함께한 여러 보살 등입니다.

이 보살들에게 불과(佛果)의 인(因), 부처님의 덕과 체상(體相)을 설명하는데, 문수보살은 첫째, 부처님의 경계는 헤아릴 수 없고 둘째, 여러 가지 경계로 중생들로 하여금 보게 하시고 셋째, 4천하에 계시는 여래의 명호를 밝히는 한편 넷째, 사바세계에 계시는 온갖 부처님의 명호를 밝힙니다.

앞서의 제1회 설법이 비로자나부처님의 세계를 보여 믿음을 내게 하는 첫 단추라면, 여기 제2회 설법에서는 그 믿음을 바탕으로 스스로 발심하게 하고, 믿어 이해하여 수행하는 법을 일으키는 아주 중요한 대목이 되겠습니다. 그 중 「여래명호품」은 부처님의 명호(名號)에 관련된 품입니다. 이 품은 부처님의 명호를 바로 알고 믿어 수행하는 가르침이며, 부처님의 명호는 근기에 따르되 모든 세계의 부처님 명호가 같지는 않음을 믿는 것입니다.

초회의 설법에서는 오로지 부처님께서 이루신 등정각의 몸과 지혜를 통해 중생을 거둡니다. 고요한 관조로 모든 질문에 답하신다면, 여기 제2회 보광명전에 이르러서는 비로소 불과의 명호로 중생을 거두어, 물음에 직접 답하여 신심을 내게끔 합니다. 앞의 1회 설법에서는 여래의 명호로 중생을 거두는 넓고 좁음을 밝히지 못했기 때문입니다.

정리하자면 앞회가 연화장세계에 의한 것이고, 이 2회 설법에서는 사바세계에 의한 것이란 의미가 되겠습니다. 사실 부처님의 3업은 온갖 세계에 미치지 않는 곳이 없습니다. 부처님의 3업은 일체에 두루하며, 수행인은 이를 바로 이해하여 믿고 스스로 부처님의 3업과 자신의 3업이 다르지 않음을 믿어 닦게 됩니다. 이 품에서는 부처님 명호가 법을 따르고 근기에 부응하여, 중생의 마음이 하나가 아니듯이 명호의 수효가 수없이 많음을 언설합니다. 앞품에서 인행을 들어 불과를 나타내어 '믿음의 경계'를 이루었다면, 이 품에서는 '믿는 행'을 드러냅니다. 불과의 3업 중 몸으로 짓는 업〔身業〕이 전체적인 업이 되기 때문에 먼저 「여래명호품」에서 표시하고, 차후로 구업 등은 다른 품을 통해 경전에서 나타냅니다.

부처님의 명호는 중생의 근기와 마음이 각각 다르듯이 시방세계의 모든 중생에 따라 다르게 나타나고 응하며 이끄시게 됩니다. 아울러 이 사바세계 동방의 백천억 수없고 한량없는 바이고 남방과 서방과 북방 역시 그러합니다. 결국 무수히 많은 이름의 부처님이 계시다는 의미가 되겠습니다.

8 사성제품(四聖諦品)

제2회 설법의 두 번째는 「사성제품(四聖諦品)」(『60화엄경』의 「사제품」)입니다. 「사성제품」의 사성제는 고·집·멸·도를 화엄의 입장에서 가르침을 편 대승의 사성제가 되겠습니다. 이 품에서는 끝없이 매우 깊은 진리의 바다를 주제로 삼아 교법의 진실과 심오함을 찬탄하고 있습니다. 「사성제품」은 구역에서 「사제품(四諦品)」입니다.

품의 이름 그대로 '4성제를 밝히는 품'이며, 그 요지는 부처님의 설법이 본성에 칭합하고 근기에 부응하여 각각 같지 않다는 것입니다. 아시다시피 4성제 설법은 부처님께서 제자들을 위해 설하신 가운데 대표적인 법문인데, 보통 아함설법의 시대를 다루는 경론에만 국한되었으리라 생각하는 경향이 있습니다. 그런 까닭에 『화엄경』을 읽지 않은 사람들은 대승불교에서도 4성제를 말하고 있다는 사실에 대해 크게 당황하기도 합니다.

이 품은 모두 다섯 부문이며, 첫째는 이름을 풀고, 둘째는 형상을 밝히며, 셋째는 체성(體性), 넷째는 작용(作用)이며, 다섯째는 종류입니다. 앞서의 품이 신업에 대한 것이라면 여기서는 여래의 구업(口業)을 밝힙니다. 처음 나오는 부분은 문수보살이 여러 보살들에게 법을 설하되 4성제의 법문을 설하시는 대목입니다. 경에서는 다음과 같이 언급하고 있습니다.

> 고성제의 설법
> ___
> 여러 불자들이여, 고(苦)라는 성제(聖諦)를 이 사바세계에서 혹은 핍박이라고 하고 변해 달라짐이라 하고 반연이라 하고

모임(聚)이라 하고 가시라 하고 뿌리를 의지함이라 하고 허망하게 속임이라 하느니라.

고집성제의 설법

여러 불자들이여, 고의 집(集)이라는 성제(聖諦)를 이 사바세계에서 혹은 속박이라 하고 망그러짐이라 하고 애착하는 뜻이라 하고 망령된 생각이라 하고 가서 들어감이라 하고 결정이라 하고 그물이라 하느니라.

고멸성제의 설법

여러 불자들이여, 고가 멸(滅)하는 성제(聖諦)를 이 사바세계에서 혹은 다툼이 없음이라 하고 티끌을 여읨이라 하고 고요함이라 하고 모양 없음이라 하고 없어지지 않음이라 하고 제 성품이 없다 하고 장애가 없다 하고 멸(滅)이라 하고 자체가 진실함이라 하고 혹은 제 성품에 머문다 하느니라.

고멸도성제의 설법

여러 불자들이여, 고가 멸하는 도(道)라는 성제(聖諦)를 이 사바세계에서 혹은 일승이라 하고 끝까지 분별이 없음이라 하고 평등이라 하고 짐을 벗는다고 하고 나아갈 데 없다 하고 성인의 뜻을 따름이라 하고 신선의 행이라 하고 혹은 10장

　　화엄의 4성제를 설명한 다음 이어 경에서는 이 사바세계에서 4성제의 이름에 수없이 많은 종류가 있다고 천명합니다. 세간의 4성제, 즉 고집멸도(苦集滅道)가 지향하는 제일의(第一義)를 닦아 다시 끊을 바가 없는 법계에서의 의미를 체득케 하는 것입니다. 온 시방의 부처님이 4성제를 설함에 수없이 많은 법문이 있습니다.

사성제품의 법문

A. 사바세계에서의 사성제

B. 각 처소의 사성제

　　1. 동방의 밀훈(密訓)세계

　　2. 남방의 최승(最勝)세계

　　3. 서방의 이구(離垢)세계

　　4. 북방의 풍일(豊溢)세계

　　5. 동북방의 섭취(攝取)세계

　　6. 동남방의 요익(饒益)세계

7. 서남방의 선소(鮮少)세계

8. 서북방의 환희(歡喜)세계

9. 하방의 관약(關鑰)세계

10. 상방의 진음(振音)세계

C. 각 세계마다 4백억 1천 종

4제를 설하는 까닭에 대해서 청량 징관스님은 여러 어업을 설명하고 앞의 「여래명호품」의 상세한 답변이자 「여래현상품」의 답변이라 하였습니다. 이통현 장자는 장소를 따른 설법이므로 4성제를 떠나지 않는다고 하였습니다. 현수 법장스님은 앞의 품에서 교화주를 찬탄하고 여기에서는 설해진 교법을 찬탄한다고 하였습니다.

4성제는 중생의 마음과 근기 그리고 번뇌의 양상에 따라 달라지는데, 중생이 살아가는 모든 세계 역시 같지 않고 마음 또한 달라, 근기에 따른 법문도 두루 다르게 적용됩니다. 아함의 4제는 성문승(聲聞僧)의 법문, 12연기법은 연각승(緣覺乘)의 법문, 6바라밀은 보살승(菩薩僧)의 법문이지만, 동시에 4제에 대해서도 아함과 대승보살의 관점으로 눈여겨보아야 할 것입니다.

다음은 「광명각품(光明覺品)」(『60화엄경』의 「여래광명각품」)입니다. 부처님께서 10신 지위로 가르쳐 행하는 광명을 놓으시는 대목입니다. 그리하여 일체를 깨우쳐서 믿는 자들로 하여금 자기의 마음과 몸〔心智〕의 경계와 신행(身行)의 경계가 여래와 다르지 않은 두루한 것임을 믿게 하는 품입니다.

　의심하는 이들의 의혹을 끊기 위하여 앞품에서 문수보살이 부처님과 4성제를 각각 차별적으로 설하여, 부처님과 사성제의 이름이 허공법계 등의 세계에 두루함을 설했다면, 지금은 드디어 부처님께서 몸의 광명으로써 저 현상을 비추어 나타내 화엄을 설하시어 온 허공세계의 대중들로 하여금 그 광명을 눈으로 보고 의심의 그물을 스스로 소멸케 합니다.

　여래 명호를 밝히고 그 가르침인 4성제를 밝힌 품에서 두루하지만 이는 따로 두루하다 할 것이며, 여기 이 광명을 밝히는 품에서는 법계에 두루하게 합니다. 그 이유는 모두 다 같은 때와 장소와 대상과 설법의 가르침이 함께 더불어 두루하기 때문입니다. 앞서 여래의 몸과 말을 밝혔다면, 지금은 뜻의 업을 밝히는 부분이 되겠습니다. 즉 앞서의 두 품이 여래와 법이 두루함을 따로따로 별개의 설로 밝힌 것이라면, 이 품에서는 둘 다 모두 두루하다는 것을 '함께' 나타내는 말씀입니다.

처음에 부처님께서는 미간에서 모든 세계의 자비와 광명의 빛을 비추입니다. 부처님의 발바닥 광명을 통해 범부는 겨우 믿음을 일으킵니다. 수승한 깨달음을 나타낼 때 먼저 발바닥으로 백억 광명을 놓으시는데 여기에서 온갖 곳에 있는 문수사리보살들은 한결같이 세계와 부처님이 평등함, 부처님과 중생이 평등함, 5온의 평등함, 세간과 출세간의 초월, 마음을 내되 내는 바 없음, 중생에게는 본래 생도 멸도 없음, 하나와 무량이 둘이 아님을 동시에 찬탄합니다.

연이어 광명은 동방으로 열 세계를 두루 비치게 되고 부처님은 사자좌에 앉으시며, 더불어 수많은 미진수 보살들도 함께합니다. 문수사리보살들은 동시에 설하게 되는데, 깨달음의 인(因), 깨달음의 과용(果用)을 나타내어 중생들이 부처님과 닮고 싶어 하게 합니다. 문수사리보살들은 불덕의 충만함에 대해 찬탄합니다.

특히 눈여겨볼 부분은, 경에서는 큰 자비로 중생을 구제하는 덕을 찬탄합니다. 광명이 동방으로 십억 세계를 두루할 때 문수사리보살들이 수행이 이미 원만하며, 중생들의 애욕과 어리석음을 교화하며, 자비와 지혜가 있음 등을 찬탄하면서, 광명은 동방으로 무량무변한 법계와 허공계를 두루 비춥니다. 부처님은 사자좌에 앉으십니다. 일체 차별하던 것이 여기 이 광명을 밝히는 품에서 이르러, 비로소 인과가 원만하고 두루하는 덕을 나타내게 됩니다. 하나의 도량에 여래가 계시면서 일승원교(一乘圓敎)라는 화엄의 가르침으로 다른 모든 곳에 두루 계시면서 광명으로 그 법을 설하고 일체에 차별 없이 원융함을 알게 합니다.

10 보살문명품(菩薩問明品)

연이은 「보살문명품(菩薩問明品)」(『60화엄경』의 「명난품」)에서는 문수보살의 물음에 대하여 다른 보살들이 대답하는 형식으로 대화의 장면이 전개됩니다.

> 서원컨대 빈궁한 사람이
> 밤과 낮으로 남이 가진 보화를 헤아리듯이
> 자기는 반전도 가진 것 없이
> 남의 말 듣기만 하는 것이 역시 그와 같다.

이 게송은 우리 후학(後學)이 자주 인용하는 명구(名句) 중의 하나로 보살의 자각적(自覺的)인 실천행(實踐行)을 강조하는 대목입니다. 이 품에서는 문수보살과 아홉 분의 으뜸가는 보살들이 서로서로 짝이 되어 문답을 통해 10신의 이해를 돕고 있습니다. 10가지 법문은 모두 진실되고 청정한 법계의 이치를 나타내며 깊고 오묘한 뜻을 함양하고 있습니다. 열 가지 깊고 방대한 믿음의 이치는 근기와 각각의 개체에 따라 차별적이면서도 온 우주 법계에 한결같이 두루 평등합니다.

이를 부처님의 위신력으로 밝게 나타낼 수 있기에 문명(問明)이라 품의 이름을 칭합니다. 처음 믿는 바를 각수(覺首)라 이름하고 그 끝은 현수(賢首)를 거쳐 문수(문수보살. 妙首)로 마무리되고 있습니다. 각 수(首) 보살의 의미하는 바는 다음과 같습니다. 깊고 넓은 연기의 이치〔覺首〕, 교화의 이치〔財首〕, 업과(業果)의 이치〔寶首〕, 설법의 이치〔德首〕, 복전(福田)의 이치〔目首〕, 정교(正教)의 이치〔勤首〕, 정행(正行)의 이치〔法首〕, 조도(助道)의 이치〔智首〕, 깊은 수행의 이치〔賢首〕, 부처님 경계의 이치〔妙首〕를 의미합니다.

「문명품」의 이름에서 알 수 있는 바는 '비판하여 이치로써 따져 힐문' 하기에 '문' 이라 하며, 좋은 말로 찬술하여 이치를 밝게 규명하기에 '명'이라 합니다.

　10신의 뿌리를 이루어 열 가지 믿음의 힘을 기름에 문수사리와 각수보살 등의 9수(九首)가 서로 질문하여 밝히고, 번갈아 다듬질하듯 교리를 깊이 통찰하여 깨우쳐 내므로 서로 주도자와 동반 대중이 됩니다.

　『60화엄경』에서의 '명난(明難)'을 살펴보면, 법에 의하여 깊고 미묘한 열 가지 뜻을 밝히고 말씀에 의하여 어려움을 서로 논의하여 뜻을 가려낸다는 뜻이 됩니다. '명'은 가르침의 지혜이고, '난'에 열 가지 뜻이 있는 도라는 의미가 되는데 『80화엄경』의 뜻과 크게 다르지 않습니다. 현수 법장스님의 견해를 첨부하면 다음과 같습니다.

① 마음과 대상에 의하여
　- '난'은 진·속의 그윽함(幽邃), '명'은 묘한 지혜가 밝게 비춤
② 가르침과 뜻에 의하여
　- '난'은 매우 깊은 열 가지의 뜻, '명'은 펼쳐 나타냄
③ 변론과 도(道)에 의하여
　- '난'은 힐문, '명'은 이치에 의한 답

「보살문명품」·「정행품」·「현수품」이 세 품이 '믿음의 이해'와 '행'과 '덕'이 있음을 밝힌다면, '행'과 '덕'의 근간이 되는 것이 있어야 할 것입니다. 모든 지위 앞의 최초는 신행입니다. 그리고 그 신행에는 '이해'와 '수행'과 '덕'이 있습니다. 그 중에서 선행되어야 할 것이 '이해'이므로 「보살문명품」이 먼저 제시됩니다. 이는 체성이 본래 공(空)이어서 진실되지만 중생은 이를 몰라 업을 지으니 반드시 그 잘못됨을 깨우쳐 진망(眞妄)이 없는 참된 경지를 알게끔 하는 것입니다.

뒤따라오는 「정행품」과 「현수품」을 염두에 둘 때, 열 분 보살이 언급한 내용이 주제인 동시에 관해(觀解)를 이루도록 권장됩니다. 보광명전 설법의 주제와 상통함과 더불어, 경전 전체로 볼 때 2회 보광명전 설법·3회 도리천궁 설법·4회 야마천궁 설법·5회 도솔천궁 설법·6회 자재천궁 설법의 공통 주제라 할 수 있는 품(修因契果生解)입니다.

중생이 중생일 수밖에 없는 것은 탐욕과 집착이라는 무명에서 비롯됩니다. 그렇기에 번뇌망상의 습기에 찌들어 자신의 본래 성품을 망각하게 됩니다. 이 품은 큰 대원으로써 그러한 번뇌의 모습을 떠나 모든 중생을 무명의 멍에로부터 벗어나게끔 합니다. 그 방법의 핵심은 깨닫고자 하는 원력과 아울러 타인의 구제로까지 연결하여 수승한 공덕을 심는 것이라 생각됩니다.

「정행품(淨行品)」에서는 신·구·의 3업의 수승한 공덕을 심고자 하는 지수보살의 110가지 의문에 대해, 문수보살이 믿는 이의 심행(心行)이 청정토록 140가지의 답을 큰 서원으로써 제시하고 있습니다. 즉 「정행품」은 올바른 서원으로 그 주제를 삼습니다. 대원(大願)을 세워 10신의 수행으로 삼게 됩니다.

경에서 140대원문을 천명함은 10신·10주·10행·10회향·10지, 그리고 등정각까지의 모든 보현법계행을 천명함입니다. 140의 번뇌는 곧 140의 대원이기에, 생사의 바다에서 깨달음의 문을 찾는 것이며, 번뇌에 대하여 바로 그 자체로 원(願)을 일으켜 묘행(妙行)으로 승화시킵니다.

140가지의 큰 서원을 부지런히 익혀 닦고 청정히 행하여 화엄 수행의 핵심인 보현행을 할 수 있는 한편 얽히고설킨 번뇌를 청정하게 하기에 품의 이름이 '정행'이 됩니다. 이 실천행이 곧 묘행을 이루게 되는 것이며, 이 대원의 실천으로 말미암아 신·구·의 3업이 청정하게 되어 수승한 공덕을 얻게 됩니다.

화엄의 가르침에 의하면 청정의 마음은 문수의 마음이며, 보고 들어 깨달아 아는 보현의 행입니다. 자비와 지혜를 활용하기에 '청정한 행'이라 하며 대승과는 달리 소승은 이타행(利他行)이 없기에 바른 '청정'이 아닙니다. 마음에 흐리고 산란함이 없음을 청정이라 하고, 보현행에 의거하여 부처님이 과거생에 닦으셨고 모든 불보살님께서 함께 행함을 '청정'이라 합니다.

'정'은 이치이고 '행'은 지혜로 이지(理智)가 걸림 없음을 '원(圓)'이라 합니다. 그래서 보편적인 법에 기준하여 '행'이 순응하면 이를 '원(圓)'이라 할 수 있는 것입니다. 번뇌에 대하여 큰 원을 발휘하여 이를 극복하기란 결코 쉬운 일이 아닙니다. 그렇지만 이를 통해 보살은 10신의 행으로 삼아 무명과 탐애로부터 벗어나기를 서원합니다. 그래서 더러움을 떠난 서원을 '청정'이라고 하는데 '원(願)'이 곧 그러한 '행'이므로 '정행'이라 하는 것입니다.

12 현수품(賢首品)

범부에서부터 모든 부처님의 인과(因果)와 이지(理智)를 드러내어 분명히 나타내므로 '수(首)'라고 합니다. 상서롭고 수승한 덕이 출중하게 뛰어남을 의미하며, 길상의 빼어난 덕이 초절(超切)함을 나타내기 위하여 '수(首)'라 합니다. 이 품의 이름을 조망해 보면 그 취지를 잘 살펴볼 수 있습니다. '현수'의 '현'은 체성에 의하고 '수'는 덕용에 의한 것입니다.

좀더 자세히 풀이하면 '현'은 본성이 지극히 순하다는 뜻입니다. 여래의 인과와 보현의 실천문을 믿고 이해하여 깊고도 곧은 선근을 모아서 중생을 항상 이롭도록 생각합니다. 그래서 잘 어울린다는 의미를 가지고 있습니다.

현수(賢首)보살은 그 이름이 붙은 한 품(品, 『60화엄경』의 「현수보살품」·『80화엄경』의 「현수품」) 가운데서 긴 게송으로써 불정각(佛正覺)의 깊은 뜻을 드러내는데, 문수보살의 물음에 대해 대답하면서 "일체무애인(一切無碍人)이라야 일도출생사(一道出生死)한다."는 명구(名句)를 남겼습니다. 이 말은 해동보살 원효(元曉)스님이 '무애가(無碍歌)'를 지을 때 인용함으로써 더욱 유명해진 구절이기도 합니다.

품의 요지는 보현(普賢) 행덕(行德)을 통해 장엄하며, 무한한 작용으로써 중생을 이롭게 해서 원융한 신행을 일으키게 하여, 궁극으로는 그 지위의 덕용을 이루게 하는 것입니다. 즉 2회 설법의 마지막인 점을 고려해 볼 때, 10신에서 부처님의 묘과(妙果)를 이루어 그 복과 이익을 얻게 하는 한편, 이해와 실행이 상응하므로 10주를 위한 준비를 하게 합니다.

어느 때나 중생들을 즐겁게 하고
국토를 장엄하고 부처님 공양
바른 법 받아 갖고 지혜 닦아서
보리를 증하려고 발심했으며,

믿고 아는 깊은 마음 늘 청정하고
부처님을 공경하고 존중하오며
교법이나 스님께도 또한 그렇게

정성껏 공양하려 발심하리라.

사실 『화엄경』 안에서는 서로 묻고 답하는 대목이 자주 등장합니다. 그런데 우리가 알아야 할 점은, 이 품에서 묻는 이는 정말로 몰라서 묻는 것이 아니며, 또한 대답하는 이의 대답도 결코 열등한 내용을 담은 것이 아니라는 점을 말씀드려야 할 듯합니다.

묻는 이와 답하는 이 모두 부처님 법신의 위신력을 입어 진리를 드러내는〔顯現〕 수단으로서 문답의 형식을 취하는 것이며, 그렇기에 보살들은 삼매를 통하여 진리를 궁구하고 대중들에게 그 내용을 펼치게 됩니다.

이를 체와 용의 관계로 설명하면, 부처님을 체(體)라 할 때 보살은 용(用)이 됩니다. 설법하는 보살의 작용을 체와 용의 관계로 풀이해 본다면, 부처님의 위신력을 빌어 중생을 위한 설법이 용이 되며, 보살이 입정에 드는 것이 체가 됩니다.

10신의 법문에 의지하여 발심(發心)하고 닦아 나아가는 공덕이 무량합니다. 발심하여 수행한 공덕으로 이익을 더해 궁극에는 과보를 얻어 중생을 이롭게 하므로, 부처님에게 공양한 것과 그물과도 같은 삼매〔方網三昧〕에 들고 남이 자재하고 무애하다고 화엄의 조사들은 이야기하고 있습니다.

시방의 그물과도 같은 삼매라는 것은 삼매에 들 때, 한 곳에서 들더라도 나머지 장소에서, 또한 반대의 경우도 그러하게 되는 삼매입니다. 비유하자면 제석천왕의 그물이 상호 원융히 섭수(攝授)함과도 같아서, 법계의 본성과 작용이 천차만별 다르지만 또한 다름없게 되는 지위입니다. 중생이 보기에는 차별에 의한 것이지만 마음에 차별이 없는 이 지위의 수행인이 보기에는 경계에도 차별이 없는 것입니다.

지금 우리는 제2회 설법에 대해 살펴보고 있습니다. 즉 문수보살이 설법의 주체가 되어 믿음〔信〕을 설하고 있는 지상설법의 마지막 대목입니다. 앞서의 제1회 설법이 신 · 해 · 행 · 증 가운데 '신(信)' 이라면, 제2회의 설법에서 말하는 믿음〔信〕은 결과를 보고 환희심을 얻으려는 수승한 이해가 나게 하는 대목이기에 신 · 해 · 행 · 증의 4분(分) 가운데에서 '해(解)' 에 해당합니다. 참고로 이를 수인계과생해분(修因契果生解分)이라 하는데, 그 뜻은 '수행〔因行〕을 닦아 과위와 합치하여 이해를 내는 부분' 입니다. 수행의 결과를 보고 좋은 결과를 일으키려는 수행자의 단계를 나타냅니다. 수행의 과정과 결과에 대해 신-해-행-증 등의 단계로 제시하고 있는데, 청량 징관스님의 저술 「대화엄경략(大華嚴經略)」에서 '신(信, 擧果勸樂生信分)'은 결과를 보여 믿음을 즐거이 내는 부분으로 제시되어 있습니다. 그리고 결과를 얻으려는 수승한 이해를 일구는 단계가 '해(解, 修因契果生解分)'가 됩니다. 이후, 여기에 그치지 않고 수행의 방법을 잘 알고 의지하여 원만히 성취하게끔 하는데 이를 일컬어 '행(行, 託法進修成行分)'이라 하고, 그 다음이 부처님의 덕을 성취하는 단계로 여러 선지식을 찾아가며 점차로 증득하는 단계인 '증(證, 依人證入成德分)'입니다. '행'은 법에 의탁해 정진하여 행을 이루는 부분이 되고 '증'은 선재동자 구법기로 알려진 부분입니다. 의미는 '사람에 의지하여 증득해 들어가 과덕을 이루는 부분'입니다.

'신'에 해당하는 부분을 경전의 품별로 구분해 보면, 전통적 4분의 견해는 『80화엄경』에 근거하여 볼 때는 제2회 「여래명호품」부터 제7회 「여래출현품」까지이고, 『60화엄경』에 견주어 본다면 제2회 「여래명호품」부터 제6회 「보왕여래성기품」까지가 되겠습니다. 한편 제35품 「여래수호광명공덕품」(제7회 설법)은 차별인과(差別因果)입니다. 그리고 제36·

37품(「보현행품」과 「여래출현품」)은 평등인과(平等因果)입니다. 차별인과와 평등인과를 합쳐, 신 · 해 · 행 · 증 4단계 가운데 '해'에 배대합니다. 참고로 '신'은 5주인과에서 소신인과(所信因果), '해'는 차별인과와 평등인과, '행'은 성행인과(成行因果), '증'은 증입인과(證入因果)에 해당합니다. 『80화엄경』을 기준으로 각각 제1회, 제2회에서 7회, 제8회, 제9회입니다. 『60화엄경』으로는 제1회, 제2회에서 6회, 제7회, 제8회로 보면 될 듯합니다.

여기까지 제2회 설법을 살펴보았습니다. 여기에서 경전은 10신의 설법을 설명하였습니다. 이는 대승보살이 수행하는 52가지 단계〔階位〕중 처음의 10단계가 되겠습니다. 물론 앞서 설명되었던 제1회 설법의 믿음〔信〕이 기본이 되는 것이고, 이 믿음을 출발점으로 하여 시작되는 것이겠지요.

입법계품의 선재동자

『화엄경』의 39품인 「입법계품(入法界品)」은 우리에게 잘 알려진 선재동자의 구법기입니다. 여기에는 문수 · 보현 · 미륵보살이 포함된 53인의 선지식이 등장하여 선재동자가 구법함에 있어서 요긴한 여러 법문을 제시하여 실천행을 독려합니다.

선재동자는 닦음을 잊고 증득도 끊은 부처님 과덕이 늘 함께하는 과정을 거쳐 중생과 함께하되 물들지 않으면서도 또한 중생을 이롭도록 하여, 궁극에는 말을 버리고 행에 의지하며 그 닦음마저 잊고 증득을 끊는 본연의 구족을 이루는 수행자의 상징입니다. 선재동자가 남쪽으로 유행한 것은 옛부처님(古佛)의 도량에서 시작하여 100개의 성을 지나면서 구법하는 과정으로 삼세 부처님 경계의 인과(因果)를 총괄한 것인데, 본래의 묘덕(妙德)이 원융하고 자재함을 드러낸 것이라 할 수 있습니다.

경전의 제일 나중에 언급되어야 할 선재동자의 구법기를 여기서 언급하는 이유가 있습니다. 선재동자의 구법기 자체가 경전의 내용과 직접 연관을 가지고 있으며 상호간에 대응되는 긴밀한 유기성을 갖추고 있기 때문입니다. 그래서 그 내용을 간략하게나마 알아 두시는 것이 경전의 내용을 입체적으로 체득하는 데 도움이 됩니다.

각각의 선지식은 5위법문과 등·묘각에 이르기까지 모두

상응되는데 선재동자가 남방의 순례를 떠나기에 앞서 구법(求法)의 의미와 대상을 소개하는 대목을 살펴보면 입체적으로 경전을 이해하는 데 도움이 될 듯합니다. 설법의 대중은 처음으로 계몽을 하는 대중, 행을 따라 발심하는 대중, 업식을 단번에 끊어 버리는 대중, 깨달음으로 말미암아 행으로 나아가는 대중, 그리고 마지막으로 행을 의지하여 승진하는 대중이 등장합니다.

일반적으로 구법기에 등장하는 선지식의 수를 염두에 두어 53선지식이라 합니다. 하지만 덕생동자와 유덕동녀는 함께 법문을 하며 문수보살은 2회에 걸쳐 만나게 됩니다. 실질적으로 55회에 걸쳐 선지식을 만난다 할 수 있습니다. 경우에 따라 덕생과 유덕선지식을 한 법문, 문수보살의 2회 법문을 역시 한 법문으로 삼아 총 52선지식으로 표현하기도 합니다.

선재동자가 어머니의 태(信胎)에 있었을 때, 집에는 7보가 갈무리된 창고가 있는데 5백 개의 보배 그릇에 모든 보화가 가득 있었고, 창고에는 재물이 가득하였다고 합니다. 이때 집에서 금 묶음이 나왔는데 세로와 가로가 일곱 자이며 10월에 탄생했다고 합니다. 금 묶음이 7자인 것은 신심으로 태를 삼은 것이며 7각지의 법을 밝힌 과보입니다. 그리고 5백의 보배 그릇은 5백 바라밀행을 모두 거둔 과보라 합니다.

▮ 처음으로 계몽을 하는 대중

문수동자는 선주누각에서 출현할 때였습니다. 이때에 한량없이 더불어 행하는 보살 대중과 항상 곁에서 시중드는 신과 천·용과 팔부대중이 모두 모여 부처님께 나아갔습니다. 그리고 예를 올리고서 물러나 남쪽을 향하여 인간세계로 가게 됩니다. 행문(行門)의 지위가 행을 발현하는 시발점이 되며 근본지를 깨달아 나아가는 초석이 됩니다. 그렇기에 문수보살의 방편의 공덕이 찬탄되는 부분이며, 문수보살을 동자라고 호칭하여 어린아이의 초심으로 비유하는 것은 깨달아 나아가는 정진을 표시한 것입니다. 이전에는 믿음의 으뜸으로서 보살이라 칭하였지만 이 대목에서는 동자라고 칭합니다. 인으로부터 과로 나아간 것이며, 깨달아 나가는 문으로 이해를 마치고 행으로 나아가는 것이기 때문입니다. 몽매함으로부터 깨달음으로 나아가는 것이어서 보살과 동자라는 명칭이 다르지만 지혜의 본체는 다름이 없습니다.

▌행을 따라서 발심하는 대중

동자가 남쪽으로 유행할 때에 6천 명의 성문들이 문수보살을 따르기 원하였습니다. 이때에 사리불은 길 가운데서 해각 등의 여러 비구들에게 문수의 가지가지 미묘한 덕을 관찰하게 합니다. 그러자 문수는 보리심을 발현하여 보현행에 안주하라고 권하고, 즉시에 일체의 불법(佛法)을 구족하도록 권유합니다. 이는 바로 닦아 나아가는 실천의 행문(進修門)입니다.

▌업식을 단박 버리는 대중

문수동자가 모든 비구들에게 보리심을 발하라고 권하고 나서, 깨달음의 성(覺城) 동쪽, 옛 부처님께서 머무신 탑묘 근처에서 보조법계수다라(普照法界修多羅)를 설하였습니다. 여기서 깨달음의 성이란 유명한 복덕성(福德城)입니다.

그때 큰 바다 가운데 있는 무량한 숫자의 용들이 모였습니다. 그들은 법문을 듣고 발심을 권유받아 그 몸을 모두 버리고 사람과 하늘 세상에 태어나고자 서원하여 그 뜻을 이루었습니다. 모든 용들이 보리심을 발현한다는 것은 업식을 버린 것이라 하겠습니다.

■ 깨달음으로 말미암아 행으로 나아가는 대중

그때 사부대중 각각 5백 인들은 성에서 나와 장엄당 사라림〔高遠〕에 있는 대탑묘를 예방하였습니다. 사부대중은 모두 세속의 남녀들로 세속으로 나아가 진리를 밝힘을 표시한 셈이 됩니다. 그리고 5백 인이란 바로 5위를 원만하게 드러내어 깨달음으로 말미암아 행으로 나아감을 표시하는 것입니다.

■ 행을 의지하여 승진하는 대중

우리가 익히 들어 알고 있는 선재동자가 53선지식을 두루 참방하는 내용이 해당합니다. 5위의 각각에 10바라밀을 표시하여 50의 숫자로 삼았고, 문수 · 보현 · 미륵 보살을 세 분의 선지식으로 삼게 됩니다.

이 대중은 모두 여섯으로 나눌 수 있는데 첫째가 10주의 선지식이고, 둘째가 10행의 선지식, 셋째가 10회향의 선지식, 넷째가 10지의 선지식이며, 다섯째가 등각위에 오른 선지식이고, 마지막이 묘각의 선지식입니다. 나머지 대중은 해당하는 부분에서 자세히 참구하도록 하고, 다음 제3회 설법으로 넘어가겠습니다.

진여의 세계에 머무는 미묘한 열 가지 설법 3

수미정상회 도리천궁의 6품

지금부터는 설법의 장소를 옮겨 천상에서 설해지는 설법에 대해 살펴보겠습니다. 천상의 설법은 제3회 도리천궁(수미산정 제석천) · 제4회 야마천궁(야마천궁의 보장엄전) · 제5회 도솔천궁(도솔천궁의 일체보장엄전) · 제6회 타화자재천궁(타화자재천궁의 마니보전) 등의 곳에서 각각 10주(十住) · 10행(十行) · 10회향(十回向) · 10지(十地) 내용을 말씀하시는 것입니다.

보광명전 설법은 『80화엄경』과 『60화엄경』 공통적으로 제2회의 지상설법에서 한 번 시행되고, 제7회에서 두 번째로 설해집니다. 그런데 두 번째로 시행되는 이 보광명전의 설법은 모두 11품인데 『80화엄경』에서는 지상설법(제7회 설법)으로 보지만, 같은 내용을 『60화엄경』에서는 천상설법에 포함시킵니다.

지금까지 우리는 지상의 설법인 제1회 · 2회 설법을 살펴보았습니다. 그 주요 내용으로는 비로자나부처님의 세계에 대한 믿음, 그 믿음을 견고히 함으로써 수행의 길에 들어가는 본격적인 시작이라 할 10신의 단계였습니다. 수승한 수행의 결과를 얻고자 부처님의 가르침에 대한 이해를 일구는 단계가 바로 '해(解, 修因契果生解分)'라고 앞서 언급하였습니다. 그런데 '해'를 더욱 세분하면, 10신 · 10주 · 10행 · 10회향 · 10지 · 등각 · 묘각의 단계로 구성됩니다.

지금 우리가 살펴볼 제3회 설법은 그 중에서 10주의 내용에 해당합니다. 10주에 대한 설법은 수미산 정상 도리천에서 행해집니다. 순서를 매겨 말씀드린다면 10신이 제1위(階位)부터 제10위로서 환희심과 신심을 더욱 갖추어 수행에 정진하는 단계이고, 이 10주는 제11위(位)에서 제20위까지에 해당합니다.

장소에 의해 제3회 설법은 도리천회라 일컫습니다. 믿음으로 말미암아 증득해 들어가 여래의 집에 태어나며, 머묾이 없는 지혜[無住智]에 의지하기 때문에 물러나지 않는 안온한 머무름입니다. 그래서 '주[住, 머묾]'라고 지칭됩니다. 10주(十住)의 지위를 말하는 것이 「십주품」, 행을 말하는 것이 「범행품」, 덕을 말하는 것이 「초발심공덕품」이며 차후의 승진할 지위를 향하는 부분이 「명법품」입니다. 앞서의 「여래명호품」에서 잠깐 언급된 10주 지위의 질문에 대한 답이 됩니다.

『60화엄경』	『80화엄경』
수미산정 제석천, 수미정상회	도리천궁
불승수미정품	승수미산정품
묘승전상설게품	수미정상게찬품
보살십주품	십주품
범행품	범행품
초발심보살공덕품	초발심공덕품
명법품	명법품
설법의 장소 – 도리천궁(忉利天宮)	
설법의 주체 – 법혜보살(法慧菩薩)	
법문의 내용과 삼매 – 10주 법문, 무량방편삼매[兩足指光]	

이 설법에서 부처님은 보리수 밑에서부터 수메루(Sumeru, 須彌) 산정에 있는 도리천(Trayastrimśāh, 忉利天)의 왕인 제석(帝釋, Śakradevānam indra)의 궁전에 오르십니다. 10주에 수미산 정상에 올라간 것은 수행자의 입장에서는 일체 모든 부처님의 법문과 그 경계를 기억하고, 그리하여 지혜광명(智慧光明)으로 온갖 것을 두루 보는 법문을 얻은 것입니다. 도리천에는 33천이 있는데 이 33천은 남섬부주(南贍部洲) 위에 8만 유순 되는 수미산 꼭대기에 있습니다. 중앙에 선견성(善見城)이라는 4면이 8만 유순씩 되는 큰 성이 있고, 이 성 안에 제석천이 있고, 사방에는 각기 8성이 있는데 그 권속 되는 하늘 사람들이 살고 있다고 합니다. 사방 8성인 32성에 선견성을 더하여 33천이 되는 것입니다.

여기에서도 부처님은 여전히 묵연히 앉아 계시는데, 묵연히 보리수를 떠나지 않았다는 의미는 보리의 체성이 가고 오며 멀고 가까운 처소가 있어 여읠 수 있거나 이를 수 있는 것이 아님을 밝히려 하기 때문입니다. 또 법계는 대소(大小)가 없어서 터럭과 찰토가 서로 용납하기 때문이고, 또한 마음과 경계에 두 가지 모양이 없어서 중심과 가장자리가 있는 방소(方所)가 없기 때문이며, 모든 법이 자성(自性)이 없어서 하나와 다수가 항상 원만하기 때문입니다.

이 법문은 공을 바라보는 지혜(空慧)가 드러나 일체 얻을 바 없는 것과 같기에 지혜광명을 두루 보게 됩니다. 이 의미가 무엇이냐 하면, 무상(無相)의 지혜광명으로써 집착된 미혹의 어둠을 깨뜨렸음을 밝힌 것입니다.

그런데 이때 제석천은 고요히 과거 제불이 와서 머무시던 이 장소가 한없이 길상(吉祥)한 곳이란 생각에 잠깁니다. 그러자 시방에 각각 10불(十佛)의 세계, 모두 100불의 세계가 나타나고, 그 세계마다 수많은 보살들이 부처님 앞으로 나와 일제히 공경하고 예경을 올립니다.

이윽고 부처님의 발에서 백천억의 묘색광명(妙色光明)이 시방의 일체 세계를 두루 비추고, 보살들은 차례로 부처님의 위신력을 받아 게송으로써 여러 가지의 교훈을 말씀하시게 됩니다. 법혜(法慧)보살은 범행(梵行, 清淨한 行爲)을 어떻게 닦고 익힐 것인가, 초발심 보살의 공덕은 어떠한 것인가, 그리고 나아가 초발심 보살은 어떻게 중생을 제도해 갈 것인가 등에 관해 말씀합니다.

제3회 설법의 핵심내용인 10주에 대해 알아보기로 하겠습니다.

▌초발심주(初發心住)

이 초발심(初發心)이란, 처음으로 보리심(菩提心), 즉 남김 없이 우주와 인생의 도리를 체증(體證)하겠다는 생각을 일으키어, 한결같이 뒤돌아서지 않고 나아가는 것입니다. 그 계기는 여러 가지가 있을 수 있다고 합니다. 때로는 부처님의 훌륭한 상호(相好)를 보고 보리심을 낼 수도 있고, 위신력을 보고 그럴 수도 있고, 또 설법을 듣고 교훈을 듣고 그럴 수도 있으며, 또 중생들이 받는 한량없는 고통을 목격하고 그러한 보리심을 낼 수도 있습니다.

제2회 설법의 10신(信)의 관법(觀法)이 완성되어 진무루지(眞無漏智)를 내고, 마음이 진제의 이치에 안주하는 지위입니다. 진무루지는 불보살의 무루지로, 이는 진리를 증하고 모든 번뇌의 허물을 여읜 청정한 지혜라 하겠습니다.

▌치지주(治地住)

보살이 일체중생을 보고 열 가지 마음을 일으키면 이를 '치지주'라 합니다. 열 가지 마음이란 대자심(大慈心), 대비심(大悲心), 즐겁고 좋아하는 마음(樂心), 안주심(安住心), 환희심(歡喜心, 樂心), 도중생심(度衆生心, 衆生을 濟度하는 마음), 수호중생심(守護衆生心, 衆生을 守護하는 마음), 내 것이라는 마음(我所心), 사심(師心), 여래심(如來心) 등입니다.

이러한 마음을 일으키고 닦기 위해서는 무엇보다도 부지런히 공부하고 많이 들으려는(多聞) 노력을 해야 하며, 욕심을 떠나는 선정(禪定)을 닦아야 한다고 했습니다. 그리고 선지식을 가까이하고 그 가르침을 어기지 말아야 하며, 두려움 없이 착실히 깊은 뜻을 이해하고 실천해 가야 합니다. 이 지위의 바탕은 항상 공관(空觀)을 닦아 심지(心地)를 청정하게 다스리는 것이라 할 수 있습니다.

▌수행주(修行住)

온갖 선(萬善)의 만행(萬行)을 닦는 지위입니다. 구체적으로 보살이 일체법을 관(觀)함에 열 가지 각도에서 관해야 함을 가르치고 있습니다.

그 내용은 일체법은 무상(無常)하고 고통스러우며, 공하며, 무아(無我)이며, 자재(自在)하지 못하다는 사실을 관하고, 일체법은 집산(集散)함이 없는 것이며, 일체법은 견고(堅固)

함이 없고, 또 허망하며, 그 화합이 견고하지 못함을 관해야 한다는 것 등입니다. 그러자면 모든 세계를 분별해서 알 수 있게끔 공부를 해야 한다고 경전에서 말씀하고 있습니다.

▌생귀주(生貴住)

다음은 '생귀주'가 되겠습니다. 이 지위는 정히 부처님의 기분(氣分)을 받아 여래 종에 들어가는 지위라는 뜻입니다. 무슨 뜻이냐 하면, 원래 '생귀(生貴)'란 귀한 데 태어난다는 의미입니다. 이 귀한 데란 바로 일체의 성법정교(聖法正敎)를 의미합니다. 그렇게 되기 위해서는 부처님의 불괴(不壞)함을 믿고, 법을 철저히 알고 마음을 고요히 바로잡으며, 중생과 부처님의 나라[佛刹]와 세계와 모든 업[諸業]과 과보와 생사와 열반을 분별할 수 있어야 한다고 합니다.

읽기에 다소 어려울 수 있으나, 부처님께서 열반에 드신 이유를 생각해 봅시다. 그 이유에 대해서 다양하게 설명할 수 있지만, 전통적인 견해는 바로 '불성의 상주'를 들고 있습니다. 앞서 언급되었던 부처님의 불괴란 바로 이러한 불성의 상주함을 의미하는 것입니다. 이렇게 생각하면 이 법문을 읽음에 다소 도움될 것입니다.

▌방편구족주(方便具足住)

방편구족주란 착한 마음을 가지고 일체중생을 구호하고, 이롭게〔饒益〕하고, 안락하게 하며, 가엾게 여기고〔哀愍〕, 성취하고, 그리하여 그들로 하여금 모든 고난에서 벗어나게 하고, 생사의 고뇌에서 뛰쳐나오게 하며, 그들을 기쁘고 즐겁게 하고, 또 그들을 조복(調伏)해서 모두 열반을 얻도록 하는 것 등을 말합니다.

말하자면 철저한 이타행(利他行)을 구족방편주라 할 수 있는데, 자리이타의 방편행을 갖추는 지위입니다.

▌정심주(正心住)

부처님의 용모와 마음과 똑같은 지위를 의미합니다. 이 정심주(正心住)란 불법에 대한 결정심(決定心)이 견고히 세워져 움직이지 않게 됨을 뜻합니다. 혹은 누가 부처님을 찬양하든 훼방하든, 혹은 누군가 불법이나 보살을 찬양하든 훼방하든, 또는 중생과 이 세계에 관해서 왈가왈부하더라도, 불법 가운데에 마음이 머물러 결코 동요하지 않는 지위로 설명되기도 합니다.

그러자면 보살은 일체법이 무상(無相, 相이 없고)하고, 무성

(無性, 性이 없고)하고, 무소유(無所有)하며, 무진실(無眞實)하며, 허공(虛空)과 같고, 환상(幻想)과 같고 꿈과 같고 산울림과 같음을 배워야 합니다. 바로 무생법인(無生法忍, 諸法에 대해서 執着하는 생각을 내지 않는 깊은 마음)을 얻어 뒷걸음질하지 않으려는 까닭에 그렇게 한다는 것이 이 지위가 되겠습니다.

▌불퇴주(不退住)

물러나는 것을 불교에서는 '퇴전(退轉)'이라 표현합니다. 불가(佛家)의 옛 어른들은 마음이 견고하여 동전(動轉)하지 않는 것을 '불퇴전(不退轉)'이라고 일찍이 말씀하셨습니다. 그런데 이 지위는 몸과 마음을 한데 이루어 날마다 더욱 자라나고 물러서지 않는 단계입니다. 누가 무어라 해도 불법(佛法) 가운데에서 물러나지 않는 것입니다. 외도들의 공격, 내면으로부터의 회의 등을 이겨낸다는 뜻이지요. 보살은 법의 맛[法味]에 따라 일체법에 대하여 방편을 구족하기 위해서는 정진해야 한다고 합니다.

▌동진주(童眞住)

다음은 동진주가 되겠습니다. 의미는 그릇된 소견을 물리치고 보리심을 깨지 아니하는 것이, 천진하여 애욕이 없는 동자와 같다고 여겨져서 이름 붙여진 것입니다. 보살이 동진주에 머문다는 것은 무슨 뜻이냐 하면 행(行)하거나 말하거나 생각하거나, 중생의 마음과 성격과 취향과 행위가 어떻다는 것을 아는 것, 그리고 세계에 대한 확고한 이해가 되어 있고 마음이 동요하지 않게끔 되는 것입니다. 이러한 경지를 동진(童眞)이라고 부른 까닭은 아마도 선재동자를 염두에 두고 붙인 이름이 아닐까 생각합니다.

보살은 모든 부처님 국토[佛刹]를 알아야 하고, 진동(震動)시켜야 하고, 섭수[持]하여야 하고, 삼매로 관하여야 하고, 뵈어 찾아가야 하고[詣], 일체의 모든 세계에 가지 않는 곳이 없이 전부 가서, 알기 어려운 무량한 묘하고도 수승한 법을 묻고 신묘하게 변화하는 무량한 불신(佛身)의 내용과 이치에 대해 잘 물을 줄 알아야 한다고 합니다.

▌법왕자주(法王子住)

법왕자주에 있는 보살은 열 가지 일을 잘 알기에 '선해(善解)'라고 합니다. 부처님의 가르침을 따라 지해(智解)가 생기는데, 중생의 취향과 갖가지 번뇌와 갖가지 습기(習氣)와 방편지(方便智)와 무량한 법들을 분별하는 일과 갖가지 위의(威儀)와 갖가지 세계들을 분별하는 일과 삼세[過去·未來·現在]와 세속제(世俗諦)와 제일의제(第一義諦)를 설법하는 일 등의 이 모든 것들을 잘 안다는 의미입니다.

법혜(法慧)보살은 이 단계의 보살이 배워야 하는 열 가지 공부의 조항들이 무엇인가를 나열하는데, 그것을 보면 위의 열 가지 선해(善解)는 장차 법왕이 되는 준비로서 필수적인 것으로 강조되고 있음을 알 수 있습니다. 법왕이란 일체법에 있어서 장애(障碍)가 없는 지혜를 얻은 사람을 말합니다.

▍관정주(灌頂住)

관정(灌頂)이란 왕자가 즉위할 때 정수리에 물을 붓는 의식입니다. 부처님이 지수(智水)로써 정수리에 붓는 것이, 마치 인도에서 왕자가 자라면 국왕이 손수 바닷물을 정수리에 부어 국왕이 되게 하는 것과 같으므로 '관정주'라 이름 짓게 되는 것입니다. 10주(十住)의 마지막 단계를 설명하면서 보살은 이제 열 가지 지혜를 성취한 상태에 머무르게[住] 됩니다.

10주를 살펴보느라 설명이 다소 길어졌습니다. 긴밀하게 연계된 각 품의 내용은 해당하는 품에서 궁리해 보기로 하고, 이제 제3회 설법의 문을 열어 보도록 하겠습니다.

13 승수미산정품(昇須彌山頂品)

「승수미산정품」의 구역 이름은 「불승수미정품(佛昇須彌頂品)」입니다. 「현수품」에서 10신의 마지막을 설한 것이라면, 이 품은 보다 나은 지위의 수행인 10주를 설하는 초입이 됩니다. 구역의 「불승수미정품」으로 이름을 풀이하면, '불'은 교화주, '승'은 위로 나아가는 것, '수미'는 묘고산(묘봉산), '정'은 빼어난 데 거처한다는 것입니다. 곧 법을 설하는 처소로써 품의 이름을 삼고 있는데, 10주 설법이 수승한 까닭에 인간의 땅을 초월하고 수미산의 중턱인 사천왕처를 초월하여 마침내 수미산에서 설하는 것이라 하겠습니다.

　수미산 정상에 올라 설한 「승수미산정품」은 이름 그대로 처소로써 법을 대신 표시한 성격을 가진 품입니다. 즉 장소에 의해서 법을 나타내면 10주이니 지위에서 물러나지 않는 뛰어남을 이루어 밝히는 까닭에 산 정상에서 설해지거니와, 6근과 6진(情塵)의 자취를 벗어났기 때문에 산의 정상으로써 표현된 것입니다.

　10주의 보살이 머무는 처소는 광대하여 법계와 허공계와 같습니다. 바로 수미산으로, 이 산은 일곱 개의 금산과 여덟 개의 바다 가운데 있는데, 높이 솟아 하늘과 맞닿아 있기 때문에 잡고 오를 수가 없습니다. 생각의 경계를 벗어났으므로 보통 마음으로 생각하여 얻을 바가 아닙니다.

　앞의 보광명전이 땅의 세계를 의지하여 범부의 땅에서 믿음을 내었음을 표시한다면, 「승수미산정품」의 수미산은 매우 높아 10주를 설하여 믿음으로부터 승진하여 광대한 지점에 들어감을 표시합니다. 2회 설법이 인간 세상의 지상 보광명전에서 10신에 대한 설법이라면, 10신을 설하는 이 품에서부터 「명법품」까지는 도리천궁(忉利天宮)에서 설해지는 수미정상회라 하겠습니다. 10신은 자칫하면 물러나기 쉬운 경계이어서 깨달음의 경계 밖에 있습니다. 그렇다면 10주는 당연히 불퇴위(avinivartanīya, 阿惟越致, 不退位)라는 말이 됨을 짐작할 수 있으리라 믿습니다. 아비발치(阿鞞跋致)라고도 쓰이는 이 불퇴전(不退轉) 자리는 말 그대로 타락하거나 물러서지 않는 자리입니다. 법에 머무른다는 의미가 보다 확연해짐을 알 수 있습니다.

불퇴전은 소승에서는 예류과(srotāpanna, 豫流果)라 하지만 대승에서는 초주(初住) 혹은 10지의 초지(初地, 간혹 8地)를 지칭합니다.

14 수미정상게찬품(須彌頂上偈讚品)

10주는 지(智)로써 본체를 삼고, 혜(慧)로써 작용을 삼게 됩니다. 이 점을 법혜보살에 의지하여 찬찬해 드러냅니다. 지를 의지하여 혜를 일으킴을 인(因)으로 하고 이로 인해 과법을 얻으면 번뇌가 제거되어 청량함이 마치 달과도 같게 됩니다. 시방의 '혜(慧)' 자로 된 열 분의 보살들이 각각 화장세계로부터 수많은 보살들과 더불어 함께 와서 모입니다. 그 보살 대중은 각각 '월' 자로 된 열 부처님 처소에서 범행을 깨끗이 닦은 분들입니다.

보살 대중이 모인 자리에서 그 보살들이 오신 세계가 어떠한지, 그리고 그 보살들이 각각 섬기는 그 세계의 부처님에 대해 언급됩니다. 이윽고 부처님 계신 곳에 이르러 예배하고 앉으니 부처님께서 광명을 놓습니다. 부처님께서 광명을 놓으시자 각각 세계에서 온 보살들이 찬탄하고, 이윽고 보살들은 부처님의 광명으로 인하여 여러 가르침을 얻게 됩니다.

낱낱 보살이 각각 부처님 세계의 티끌 수처럼 많은 보살들과 함께, 백 부처님 세계의 티끌 수 국토 밖에 있는 세계로부터 와서 모였다. 그 이름은 법혜(法慧)보살 · 일체혜(一切慧)보살 · 승혜(勝慧)보살 · 공덕혜보살 · 정진혜보살 · 선혜(善慧)보살 · 지혜(智慧)보살 · 진실혜보살 · 무상혜(無上慧)보살 · 견고혜(堅固慧)보살이었다.

그들이 따라온 세계는 이른바 인드라꽃 세계 · 파두꽃 세계 · 보배꽃 세계 · 우발라꽃 세계 · 금강화 세계 · 묘향화 세계 · 열의화(悅意華) 세계 · 아로나꽃 세계 · 나라타꽃 세계 · 허공화 세계 등이었다. 각각 부처님 계신 데서 범행을 닦았으니, 이른바 특수월불(特殊月佛) · 무진월불(無盡月佛) · 부동월불(不動月佛) · 풍월불(風月佛) · 수월불(水月佛) · 해탈월불(解脫月佛) · 무상월불(無上月佛) · 성수월불(星宿月佛) · 청정월불(淸淨月佛) · 명료월불(明了月佛) 등이었다.

이 여러 보살들이 부처님 발에 정례하고 각자 온 방위를 따라 제각기 비로자나장사자좌를 변화하여 만들고, 그 사자좌 위에서 결가부좌하고 앉았다. 이 세계의 수미산 꼭대기에 보살들이 와서 모인 것처럼 일체 세계에서도 모두 그러하였으며, 저 보살들의 이름과 세계와 부처님 명호는 모두 같아서 차별이 없었다. 그때 세존께서 두 발가락으로 백천억의 묘한 빛 광명을 놓아 시방 일체의 수미산 꼭대기를 비추시니, 제석천 궁전 안에 계시는 부처님과 대중들이 나타나지 않는 이가 없었다.

10세계의 보살인 법혜보살(法慧菩薩), 일체혜(一切慧)보살, 승혜(勝慧)보살, 공덕혜(功德慧)보살, 정진혜(精進慧)보살, 선혜(善慧)보살, 지혜(智慧)보살, 진혜(眞慧)보살, 무상혜(無上慧)보살, 견고혜(堅固慧)보살 등이 차례로 주옥같은 말씀으로 법계무애(法界無碍)의 도리를 펼쳐나갑니다. 10주위에서는 보살 수행자들이 부처님의 지혜로 태어났기 때문에 이름에 모두 동일하게 '혜(慧)'가 붙게 됩니다.

이 품은 수미산정에서 게로써 찬탄하는 품으로 법혜보살 등의 열 분 보살이 이 지위의 법을 찬탄해 드러내어 올라가기를 권하는 품입니다. 대중을 모아 게송으로 찬탄함을 주제로 삼는데 구체적으로는 부처님의 덕을 알리고 10주의 본체를 알게 하는 것이 그 주요 골자가 되겠습니다.

이 대중은 수많은 근기의 보살들인데 수(首)와 혜(慧)·림(林)·당(幢) 자가 들어간 보살들입니다. 구역에서의 명칭은 「보살운집묘승전상설게품(菩薩雲集妙勝殿上說偈品)」입니다. 앞서 '수미'는 장소에 의해 부처님 덕을 찬탄하는 것이어서 이런 이름을 지어 붙인 것으로, '묘봉산(수미산)'의 정상에서 일어나는 찬탄인 까닭에 다른 장소와 특별히 구별됩니다.

15 십주품(十住品)

이 품의 요지는 10주 즉, daśa-vihāra는 보살이 가져야 할 마음가짐, 풀이하자면 보살이 지녀야 할 생활방식을 강조하는 것입니다. 그것은 초발심주(初發心住)·치지주(治地住)·수행주(修行住)·생귀주(生貴住)·방편구족주(方便具足住)·정심주(正心住)·불퇴주(不退住)·동진주(童眞住)·법왕자주(法王子住)·관정주(灌頂住) 등의 열 가지입니다. 말미에 게재한 선재동자의 구법여정과 비교해 가면 경전을 이해하는 데 도움이 될 듯합니다.

삼매 속에서 펼쳐지는 수많은 교훈들 중에서도 가장 무게 있는 교훈은 보살의 실천도리를 강조한 도리입니다. 구체적으로 발심의 인연, 10력을 얻기 위하여 발심, 속제(俗諦)의 지혜를 얻기 위해 발심, 진제(眞諦)의 지혜를 얻기 위해 발심, 신통의 지혜를 얻기 위해 발심, 해탈의 지혜를 얻기 위해 발심, 겁(劫)의 지혜와 3승의 지혜 그리고 삼밀(三密)의 지혜를 얻기 위해 발심, 오직 마음의 지혜를 얻기 위해 발심, 하나와 많은 것이 걸림이 없도록 지혜를 얻기 위해 발심, 진실과 방편이 짝을 이루어 두루 행하는 지혜를 얻기 위해 발심, 수승한 법에 나아가기를 발심하도록 권하고 있습니다. 마지막 10주인 관정주(灌頂住)에서는 열 가지 지혜를 성취하고, 그 법을 배우기를 권하니 세계가 진동하는 상서를 보여 증명합니다. 이어 미진수 보살이 찬탄하여 증명합니다.

신역의 「십주품(十住品)」은 구역의 이름으로는 「보살십주품(菩薩十住品)」입니다. 앞의 품은 게송으로 찬탄하여 닦기를 권한 부문이 되고, 이 품은 10주의 행을 수행하도록 정식으로 거론하고 있습니다.

16 **범행품**(梵行品)

「범행품」은 범행의 청정을 밝히고 있습니다. 앞서 부처님께서 머무름 없는 머무름을 「십주품」에서 밝혔다면, 「범행품」
은 행함 없는 행함의 이치를 밝히는 것이 그 중심 내용입니
다. 10주 가운데에서 몸과 몸으로 짓는 업, 말과 말로 짓는
업, 뜻과 뜻으로 짓는 업, 불·법·승 삼보와 계율 등의 열
가지 법을 관찰하는 것 등이 되겠습니다. 먼저 경에서 정념
천자(正念天子)는 법혜보살에게 범행이 무엇인지에 대하여
묻습니다.

> 불자여, 온 세계의 모든 보살들이 여래의 가르침을 의지하
> 여 물든 옷을 입고 출가하였으면 어떻게 하여야 범행(梵行)이
> 청정하게 되오며, 보살의 지위로부터 위없는 보리의 도에 이
> 르리까.

여기에 대해 보살은 열 가지 법을 인연으로 삼아 뜻을 내
고 관찰하도록 권유합니다. 바로 몸과 몸의 업, 말과 말의
업, 뜻과 뜻의 업, 부처님과 교법과 수행자와 계율 등입니다.
'범(梵)'은 곧 '정(淨)'이어서 성품이 청정하다면 행이 청정
하고, 행이 청정하다면 지혜가 청정합니다. 지혜가 청정하면
마음이 청정하고, 마음이 청정하면 모든 공덕이 두루 청정합

니다. 그래서 성불하기까지 공덕이 청정하기에 '정행(淨行)'
이라 합니다.

이 청정한 행으로써 중생을 유익하게 하기 때문에 늘 세간
에 거쳐 가면서 온갖 수행 방법을 행하여 중생을 교화하고
유익하게 합니다. 그런데 행은 얻을 게 없고 행마다 청정하
지 않음이 없기 때문에 '범행'이라 합니다.

열반의 불과로 '범'을 삼고, 망념의 더러움을 벗어나기 때
문에 '범'이라 하고 더러움을 떠난 중에 지극함을 '범'이라
고 합니다. 인행을 닦음으로 '행'을 삼고, 무아의 이치를 깨
닫기 때문에 '행'이라 하고 진리의 경계이고 지혜로 이를 증
득하기 때문에 행이라 합니다. 그렇기에 이 행이 바로 '범'
입니다.

청량 징관스님은 「십주품」을 가리켜 승·속에 통하는 한
편 여러 지위의 별도 행을 밝힌 것이라 보았고, 「정행품」은
출가행을 따로 나타내며 또한 모든 지위에 통하는 행이라 보
았습니다. 즉 앞의 품은 형상을 따르는 차별을, 지금의 이 품
은 연을 모아 실제에 들어감을 나타낸다고 하였습니다.

17 초발심공덕품(初發心功德品)

「초발심공덕품(初發心功德品)」(진역 화엄은 「初發心菩薩功德品」)
은 발심한 수행자의 덕을 설명합니다. 초발심에 보현의 덕을
거두고 인과를 갖추니, 법계와 다르지 않습니다. 그 공덕은
광대하고 무한하므로 이익이 매우 많아 허공과 함께 동등합
니다. 초발심에 덕을 거둠을 요점으로 삼고, 중생들로 하여
금 궁구하여 발심케 함을 요지로 삼고 있습니다.

청량대사는 '초'를 두 가지 의미로 나누어 발심의 처음·
10주의 처음이라 보았습니다. '발'도 또한 두 가지 뜻이 있
음을 지적하여 발기하여 위로 구하고 덕을 개발하거니와, 바
로 삼세 부처님의 지혜를 알고, 온갖 의심의 그물을 끊으며,
여래의 한 몸이면서 한량없는 몸을 얻는 것이 된다고 하였습
니다.

이통현 장자는 초발심에 고금이 없음을 보는 것을 '초', 무
심의 지혜가 응함을 '발', 신변의 견해가 다함을 '심'이라 하
였습니다. 그리고 큰 불과를 이룸을 '공', 다만 일체중생을
교화하여 이롭게 하고 대가를 구하지 않으며 스스로는 끝없
이 묘한 모습의 장엄을 얻기 때문에 '덕', 복과 지혜가 두루

함을 '공', 현상에 통달하지 못함이 없음을 '덕'이라 하였습니다. 그리고 '품'은 가르침을 고르게 나눈다는 의미입니다.

현수 법장대사는 '발심'에 대해, 수행의 본체로 보았습니다. 그래서 '공덕'은 수행으로 이루어진 공덕, 본각이 안으로 훈습하여 큰마음이 처음으로 일어났기에 '발심'이라고 하고, 수행으로 지위가 성립됨을 '보살'이라 보았습니다. '공'은 영원함을 뛰어넘고, '덕'이 먼지와 모래알보다 많기 때문에 '공덕'이라고 합니다.

앞의 두 품(십주·범행)에서는 지위와 행을 밝혔다면, 「초발심공덕품」은 수승한 덕을 나타냅니다. 행과 지위의 본체를 밝혔고, 지금은 그 뛰어난 덕을 나타냅니다. 두 품은 법으로써 근기에 나아가 설하여 행과 지위로 하여금 분제가 있게 하였는데 지금은 근기로써 법에 나아가 무한한 양의 덕을 나타냅니다. 앞서 행이 이미 이루어졌기에, 지금은 덕의 형상을 찬탄하는 대목으로 보면 되겠습니다.

---

18 명법품(明法品)

앞의 「승수미산정품」·「수미정상게찬품」·「십주품」·「범행품」·「초발심공덕품」 등의 다섯 품에서 이미 보리심을 내어 광대한 얻음을 밝힌다면, 이 품에서는 다섯 품의 법에 기인하여 그 마음을 더욱 밝게 합니다.

모든 행을 훤히 비추어서 성품에 걸맞을 때의 형상을 화엄에서는 '명(明)'이라 하고, 본보기의 묘한 실제(實際)를 '법(法)'이라 합니다. 즉 '명법'이란 불교의 설법이 이치를 비추어 나타내기 때문에 '명'이라 하고, '법'은 그 가르침을 의미한다고 보면 됩니다.

이 품에서는 정진혜보살이 법혜보살에게 청하였습니다. 대원을 다 만족케 하며 모든 보살의 광대한 장(藏)을 얻는 법문을 듣게 되니, 이는 앞서 얻은 법을 더욱 밝히고, 수행 지위의 깊어 감을 명백히 드러냅니다. 제4회 설법인 야마천(夜摩天)의 설법회에서 설해지는 10행(行)으로 향하는 수행을 위해 10주(住) 수행을 견고히 마무리하고 그 법을 증대시킵니다.

이를 위해 갖추어진 행(行相)을 강조합니다. 즉 10바라밀을 각각 10주 하나하나씩 상응시켜 그 중요성을 강조하고 있습니다. 그리고 그 구체적인 방편 등이 자세히 설명됩니다. 10바라밀은 보시·지계·인욕·정진·선정·지혜·방편·

원·력·지 등의 바라밀입니다. 보살은 5계(五戒)와 10선(十善)과 4선(四禪)과 4무량심(四無量心)과 4무색정(四無色定)과 성문의 4과(四果)와 벽지불(辟支佛)의 길 등 이른바 3승(三乘)의 길을 말하고, 나아가 1승(一乘)의 길에 대해 언급하여 발보리심(發菩提心)의 내용, 보살의 자리(自利)·이타행(利他行)의 구체적 방향을 제시하여 닦아 갑니다.

이를 통해 가르침을 찾고 이치를 깨치며, 이치를 관하여 행을 일으키며, 행을 이루어 불과를 얻게 됩니다. 지혜의 행이 더러움을 떠난 실제 그대로의 형상과 본보기가 바로 '명법(明法)'입니다.

불가에서는 이법(理法)으로 진여의 성품을 제시합니다. 진여의 성품을 체득하기 위해 강조되는 실천행이 바라밀행입니다. 바라밀은 도(度)·도피안(到彼岸)의 뜻인데, 보살은 바라밀행 수행으로 중생을 제도하여 생사의 미해(迷海)를 벗어나고 열반의 언덕에 이르게 됩니다. 진여의 성품에 의해서 바라밀행을 일으키고, 바라밀행에 의해 불과(佛果)가 이루어지는 까닭에 그 실천법인 바라밀행은 중요한 의미를 가지게 됩니다.

선재동자의 구도여정

10신은 보살의 계위가 아닙니다. 이 믿음을 깊게 하되 보다 확고히 머무르게 하는 10주에서부터 보살의 계위를 보통 논하게 됩니다. 10신 이후의 10주의 가르침은 믿음으로부터 삼매로 나아가서 이치를 모아 진리와 계합을 증명하는 것입니다. 이를 삼매로써 이치를 모아 진리로 나아가는 문(以定會理契真門)이라 합니다. 앞서 10주 설법을 설명드렸습니다. 여기서는 이를 「입법계품」의 구도기와 짝을 맞추어 풀이해 보도록 하겠습니다.

▌초발심주(初發心住)

선재동자는 문수보살에게서 남쪽으로 가라는 가르침을 받고 묘봉산에 올라 주위를 돌아보며 관찰하였습니다. 이때 덕운비구(德雲比丘)는 묘봉산에 있으면서 느린 걸음으로 경행하고 있었습니다. 수미산의 다른 이름이 바로 묘봉산으로, 삼매의 본체를 의미합니다.

선재동자는 최초로 묘봉산 덕운비구를 친견합니다. 선우(善友, 善知識, kalyāṇamitra)의 이름이 덕운(德雲)인 까닭은 덕을 갖춘 것이 구름과 같아 널리 두루〔普遍〕하고 윤택하며 지혜광명이 매우 수승하여 세간을 벗어났기 때문입니다.

선재동자는 선정과 산란에 머물지 않고 믿음을 발현하여 반드시 선정에 의지하여 관을 일으켜 선정과 산란을 나란히 융합하도록 덕운비구에게 가르침을 받습니다. 그리하여 신견(身見)과 변견(邊見) 등의 5견이 사라진 연후에 진리에 계합하여 도를 보고, 도를 본 후에야 비로소 행을 일으키고 행을 닦아 십행의 지위로 들게 됩니다. 5견(pañca-dṛṣṭayaḥ, 五見, 五利使)이란 다섯 가지의 잘못된 견해입니다. 근본번뇌 속에 있는 다섯 가지 나쁜 견해를 가리킨 것으로, 곧 신견과 변견, 사견, 견취견과 계금취견 등입니다.

신견이란 5온(蘊)이 가(假)로 화합한 신체에 집착하는 것〔常一主宰〕이고, 변견이란 내 몸이 있다고 아견(我見)을 일으킨 위에, 내가 죽은 뒤에도 항상 있다든가〔常〕, 아주 없어진다든가〔斷〕, 어느 한편에 치우친 견해입니다. 그리고 사견(邪見)은 도덕상의 인과를 부정하여 선의 가치를 인정하지 않는 것이고, 견취견(見取見)은 졸렬한 지견(知見)이나 졸렬한 일을 취하여 스스로 훌륭한 견해라고 여기는 견해입니다. 마지막으로 계금취견(戒禁取見)은 삿된 도를 고집하여 천상에 태어나는 인(因)이나 열반의 인이 된다는 잘못된 소견이 되겠습니다.

덕운비구는 진리의 본체를 의미하며, 덕운이 법우를 내리는 것은 세상을 벗어나는 훌륭하고 이로운 행을 뜻합니다. 10주의 이 덕운비구께서 별산(別山)에서 느린 걸음으로 가볍게 거닐며 적정과 작용이 둘이 아님을 보인 것이라 보면 되겠습니다.

▌치지주(治地住)

해문국(海門國)의 해운비구(海雲比丘)는 계정혜로 청정하게 하여 보광명지의 모든 부처님의 큰 바다와 모든 공덕의 바다와 광대한 지혜의 바다가 되어 이 법을 나타낼 수 있음을 표시하는 분입니다. 중생을 시원하게 덮어 주어 윤택하게 하며, 깨닫도록 열어 줌으로써 생멸의 번뇌가 해운으로 변한다고 보면 쉽게 이해됩니다.

다시 관으로 생긴 지혜를 의지하여 법문을 합니다. 해운비구는 스스로 일체 형상을 여읜 모든 부처님 경계의 지혜광명을 얻고서 모름지기 생사해를 관찰하며, 일체 나와 남의 12연의 안에 육근과 명색과 식의 현행하는 작용에 있어서 근본지의 대광명의 바다를 성취함으로써 보안경의 법문을 얻은 비구입니다.

이로 인해 생사의 바다를 관함으로써 광대한 지혜의 바다를 이루어 잠잠히 이로움을 일으키게 됩니다. 해운비구는 바다(海)를 관찰하여 법문으로 삼고, 보안(普眼)의 법 구름(法雲)으로 일체를 윤택하게 합니다. 치지주(治地住)에 의탁하여 항상 공적한 마음을 따라 8만4천의 법문을 청정하게 다스리며, 청정하고 결백한 법문으로 심지를 다스립니다.

▌ 수행주(修行住)

선주비구(善住比丘)는 삼계의 미혹과 습기를 모두 다스려 머무는 바 없이 머무름을 설법합니다. 선재동자가 선지식의 가르침만을 오로지 생각하였습니다. 그는 오로지 보안법문만을 생각하였고, 부처님의 위신력만을 생각하며 점점 남행하다가 남쪽으로 60유순을 나아가 능가(Lanka, 楞伽, 不可到)의 길 옆에 있는 해안마을에 이르러 시방을 관찰하며 선주비구를 친견하게 되었습니다.

이 비구의 이름이 선주인 것은 법공(法空)에 잘 머무르고 〔善住〕 항상 중생을 이롭게 행하며 법공을 떠나지 않기 때문입니다. 이때 선재는 모든 부처님을 신속하게 공양하고 중생을 성취시키는 보살의 걸림 없는 해탈문(解脫門)을 얻었으며, 이는 육근에 있는 습기를 거듭 관찰하고서 생사해를 건너뛰는 언덕에 이르게 됩니다. 법공지혜(法空智慧)로 세간을 이롭게 하며 생사에 자재하도록 이루어 주는 언덕에 이르게 되었습니다. 수행주(修行住)는 인욕바라밀(忍辱波羅蜜)이 주체가 되어 나머지 바라밀과 상응하여 짝이 됩니다.

▋생귀주(生貴住)

이후 선재동자는 바다를 건너 남인도의 달리비다(達里鼻茶)에 도착하였습니다. 성의 이름이 자재(自在)라는 곳에 이르러 선지식을 뵙게 되었는데, 이 선지식이 살고 계시는 곳의 이름이 자재인 이유는, 출세간의 지혜를 통달하고 또 속제(俗諦)를 밝게 꿰뚫어 진제와 속제 두 가지에 자재하기 때문입니다.

이분의 이름은 삿된 견해(邪論)를 항복시킨다는 의미를 가진 미가(彌伽)선지식입니다. 미가장자는 번역하면 능복(能伏)입니다. 비구가 아닌 속인으로서 세간에 사는 선우이며, 진제와 속제의 두 지혜를 갖추어서 사견과 이도(異道)를 능히 조복시킴을 표시합니다.

　미가선지식은 발심한 선재를 보고 비록 그 나이가 어리지만 지극히 공경합니다. 법을 보고 연기를 보고 법계를 본 이가 선재이기에 바로 부처님께 예경한 것과 다름없기 때문입니다. 온몸을 땅에 던져 절하고 꽃과 여러 가지 향과 모든 보배와 의복을 흩어서 공양한 것은 예경의 예를 올바르게 시설한 다음 설법을 하기 위해서입니다. 배우고자 하는 이를 가벼이 여기지 않고 부처님처럼 공경하는 것입니다.

　이 선지식이 동자를 위해 청정한 윤자의 법〔名字法, 원만한 다라니 법광명〕을 설하는데, 그 다라니를 보거나 들으며 수지함이 있는 자는 청정한 지업(智業)을 얻고 생사업(生死業)을 깨뜨리며 대선(大善)의 바다를 이루어, 대복덕(大福德)의 바다를 성취하게 됩니다.

　▍방편구족주(方便具足住)

　미가선지식의 처소에서 동자는 다시 남쪽으로 갑니다. 다만 남쪽으로 가면서 지방을 말하지 않고 국토도 말하지 않으며 어떤 이름의 성(城)인지도 말하지 않습니다. 올바른 법을 삼아 정진행을 하기 때문입니다. 거기에는 한 마을이 있는데 그 이름은 주림(住林)입니다. 살고 죽는 중생이 많은 곳에 지자(智者)가 거주하면 다름 아닌 선림(禪林)이 됩니다. 앞의 미가와 이곳 선림의 해탈(解脫)장자는 세속의 번거로운 곳에 살면서 이를 적정(寂靜)으로 삼습니다.

마을〔法聚落〕의 해탈장자는 미가장자와 더불어 세속의 선비입니다. 앞의 세 비구는 출세간의 지혜를 닦음을 밝혔고, 여기의 두 장자는 세간의 지혜를 닦습니다. 이치를 모아 진리와 계합함으로써, 진리를 따라 세속에 들어가므로 진제와 속제가 무애하기 때문에 해탈이라 할 수 있습니다.

세간의 생사번뇌를 여의지 않는 시끄러운 곳을 선림(禪林)으로 삼아 거주함을 밝힌 것이라 보면 되겠습니다.

여기서 선재동자는 속제(俗諦)가 본래로 진제(眞諦)이고 세간의 어지러운 곳이 정처(靜處)이며 일체 만경과 일체중생의 심량(心量)이 자성의 선문(禪門)이라는 법문을 얻게 됩니다. 그 법문은 일체 세간법이 자성선이어서 일체 경계도 본래 저절로 입정(入定)하고 저절로 적정하기 때문에 세간 밖에서 따로 구하지 않는 것입니다. 구족방편주(具足方便住)는 선정바라밀(禪定波羅蜜)을 주체로 삼고 나머지 아홉을 짝으로 삼게 됩니다.

자성이 청정무구하고 선성(禪性)이 저절로 두루하기 때문에 허공마다 두루하지 않음이 없고 경계마다 받아들이지 않음이 없으며, 조작이 없는 청정한 지혜가 본래 저절로 이와 같아서 삼세인과를 원융하게 하며, 법이 스스로 이와 같아서 느리고 빠른 체성이 없으므로 지어서 얻은 것이 아님을 밝힌 것이라 할 수 있습니다. 바라밀의 선체(禪體)는 일체중생의 경계를 자성선(自性禪)으로 삼기 때문입니다.

▌정심주(正心住)

선재동자는 오로지 앞서의 가르침을 바로 생각하며 보살의 광대한 서원과 청정한 업을 일으키면서 다시 점점 남쪽으로 나아가 염부제(閻浮提)의 경계선에 이르렀습니다. 그 땅의 이름은 6바라밀의 끝을 상징하는 마리가라(摩利伽羅, 莊嚴)이며 선지식 해당(海幢)비구가 머무르고 있는 곳입니다. 해당비구는 또한 앞의 두 지혜를 합한 광대함이 바다와 같아 중생의 일체 혹업을 물리침을 표시합니다.

해당비구가 경행하는 길옆에서 결가부좌하고 들이쉬고 내쉬는 호흡이 끊어진 것을 선재동자는 보게 되었습니다. 이 비구는 시방세계에서 중생을 이롭게 하는데 그 지혜가 마치 바다(海)와 같고, 몸과 마음은 적연(寂然, 幢)한 분이었습니다. 당기(幢)란 꺾어서 파괴한다는 뜻입니다. 이름이 해당(海幢)인 것은 업용(業用)이 깊고 광대하여 높이 솟았기 때문입니다. 보살의 정심(正心)이 바다와 같이 흔들리지 않아(不動) 수승하며, 덕과 지혜가 바다(海)와 같아서 중생의 업으로 의혹한 곳을 깨뜨릴 수 있으므로 당기(幢)라 이름한 것입니다.

선재가 해당비구를 관찰하고, 또 서서 사유하고 관찰하는데, 하루 낮과 하룻밤, 7일7야, 반월, 한 달, 여섯 달 엿새를 사유합니다. 선 채로 사유하고 관찰하며 1일1야를 보낸 것은 보시바라밀로서, 희사하는 마음이 원만함을 의미합니다. 7일7야의 7각지(七覺支)라는 지계바라밀 계행을 원만히 하며, 반월(半月)의 자리(自利) 인욕행을 성취하고, 한 달의 이타(利他) 정진바라밀을 완성하며, 여섯 달의 바라밀의 원행을 모두 거둡니다.

여기서 여섯 달이란 제6주를 말하고, 다시 엿새를 지낸 것은 제6바라밀을 의미합니다. 여섯 달 엿새란 제6주 가운데 제6바라밀이 원만하기 때문입니다. 정심주(正心住)는 반야바라밀(般若波羅蜜)을 주체로 삼고 나머지 아홉을 짝으로 삼습니다.

■ 불퇴주(不退住)

선재는 더 나아가 남쪽으로 갔습니다. 거기에 선지식의 한 주처가 있는데 그 이름은 바다의 조수가 닿는다는 뜻의 해조 海潮입니다. 거기의 원림(園林) 가운데 휴사(休捨)우바이가 있는데 머무르는 곳에 담과 온갖 보배나무의 숲과 궁전과 누각이 모두 백만의 수를 헤아릴 만큼 큰 공덕의 거주처였습니다. 휴사우바이는 번역하면 원이 가득찬(滿願) 우바이입니다. 세속 생활에 들어간 자비를 표시한 것이므로, 스스로의 본원이 가득하여 중생을 널리 교화시키는 것을 뜻합니다.

이름을 휴사우바이라 하고 뜻은 만원(滿願)입니다. 즉 일체중생이 행하고자 하는 좋은 소원을 만족시켜 주고 그런 선법(善法)을 이루어 주려고 하므로 생사 가운데서 교화가 항상 쉬지 않는 분입니다.

다른 이름으로는 의락(意樂)이라 하는데 일체중생의 뜻과 쾌락을 만족하게 하는 데에 일체 선법을 회향하려 하기 때문입니다. 그 형상은 몸이 금색광명이고, 감색(紺色)의 머리카락을 귀밑으로 늘어뜨리며, 해장진주(海藏眞珠)로 된 망관(網冠)을 쓰고, 모든 천상의 진금보다 더 좋은 보배 팔찌를 걸치며, 사자의 입과 같은 마니보(摩尼寶)를 귀걸이로 하고, 뜻대로 하는 마니보왕(摩尼寶王)을 목걸이로 삼으며, 모든 보배 그물로 그 몸을 내려 덮고, 진금으로 된 보좌(寶座)에 앉으셨습니다.

여기서 동자는 3공(三空)의 가르침을 듣게 됩니다. 3공은 공(空)과 무상(無相)과 무작(無作)입니다. 다른 표현을 빌면 인공(人空)과 법공(法空)과 구공(俱空)이라고도 합니다. 이 가르침에 따라 다시 대원을 일으키고 시방의 삼계 육도에 들어가며, 일체중생을 맹세코 제도하여 다하게 하는데 중생이 다하지 않으면 보현행을 쉬지 않습니다. 7주의 지위는 자애심에 방편으로 물들지 않아 진법계를 함께 표방하는 가르침입니다. 불퇴주(不退住)는 방편바라밀(方便波羅蜜)을 주체로 삼고 나머지 아홉을 짝으로 삼습니다.

▌동진주(童眞住)

이어 선재동자는 보살의 가르침을 사유하고 모든 마군을 항복 받으려는 마음을 내면서, 점점 유행하며 남방의 나라소(那羅素)에 도달합니다. '게으르지 않다'는 뜻의 이곳은 해조(海潮)가 드나드는 곳에 위치하며, 앞의 선지식과 마찬가지로 해조가 드나드는 곳에 있는 의미는 자비가 더욱 깊어지고 지혜가 더욱 무르익음을 의미합니다.

여기에 이르러 숲이 무수히 많은 나무로 장엄된 것을 보았습니다. 갖가지 보배나무는 마니 열매를 맺고, 염부단 나무가 항상 달콤한 과일을 비 내리고, 우발라화(優鉢羅華, 靑蓮華)와 파두마화(波頭摩華, 鉢頭摩華, 紅蓮華)가 피어 연못을 장엄하는 곳이었습니다. 이곳에 사는 선지식은 비목구사(毘目瞿沙, 出聲可畏)선인입니다. 선인은 지혜가 청정하여 오욕이 없고 지혜는 더욱 밝습니다. 비목구사선인은 번역하면 '내는 소리가 경외스럽다〔出聲可畏〕'는 뜻입니다. 선인(仙人)이니, 진제와 속제에 막힘이 없습니다. 이를테면 힘씀이 없는 지혜의 밝음으로써〔無功智明〕 언론에 막힘이 없이 사견과 이도(異道)를 잘 조복시키므로 '내는 소리가 경외스럽다〔出聲可畏〕'라 이름한 것입니다.

여기서 선재동자는 처음보다 조금이나마 지혜가 더욱 밝아졌지만〔童眞住〕, 성인이 잡아 이끌면서 가지하는 바를 의탁하여야 바야흐로 모든 불국의 경계를 보게 됩니다. 이 선인께서는 동자의 손을 잡고 관정(灌頂)하고 대원을 내도록 권하여 선재의 믿음을 북돋아 더욱 일치시키고 의심이 없음을 독려합니다.

그때에 선재는 자기의 몸이 시방으로 십 불찰미진수 세계 가운데에 가서 십 불찰미진수의 모든 부처님이 계신 데에 이르렀음을 스스로 보았으며, 저 불찰과 그 대중의 회상을 보게 됩니다. 동진주(童眞住)는 원바라밀(願波羅蜜)을 주체로 삼고 나머지 아홉을 짝으로 삼게 됩니다.

여기서 선재는 무공지(無功智)가 증장함을 얻고서 본원을 기억하여 대비심을 일으키면 행과 행에 게으름이 없어서 전위보다 배나 수승함을 체득합니다.

▌법왕자주(法王子住)

더 나아가 선재동자는 남방의 이사나(伊沙那) 마을(번역하면 長直)에 이르렀습니다. 이름의 뜻은 선을 장양하고 아첨이나 기만이 없음을 드러냅니다. 지혜를 이루어 곧게 자라며, 교법을 설하여 중생을 이롭게 함으로써 앞의 지위를 북돋아 키웁니다. 여기에는 승열(勝熱)바라문이 거주하고 있었는데, 이분은 지혜를 얻었기 때문에 5열(五熱)로 몸을 지져도 피해를 입힐 수 없으므로 이름을 승열이라 합니다. 5열이란 사방의 불무더기에 머리 위의 불까지 더한 것이니 실로 험난하고 위험하다 하지 않을 수 없습니다. 그런데 지혜는 청량하므로 번뇌를 이기며, 번뇌를 이기기 때문에 불로도 또한 태울 수가 없습니다. 승열바라문은 법을 얻음이 자재하여 외도와 같음을 보여 모든 삿된 도로 하여금 번뇌를 거두어 조복시키게 함을 표시합니다. 그러므로 '열뇌를 이겨냄(勝熱)'이라 한 것입니다. 이것은 지혜로 신통 묘용에 들어가는 것입니다. 이 선지식은 선재에게 권하여 도산(刀山)에 오르게 합니다. 칼산에 올라간다는 의미는 치성한 불이 화염이 하늘에 이르고 도산은 높아 험준하지만 몸을 던져 불 가운데 들어간다는 의미입니다.

그렇지만 금강 불꽃의 삼매광명으로 번뇌의 장작을 태우고, 번뇌업이 없어지므로 지혜로 일체의 사견을 깨뜨리고 정견(正見)으로 돌아가게 할 수 있음을 증명하는 분이 승열바라문입니다.

사견의 그물을 절단하여 정법으로 돌아가게 하여 금강삼매(金剛三昧)에 들어가면 번뇌가 모두 없어져서 청량한 못과 같음을 설합니다. 그래서 무상지혜(無相智慧)로 도산을 삼고, 체성이 없는 미묘한 광명으로 미혹을 깨뜨릴 수 있음을 금강 불꽃의 선정이라 증명합니다. 바로 단덕(斷德)의 상징입니다. 절단하지 않음이 없기 때문입니다. 그렇다면 불길을 비추는 까닭에 지덕(智德)이라 할 수 있고, 몸을 던짐은 바로 이지(理智)의 덕이라 하겠습니다. 칼산은 해탈덕(解脫德), 불은 반야덕(般若德), 이지는 곧 법신덕(法身德)입니다. 법왕자주(法王子住)는 역바라밀力波羅蜜을 주체로 삼습니다.

▍관정주(灌頂住)

동자는 더 나아가 남방의 사자분신(師子奮迅)에 이르릅니다. 이 지위에서는 지혜로 대비를 행하며 생사의 바다에 거주하는 것이며, 근본 지체(智體)에 생멸이 없음을 통달하여 생사를 두려워하지 않습니다. 마치 메아리가 두루 응하여 일시에 원래의 소리가 두루 퍼지는 것과 같이 지혜의 덕은 널리 일체중생에게 두루해집니다. 곧 사자가 으르렁거림의 분신(奮迅)과 같아 일시에 전신이 두루 진동하는 것과 같다고 하겠습니다.

이곳에는 선지식 동녀가 있는데 이름이 자행동녀(慈行童女)입니다. 사자당왕의 딸입니다. 지혜에서 자비를 내어 물든 곳에 처하여도 물들지 않음을 표시하며, 앞의 제7 휴사우바이는 비록 대비를 표시했지만 중생을 건지되 애증의 습기를 끊지 못한 관계로, 여기에 이르러서 대비행이 원만하여져 마음대로 중생을 이롭게 합니다. 그렇지만 다시 습기에 물들지 않으므로 동녀로써 표시합니다. 이분은 사자당왕의 왕녀인데, 사자당왕이 지혜를 상징한다면, 동녀 자행은 자비로운 행을 상징하는 분입니다.

선재가 왕궁문에 나아가서 그 왕녀를 찾았습니다. 왕의 처소가 지혜의 장소라면 왕녀의 처소는 대비의 장소인 셈입니다. 동자가 그 처소의 장엄된 아름다운 보과(報果)를 관찰하는데, 하나하나가 모두 일체 부처님께서 발심할 때로부터 성도하고 법륜을 굴리며 열반에 드심을 나타내는 일을 증명하고 있었으며, 법의 그물망에 빛의 그림자가 들어와서 서로 융섭하고 섞이어 사무친 것이 한 치의 틀림이 없었으며, 바라밀의 지인(智印)으로 삼세 고금의 업의 경계에 계합하여 모두 남음이 없었습니다.

이때 동녀 선지식은 선재에게 말합니다. "선남자야, 이것은 반야바라밀로 두루 장엄한 문이다. 나는 36항하사 부처님이 계신 데서 이 법을 구하여 얻었다."라고 하였으니 바로 3공(三空)인 공(空)과 무상(無相)과 무작(無作)의 지혜이며, 6바라밀의 행문으로 일체중생의 육근 안팎에 있는 정진(情塵)을 굴려 청정하게 됨에 법계의 중생을 바로 장엄하는 것을 36항하사라는 부처님의 수와 연결한 것입니다. 따라서 이 모두가 부처님의 지혜이며, 한량없는 그 반야바라밀은 모두 근본지로 삼공지혜를 일으켜 지체를 삼고, 일체중생의 차별을 청정하게 하여 바로 여래지혜를 성취하게 하는 것입니다.

동자는 수행의 행이 원만하여 일단 끝맺지만, 지혜의 행이 원만하여 다시 근본지로부터 8만4천 불가설의 지혜를 일으킴을 경전에서 다시 밝힙니다. 그래서 일체가 근본지에서 비롯되어서 3공을 지체로 삼으므로, 일체중생의 6근 가운데 있는 일체 모든 번뇌는 깨뜨릴 수 있음을 증명합니다.

만약 중생의 모든 번뇌가 없다면 삼공지혜도 또한 없고, 중생의 번뇌가 매우 많으므로 반야바라밀이 매우 많게 됩니다. 그리고 여래의 화신도 또한 매우 많은 것입니다. 이곳에서 동자는 세간과 출세간의 삼공지혜와 해탈을 수행하여 출세간의 자비심이 많음을 완료합니다. 그렇지만 아직 중생을 갖가지 기예로 교화하여 풍요롭게 하는 수행문은 10행 이후에서 익히게 됩니다. 관정주(灌頂住)는 지바라밀(智波羅蜜)이 골자가 됩니다.

굳센 서원과 실천행을 위한 열 가지 법문 4

제4회 야마천궁회의 10행(十行) 설법

제3회 설법을 마친 후, 부처님께서는 모든 보리수 아래와 수미산 정상을 떠나지 않고 야마천궁의 보배로 장엄한 궁전으로 향하셨습니다. 앞서의 도리천궁 제3회 설법은 수미산 정상의 제석천 궁전에서 이루어진 것입니다. 설법의 주체가 법혜보살이라면, 여기 제4회의 설법은 야마천(夜摩, Yamah)의 궁전(寶莊嚴殿)에서 이루어진 것으로 공덕림보살(功德林菩薩)이 주체입니다. 그 주요한 내용은 바로 10행(十行)의 가르침이 되겠습니다.

『60화엄경』	『80화엄경』
불승야마천궁자재품	승야마천궁품
야마천궁보살설게품	야마천궁게찬품
공덕화취보살십행품	십행품
보살무진장품	십무진장품

설법의 장소 – 야마천궁

설법의 주체 – 공덕림보살(功德林菩薩)

설법의 내용 및 삼매 – 10행(十行) : 선사유삼매(兩足光)

불교에서 흔히 마음과 세상을 설명할 때 화가와 같다는 비유를 자주 접하게 됩니다.

마음은 솜씨 좋은 화가(畵師)와 같아

갖가지 5음(色, 受, 想, 行, 識)을 그리네.

일체의 세계 중

어느 것도 만들어지지 않은 것이 없네.

마음과 같이 부처가 또한 그러하고

부처와 같이 중생이 또한 그러하나니

> 마음과 부처와 중생
> 이 세 가지에는 차별이 없도다.
> 心如工畫師 畫種種五陰
> 一切世界中 無法而不造
> 如心佛亦爾 如佛衆生然
> 心佛及衆生 是三無差別

이 게송은 제4회 설법 가운데에서 여래림보살(如來林菩薩)의 찬탄 구절입니다. 이는 매우 유명한 글귀로 역대 여러 화엄연구가들의 입에 오르내린 대목이기도 합니다. 여기에서도 자재하신 부처님께서는 묵연한 설법으로 그 위신력을 드러내시고 거기에 힘입어 공덕림보살이 설법의 주체가 되어 갖가지 이치를 설명합니다.

제4회의 설법에 주로 등장하는 보살과 부처님들은 이름에 '림(林)'과 '안(眼)' 자가 든 명호를 가지고 있습니다. 보살의 이름에 숲(林)의 이름이 드리운 것은 바로 일체중생에게 시원한 그늘을 줄 수 있기 때문입니다. 이 보살들 가운데 공덕림보살(功德林菩薩)이 으뜸입니다.

또한 부처님 이름에 눈(眼)의 명호를 두는 이유는 수행을 마친 분이기에 지혜로써 근기에 맞추어 중생을 이롭게 하기 때문입니다. 그 으뜸은 상주안불(常住眼佛)입니다. 덧붙여 10가지 세계(慧)라 하여 등장하는 바는 모두 수행자의 지혜로 이해하면 되겠습니다. 즉 10가지 세계란 바로 10가지의 지혜이자 곧 수행자의 지혜가 되는 것입니다.

'야마'는 '시분(時分)'의 뜻을 가지며 대중을 교화함에 의당 때에 맞춤을 나타냅니다. 그래서 때때로 말한 뒤에는 듣는 자들이 기쁜 마음으로 복종하고, 때때로 움직인 뒤에는 보는 자들이 공경히 따릅니다. 야마천은 욕계(欲界) 6천(天)의 제3천으로, 공거(空居) 4천의 하나입니다. 욕계 6천의 제2천인 도리천보다 위에 있는 세계입니다. 앞서의 10주설법에서 법공(法空)의 이치를 체득하여 지혜와 자비로 매듭짓게 되었다면, 이 10행의 설법에서는 그 법공에 대한 구체적인 행위를 일으키는 것입니다. 행을 일으키되 그 행위에 대해 집착할 바도 없습니다. 그 이치는 바로 야마천 가운데서 설해진 것이며 야마천이 바로 허공을 의지해서 있기 때문입니다. 법공에 대한 행을 일으킨다는 것은 그 행위에 물듦이 없다는 것입니다.

19 승야마천궁품(昇夜摩天宮品)

「승야마천궁품」은 구역의 「불승야마천궁자재품(佛升夜摩天宮自在品)」입니다. '수야마(須夜摩)'는 우리말로 번역하면 시간을 잘 나눈다는 의미(善時分)입니다. 야마천왕은 사자좌를 차려 놓고는 부처님을 향하여 허리를 굽히고 합장하며 공경하고 존중하여 부처님께 여쭈었습니다.

> "잘 오시나이다, 세존이시여. 잘 오시나이다, 선사시여. 잘 오시나이다, 여래·응·정등각이시여. 바라옵건대 저희를 가엾이 여기사 이 궁전에 계시옵소서."

부처님은 청을 받으시고 보배 궁전에 오르시게 됩니다. 이곳 세계에서만이 아니라 시방의 모든 세계에서도 동시에 이러한 일이 더불어 진행되고, 야마천왕은 지난 세상에 부처님 계신 데서 선근 심은 것을 생각하고, 부처님을 청하고 찬탄합니다. 모든 세계의 야마천왕들도 동시에 부처님의 공덕을 찬탄하고 있음은 말할 나위가 없습니다.

이 품은 허공에 의지한 법문의 특성을 밝힌 것으로, 앞서 체득한 법공(法空)의 이치를 실제로 행하는 행위를 닦되 그 수준이 전과 비교해 수승함을 드러냅니다. 이 야마천에서 10행을 설하는 것은 이 실천행이 법공(法空)의 이치에 준하여 그 행위가 걸릴 것이 없고 부처님의 지혜를 잘 알고 보살의 실천이 두루 미치는 것이 마치 야마천이 시간에 잘 부응함과 같기 때문이라고 합니다. 그래서 10주에서는 제석천이 부처님을 영접하고, 10행에서는 야마천이 부처님을 영접하게 되는 것입니다.

교화주께서 중생에게 순응하심이 「승야마천궁품」이면, 교화를 돕고 부처님을 찬탄하는 품이 「야마천궁게찬품」입니다. 그리고 「십행품」은 야마천궁회에서 10행의 개별적 행에 의하거나 지위의 행을 설합니다. 이어 「십무진장품」은 그 행을 깨끗이 다스리거나 혹은 처음과 끝에 통하게 되어 다음 단계인 10회향을 향해 승진하는 품입니다.

20 야마천궁게찬품(夜摩天宮偈讚品)

다음은 「야마천궁게찬품」으로 공덕림(功德林) 등 열 분의 보살의 찬탄입니다. 그래서 응당 이 지위에 걸맞은 법을 드러내어 수행의 수승함에 대한 찬탄을 경전에서 드러내어 보인 것입니다. 품의 서두를 함께 보겠습니다.

그때에 부처님의 신력으로 시방에 각각 큰 보살이 있었는데, 낱낱 보살이 제각기 부처님 세계의 티끌 수효처럼 많은 보살들과 함께 10만 세계의 티끌 수 국토 밖에 있는 세계로부터 와서 모였다.

그 이름은 공덕림(功德林)보살 · 혜림(慧林)보살 · 승림(勝林)보살 · 무외(無畏)림보살 · 참괴(慙愧)림보살 · 정진림보살 · 역림(力林)보살 · 행림(行林)보살 · 각림(覺林)보살 · 지림(智林)보살들이었고, 그 보살들이 떠나온 세계는 친혜(親慧)세계 · 당혜(幢慧)세계 · 보혜(寶慧)세계 · 승혜(勝慧)세계 · 등혜(燈慧)세계 · 금강혜세계 · 안락혜세계 · 일혜(日慧)세계 · 정혜(淨慧)세계 · 범혜(梵慧)세계 들이었다.

이 보살들이 각각 부처님 계신 데서 범행을 닦았으니, 이른바 상주안불(常住眼佛) · 무승(無勝)안불 · 무주(無住)안불 · 부동(不動)안불 · 천안불 · 해탈안불 · 심체(審諦)안불 · 명상(明相)안불 · 최상안불 · 감청(紺靑)안불이었다.

10행의 법을 설할 때에 시방에서 공덕림 등 열 분의 보살이 모이는데, 이들 '림(林)' 자의 법명을 쓰는 보살이 각각 친혜(親慧)와 범혜(梵慧) 등 열 개의 혜세계(慧世界)에서 수없이 많은 보살과 함께 와서 모였습니다. 이 보살들은 각각 열 분의 안불(眼佛) 처소에서 올바른 수행을 닦아 범행이 청정하였으며 이는 이 설법의 지위가 바로 행(行)을 일으키되 그 자체가 바로 묘행(妙行)임을 상징하는 것입니다.

풀이하자면, 보살들이 수풀(林)로 이름 삼은 것은 보살들의 묘행으로 널리 덮어 시원하게 해준다고 보면 되겠습니다. 10주의 경지에 나투게 되는 보살의 이름은 위에서 말한 바와 같이 법혜(法慧)와 재혜(財慧) 등의 보살입니다만, 이 '혜(慧)'가 들어가는 보살들은 앞서의 제3회 설법에서 닦은 복덕과 지혜의 과보가 매우 깊어 드디어 제4회의 설법에서는 보다 수승하게 그 지위를 갖추게 되어 모두 수풀로 이름을 삼게 된다고 보면 될 듯합니다.

「야마천궁게찬품(夜摩天宮偈讚品)」은 동진 역 화엄에서는 제16품인 「야마천궁보살설게품(夜摩天宮菩薩說偈品)」입니다. 부처님은 야마천궁에 오르셔서 10행의 법을 말씀하시는데, 공덕림 등의 열 분 보살 대중이 각기 해당 지위 행의 게송으로써 해당 지위의 법을 전부 찬탄하기 때문에 '게찬품'이라고도 합니다.

10행이란 보살이 수행하는 계위(階位)를 52위(位)로 한 것 중에서, 10신(信)·10주(住) 다음의 계위입니다. 이를 근거로 그 지위를 열 가지로 나눈 것이 바로 10행입니다. 환희행(歡喜行)·요익행(饒益行)·무진한행(無瞋恨行)·무진행(無盡行)·이치란행(離癡亂行)·선현행(善現行)·무착행(無着行)·존중행(尊重行)·선법행(善法行)·진실행(眞實行) 등이며, 자세한 뜻은 「십행품」에서 살펴보겠습니다.

21 십행품(十行品)

이때 공덕림보살이 부처님의 신력을 받들어 삼매에 들었고, 여러 부처님이 각각 오른손을 내밀어 공덕림보살의 정수리를 만지니, 공덕림보살은 삼매로부터 일어나 모든 보살에게 말하였습니다. 그 내용은 보살의 10행을 밝혀 10행의 이름과 뜻을 바로 설하여 이 지위의 행할 바를 제시하는 것입니다. 즉 「십행품(十行品)」에서는 법문의 요체를 밝히고 이 지위에서 행할 행을 밝힙니다. 10행의 명칭과 그 의미를 설명하면서 응당 행해야 할 실천행을 선보이고 있습니다. 이를 나열하면 다음과 같습니다.

- 환희하는 행〔歡喜行〕
  - 목숨과 재물과 법의 세 가지 보시로써 나와 남을 기쁘게 하는 행
- 풍요롭고 이익되게 하는 행〔饒益行〕
  - 율의의 좋은 법으로써 중생을 삼취정계로써 거두어서 균등하게 요익하게 하는 행
- 거슬러 거역함이 없는 행〔無違行〕
  - 만물의 이치를 인정하고 따라서 어기는 바가 없는 행
- 굴복하여 물러남이 없는 행〔無屈撓行〕
  - 도에 정진하는 데 물러섬이 없는 행
- 어리석음의 어지러움을 떠난 행〔離癡亂行〕
  - 정혜가 바르고 밝아 미혹하거나 어지러움이 없는 행
- 잘 나타나는 행〔善現行〕
  - 반야가 원만하게 빛나 경계와 지혜가 매우 밝은 행
- 집착이 없는 행〔無着行〕
  - 부드럽게 조화하여 중생세계를 건너되 마음이 집착하는 바가 없는 행
- 얻기 어려운 행〔難得行〕

– 대원을 성취하여야만 비로소 얻을 수 있는 행

• 좋은 법의 행[善法行]

– 미묘한 힘으로써 법을 설해 만물의 궤범이 되는 행

• 진실의 행[眞實行]

– 진실지(眞實智)를 체달하여 일체를 진실되게 살펴보는 행

이러한 10행은 바로 10바라밀을 본체로 하였으므로 행함에 있어 섭수하지 않음이 없습니다. 10바라밀이 본체가 되므로 '공덕'이라고 이름하게 됩니다. 이 '공덕'은 행의 본체에 해당합니다. 깨달아 장엄(莊嚴)하는 '공'이 있음은 꽃[華]이 결실을 맺는 것과 같고, 온갖 행으로 장식함은 꽃다발[華聚]과 같습니다. 또 '덕'은 행의 본체이고, '림'은 여러 인행이 모인 것을 찬탄하므로 '화(華)'의 행 작용과 '취(聚)'의 형상을 의미합니다. 공덕화취보살은 공덕림보살의 이명입니다.

설법이 끝나자 부처님의 신통력으로 시방에 각각 부처님 세계의 티끌 수 세계가 진동하고 하늘 꽃·하늘 향·하늘 가루향·하늘 화만·하늘 옷·하늘 보배·하늘 장엄거리를 비내리며, 하늘 음악을 연주하고 하늘 광명을 놓고 하늘의 미묘한 음성으로 화창하게 연설합니다. 이 세계의 야마천궁에

서 10행의 법문이 설해질 때, 이 세계와 더불어 다른 모든 세계에서도 그 신통 변화가 더불어 일어나게 됩니다. 이때 각각 10만 세계의 티끌 수 세계밖에 있는 10만 세계의 티끌 수 보살이 바로 이곳 국토로 와서 공덕림보살에게 말합니다.

불자여, 잘하십니다. 보살의 행을 잘 연설합니다. 우리들은 모두 이름이 같아서 공덕림이요, 우리가 있는 세계의 이름은 모두 공덕 당기요, 그 세계의 여래께서는 다 명호가 보공덕(普功德)이신데 우리들의 부처님 계신 데서도 이 법문을 말씀하며, 모인 대중과 권속과 말의 이치도 모두 여기서와 같아서 더하거나 덜함이 없습니다. 불자여, 우리들은 다 부처님의 신력을 받들고 이 회상에 와서 당신들을 위하여 증명하는 것이며, 시방 세계에서도 다 그와 같습니다.

이에 공덕림보살은 부처님의 위신력을 받들어 시방의 일체 회중과 법계를 두루 관찰하고, 부처님의 종성이 끊어지지 않게 하고자 찬탄합니다. 더불어 보살의 종성이 청정케 하고, 서원의 종성이 퇴전하지 않게 하고, 행의 종성이 항상 지속케 하고, 삼세의 종성이 다 평등케 하고, 삼세 일체 부처님의 종성을 받들어 심은 모든 선근을 연설하고, 모든 근성과 욕망과 이해와 번뇌와 습성과 마음으로 행하고, 짓는 일을 관찰하고 일체 부처님의 보리를 비추어 알기 위해서입니다.

22 십무진장품(十無盡藏品)

제22품인 당역 화엄「십무진장품」은 구역의 제18품,「보살 십무진장품(菩薩十無盡藏品)」에 해당합니다. 앞의 제2회 초 보 광명전「여래명호품」의 십장(十藏)의 물음에 대한 답이며, 앞 의「십행품」에서 정식 지위를 밝히고「십무진장품」에서는 그 지위에 의지해 행을 일으킵니다. 그리고 앞의 제3회 설법 「범행품」과 뒤의 제5회 설법「십회향품」과 내용이 상통하는 특성을 가지고 있습니다.

청량 징관스님은 '장(藏)'을 내거나 쌓는 뜻인 '곳집(藏)' 의 본체가 법계를 포함한다고 보았습니다. 그래서 덕을 거두 고 작용을 내는 하나하나가 '무진'이므로 대표적인 수 10을 빌어 10종으로 나타낸다고 하였습니다.

현수 법장스님은 진실로 본체는 헤아려 나누는 것이 아니 고, 행은 다함이 없으며 생멸하여 바뀜이 없기 때문에 '무

진'이라고 했습니다. 그리고 온갖 것을 거두기 때문에 '장'
이라 했습니다. 낱낱이 법계를 머금어[藏] 각기 온갖 행상을
거두고 모두 과덕을 내게 하여 다해 없어져 버리는 것이 아
니기에 '무진'이라고 했습니다.

이 품은 10가지의 무진한 창고를 밝히고 있습니다. 믿음
[信] · 지계[戒] · 스스로 부끄러워하는 마음[慚] · 다른 이에
게 부끄러워하는 마음[愧] · 일체법을 들음[聞] · 베풂[施] ·
지혜[慧] · 기억하여 생각해 냄[念] · 잊지 않고 지님[持] · 변
재[辯] 등의 열 가지 창고[十藏]입니다.

보살의 10무진장(十無盡藏)

신장(信藏) · 계장(戒藏) · 참장(慚藏) · 괴장(愧藏) · 문장(聞
藏) · 시장(施藏) · 혜장(慧藏) · 염장(念藏) · 지장(持藏) · 변장
(辯藏)

화엄에서 부처님 일대의 교법을 분류하는 명목으로 열 가
지가 모두 다함없는 덕을 합장(合藏)하였다는 뜻으로 무진장
이라 합니다. 경에서는 이 열 가지 무진장에 대해 다음과 같
이 말씀하고 있습니다.

불자들이여, 이 열 가지 무진장에는 열 가지 다함이 없는 법이 있어 보살들로 하여금 필경에 위없는 보리를 성취케 하나니 무엇이 열인가. 일체중생을 이익케 하는 연고며, 본래의 서원을 잘 회향하는 연고며, 일체 겁에 끊이지 않는 연고며, 온 허공계를 모두 깨우되 한정하는 마음이 없는 연고며, 회향하되 집착하지 않는 연고며, 한 생각의 경계에 온갖 법이 다함이 없는 연고며, 크게 서원하는 마음이 변동이 없는 연고며, 모든 다라니를 잘 거두어 잡은 연고며, 일체 법이 요술과 같음을 아는 연고니라. 이것을 열 가지 다함이 없는 법이라 하니, 능히 모든 세간의 짓는 것을 모두 끝까지 이르게 하는 큰 무진장이니라.

10장의 차례는, 신장은 불법에 들어가는 처음에 수행하는 터전이 되므로 이를 들고, 다음에 행(行)을 시작하려면 먼저 허물을 여의어야 하므로 계장을 말하고, 만일 계를 범하면 참괴(慚愧)해야 할 것이므로 참장·괴장을 밝힙니다.

다음에는 선(善)에 나아가려면 널리 들어야 하므로 문장을 말하고, 또 말씀한 대로 수행하여 보시·지혜를 쌍으로 닦아 정념(正念)으로 하여금 더욱 밝게 하여야 하므로 염장을 밝힙니다. 정념이 밝으면 반드시 억지(憶持)해야 할 것이므로 지장을 세우고, 그리하여 남을 교화해야 하므로 변장을 세워서, 자리·이타의 수행을 완수하게 하는 것입니다. 이러한 10무진장으로써 앞의 10행법을 이루어 다함이 없게 하고, 뒤의 10회향법을 성취해 나아가게 하여 행문으로 하여금 막히지 않게 하기 때문에 이 품이 마땅히 이어진 것입니다.

그런데 제4회의 「십무진장품」의 10행법문과 아울러, 앞의 제3회 설법 「명법품」의 10주법문, 그리고 차후 설명될 제5회 「십회향품」의 10회향법문에 모두에 10장이 있습니다만, 각 지위와 덕이 각각 다르므로 서로 이치상으로 융섭하지만 결코 섞이거나 파괴되지 않습니다.

10무진장의 신장에서 혜장까지의 일곱은 칠성재(七聖財, 七財, saptadhanāni) 또는 칠덕재(七德財)라 하는데 바로 대승의 성스러운 불과(佛果)인 깨달음을 얻기 위한 일곱 가지 법재(法財)를 말합니다. 이것을 여덟 번째와 아홉 번째인 염장과 지장으로 수호하는 것입니다. 그리고 마지막 열 번째 변장으로 모으고 흩어버리는 오묘한 작용으로 수행하는 이에게 공덕을 쌓게 하고 중생들에게 그 공덕이 돌아가게끔 하는 것입니다. 그래서 행과 행이 한계가 없고 다함이 없게 하게 됩니다.

앞의 아홉은 축적한 것이고, 뒤의 하나는 중생에게 나타내는 것입니다. 앞 10행의 법을 이루어 행마다 무진장하게 하였으므로 뒤 10회향의 법을 이루어 승진하는 것이 무진하게 되는 것입니다. 그래서 이 품에 이어 다음 품에서 10회향 법문을 설하게 됩니다.

10행(行)의 의미

여기서는 10행의 내용을 살펴보도록 하겠습니다. 바라밀의 내용을 알아보고 53선지식 가운데 10행에 해당하는 분들의 이름과 거주처를 짚어 보도록 하겠습니다.

경에서는 보살이 행(行)해야 하는 행위로서 삼세의 여러 부처님께서 말씀하신 바가 열 가지가 있다고 하였습니다. 이를 10행(十行)이라 하는데, 이것은 이타(利他)의 수행을 완수하기 위하여 중생 제도에 노력하는 지위를 10가지로 나눈 것입니다.

환희행(歡喜行) · 요익행(饒益行) · 무진한행(無瞋恨行) · 무진행(無盡行) · 이치란행(離癡亂行) · 선현행(善現行) · 무착행

(無著行)・존중행(尊重行)・선법행(善法行)・진실행(眞實行) 등
이며 모두 10바라밀과 연관됩니다. 흔히 '도(度)'라고 번역
되는 산스크리트어의 바라밀(pāramitā, 波羅蜜)은 깨달음의 오
경(悟境)에 이르는 보살 수행으로 바라밀다(波羅蜜多)・파라
미다(播囉弭多)라고도 쓰며, 도피안(到彼岸)・도무극(度無
極)・사구경(事究竟)・도(度) 등으로 번역됩니다. 생사의 바
다를 건너서 열반 언덕에 이르는 행법(行法)이라는 의미가 됩
니다. 행의 총칭이자, 피안(彼岸)으로 가기 위한 보살 수행의
총체적인 이름입니다.

피안이란 불교의 이상적 경지로 깨달음 혹은 생사의 고해
를 건너 이상경(理想境)인 열반의 저 언덕에 이르는 것을 의
미합니다. 단순히 자신만의 한정적인 깨달음이 아니라, 자신
은 물론이거니와 타인의 수행적 측면까지 고려한 깨달음이
며, 한 걸음 더 나아가 중생의 구제를 위해서라면 자신의 깨
달음마저 버릴 수 있는 자세로까지 해석되기도 합니다.

바라밀을 6가지로 분류한 것이 6바라밀이고, 거기에 넷을
더해 10종으로 분류한 것이 바로 10바라밀입니다. 6바라밀
은 보시・지계・인욕・정진・선정・지혜입니다. 10바라밀
은 여기에 방편・원・력・지 등 넷을 더해 열 가지가 됩니다.

▌환희행(歡喜行)

환희행은 10바라밀 가운데 보시(dāna, 布施)의 실천행과 관련이 깊습니다. 이 4회 법문의 10행 법문을 통틀어 공덕림보살이 가르침을 펴는데, 그 중에서 환희행은 보시의 실천에 대한 가르침에 해당합니다. 이는 대가를 바라지 않는 보시의 실천입니다. 대시주(大施主)가 되어 가진 것 모두를 보시하여 평등한 마음으로 온갖 중생에게 베풀고 또 베풀어도 후회하지 않으며 또한 일말의 과보(果報)도 바라지 않습니다.

이러한 보시의 성격에 부합하여 환희행은 나와 더불어 남도 기쁘게 하는 실천행인 것입니다. 「입법계품」의 선지식으로는 삼안국(三眼國, 三目國)의 선견(善見)비구가 환희행의 선우에 해당합니다. 국토의 이름이 삼안인 것은 법안(法眼)과 지안(智眼)과 혜안(慧眼)임을 밝히며, 이 선지식은 환희행 가운데서 항상 이 3안(三眼)을 써서 중생을 이롭게 하기 때문이고 삼목(三目)이라고도 합니다.

선재동자는 삼안국에 이르러 성읍(城邑)과 마을, 거리와 시냇가와 평원과 산과 골짜기를 두루 다니며 선견비구를 찾습니다. 이 비구는 보살의 등불을 수순하는 해탈문을 설하는 분입니다. 동자가 이와 같이 찾고 있는 것은 모든 법을 관찰하는 것이며, 고요하고 번거로운 데에 체성이 없어서 일체 처소에 집착이 없음을 밝힌 것입니다. 이때 선견비구가 수풀 속에서 경행하며 왔다 갔다 하였는데, 선견비구는 몸은 생사 에 머무르지 않고 해탈이나 열반에도 머무르지 않습니다. 이 때 만행이 수풀로 그늘지게 덮어서 삼라만상을 장엄합니다. 땅에 수풀이 있으면 진리를 장엄하는 것이자 그늘을 만들어 사람을 이롭게 합니다.

법안(法眼)이 맑고 청정하여 항상 법신을 보고, 지안(智眼) 으로 근성(根性)을 알고 근기를 잘 알며, 혜안(慧眼)으로 간택 하여 정사(正邪)를 명백하게 보는 것이 바로 3안입니다. 이 3 안을 가지고 행에 처하면 의혹이 없게 되지만, 만약 없다면 항상 미혹하여 하는 일마다 더러움에 물들지 않음이 없게 됩 니다. 자신도 그러한 입장에 처하는데 중생을 이롭게 하며 번뇌를 여의게 할 수는 없는 것입니다.

10행의 첫 서두에 나오는 이유는 행에 처함에 먼저 3안이 명철하여 세간 가운데서 심경이 청정무구하므로 반드시 비 구가 되어야 하며, 비구가 물듦이 없는 것은 해탈했다는 뜻 에 통합니다. 뒤에서 보게 될 10회향의 처음에 이름이 청련 화인 육향장자 역시 세간을 벗어나려는 마음이 많은 이를 돌이켜 다시 생사계에 들어가게 하여 대자대비한 행을 이루게 하므로, 세간에 거처하지만 진성(眞性)을 알되 더러움에 물들지 않기에 '속사(俗士)'로 표현됩니다. 우리들이 알고 있는 유마거사가 정명(淨名)인 이치로 설명하면 쉬이 이해될 듯합니다.

▌요익행(饒益行)

다음의 요익행은 삼취정계(三聚淨戒)로 중생을 골고루 이롭게 하는 것입니다. 보살이 스스로 청정하게 계율을 지킴으로써 욕망을 떠나는 생활을 널리 보급시켜 중생에게 이익을 주는 실천행입니다. 삼취정계란 바로 대승 보살의 계법(戒法)을 의미하는데, 섭률의계(sambharaśila, 攝律儀戒)·섭선법계(Kuśalasagrahaśila, 攝善法戒)·섭중생계(Sattvārthakriyāśila, 攝衆生戒) 등 세 가지입니다.

섭률의계는 대승 보살이 행위·언어·의념(意念)에 걸쳐 악을 없애고, 온갖 선계(善戒)를 보존하는 계율입니다. 그리고 섭선법계는 대승 보살이 온갖 선(善)을 닦는 것이고, 섭중생계〔饒益有情戒〕는 대승 보살이 대자비심으로써 중생을 교화하는 것입니다.

온갖 계법이 다 이 가운데 포함되지 않는 것이 없기에 흔히 '섭(攝)'이라 표현하며, 그 성질이 청정하므로 '정(淨)'이라 표현합니다.

불교의 시작은 믿음이면서, 동시에 그 믿음을 굳건하게 지켜 주는 것이 바로 계율인 것입니다. 불교가 불교일 수 있는 것은 바로 계율에 대해 고민하고 지키고자 노력하기 때문일 것입니다.

요익행과 관련 있는 선지식은 남방의 선지식 자재주동자(自在主童子)입니다. 이분이 거주하는 국토의 이름은 명문(名聞)입니다. 이 선지식은 일체 공교(工巧)한 대신통과 지혜광명 법문을 설하는 분입니다. 명문이 거주처의 이름인 이유는 자재주동자의 지덕이 높아 사물에 밝지 않음이 없기 때문입니다.

여러 기술과 갖가지 기예 등 세간에서 중생을 이롭게 하는 법에 통달하지 않음이 없는 분이며, 그 명성이 널리 알려진 까닭입니다. 동자의 이름이 자재주인 것은 동자가 죽지 않는 명을 얻으므로 일체 세간법이 가로막을 수 없으며, 생사 가운데서 근기를 따라 형태를 나타내어 자재하기 때문에 자재주라 합니다. 이 지위 가운데서 동자 자재주가 아는 법이 대략 열 가지 법이 있습니다. 문장, 산법, 수인(手印), 의술, 기술, 선약(仙藥)의 조제, 농업, 상업, 관상, 근기에 따라 교육하는 일 등입니다.

▌무진한행(無瞋恨行)

이 실천행은 10바라밀의 인욕바라밀과 관련이 깊습니다. 무진한행은 무위역행(無違逆行)이라고도 합니다. 그 뜻은 사물의 이치를 참고 수순하여 거스르는 바가 없는 것입니다. 인욕바라밀은 찬제바라밀(kāntipāramitā, 羼提波羅蜜)이라 하여, 여러 가지로 참는 실천도로 인바라밀(忍波羅蜜)이라고도 합니다. 인도(忍度)라 번역하며, 온갖 치욕이나 모욕을 받고도 복수하려는 마음을 일으키지 않고 마음을 안주케 하는 수행입니다.

우리는 남을 미워하고 시기하고, 한편으로는 원망하고 또 한편으로는 화내는 일이 다반사입니다. 그렇기에 바로 보살은 인욕을 닦는 것 아닌가 생각해 봅니다. 인욕이라는 것은 참는 것입니다. 화나는 것을 참는 일만 아니라 스스로 우쭐거리고 싶은 자만심을 참는 일도 포함됩니다. 화내거나 미워하지 않는 일은 실로 보통 힘든 일이 아닙니다. 그렇기에 그 자체로서 수행이라 할 수 있을 것입니다. 겸손과 평화와 존경과 인자함을 익힘에서 비롯될 수 있는 마음 씀씀이가 아닌가 생각해 봅니다. 여기에 비로소 보살은 인욕의 바라밀을 실천할 수 있는 것이며, 남과 나를 해롭게 하지 않으며, 또한 나와 남을 함부로 치켜 올려 세우지도 않고 우쭐거리지도 않게 되는 것입니다.

　해당하는 선지식은 구족(具足)우바이입니다. 이분은 보시와 지계, 인욕, 정진과 자비 등의 다섯 가지를 구족하신 선우입니다. 이분은 보살의 한없는 복덕장 해탈문을 설하는 분입니다. 남쪽에 큰 성이 있는데 그 이름을 해주(海住)라 합니다. 이 성 안에 이분이 거주하는 저택이 있는데, 보좌(寶座)가 여러 가지로 장엄되어 있는 것은 인욕의 응보로 받은 것이며, 이 선지식은 소복에 머리를 늘어뜨리고 몸에 영락이 없습니다. 그래서 인욕행으로 안을 엄숙하게 하고 그 밖에서는 거주하지 않습니다. 앞의 처소가 나라(國)라면 이 지위에서는 성(城)에 해당합니다. 앞에서는 다만 지덕으로 아는 바를 취하여 나라로 삼았지만, 이 지위에서는 인욕으로 몸과 입과 뜻의 3업을 잘 닦음에 교만하지 않게 하므로 이를 성이라 일컫게 됩니다.

▌무진행(無盡行)

보시·지계·인욕 바라밀에 이어 나오는 것이 정진바라밀에 해당하는 무진행(無盡行)입니다. 10바라밀 가운데 비리야바라밀(vīryapāramitā, 毘梨耶波羅蜜)로 항상 수양에 힘쓰고 게으르지 않은 실천도입니다. 정진바라밀(精進波羅蜜)의 다른 이름입니다.

이는 수행을 게을리하지 않고 몸과 마음을 깨우치도록 용맹하게 매진하는 것으로, 비리야(毘離耶) 혹은 미리야(尾唎也)라고도 쓰며, 정진(精進)이나 근(勤)이라 번역하고, 마음이 용맹하여 쉬지 않음을 의미합니다. 다시 말해 힘써 게으르지 아니하는 것을 뜻합니다.

무엇 때문에 정진하느냐? 이는 모든 중생이 괴롭지 않도록 하기 위해서이며, 자기 스스로 탐내고 화내고 어리석고 게으른 마음 등으로 인해 그 생활이 문란하지 않기 위해서, 중생을 알고 여러 부처님의 지혜와 방편을 알고, 모든 중생을 위해 이익을 주기 위해서 정진을 거듭하는 것입니다.

「입법계품」에 해당하는 선지식은 명지(明智)거사입니다. 이분은 뜻을 따라 복덕장을 내는 해탈문을 설하는 선우입니다. 남쪽의 성에 살고 있으며 성의 이름은 대흥(大興)입니다.

대홍의 유래는 정진바라밀로 재시와 법시의 두 가지 보시하는 행을 크게 일으키는 까닭에 성의 이름이 됩니다. 그리고 거사의 이름이 명지(明智)인 것은 지혜를 써서 세속을 따라 두 가지 보시를 잘 행하여 일체중생을 풍족하게 할 수 있기 때문입니다.

선재동자는 명지거사가 그 성안 대로의 칠보대(七寶臺) 위에서 무수한 보배로 장엄한 자리에 앉아 있는 것을 보았습니다. 모두 열 가지로 장엄되었는데 열 가지 바라밀의 행을 의지하여 과보로 생겼기 때문입니다. 이 지위는 정진하는 행이므로 재시와 법시의 두 가지 보시의 행문을 행하고 있음을 밝히고 있습니다. 시장 네거리에 있는 칠보대 위에 앉은 것은 만행이 7각지분을 그 체로 삼음을 밝히는 한편, 4섭(四攝)과 4무량심(四無量心)을 밝히고자 하는 뜻입니다. 명지거사는 선재동자에게 본원을 관찰하여 과보와 공덕이 생기게 되는 원인을 알게 합니다. 대명지(大明智)로써 항상 세속을 따라 대자대비의 모든 공덕바다에서 재시와 법시 두 가지를 광대하고 무진하게 행하여 공적한 지혜를 따라 바로 있기 때문이라 할 것입니다.

■ 이치란행(離癡亂行)

이어 연결되는 실천행은 이치란행입니다. 이는 선정바라
밀(禪定波羅蜜)과 관련이 깊습니다. 선나바라밀(dhyānapāramitā,
禪那波羅蜜)이라고도 하며 마음을 고요하게 통일하는 실천도
입니다. 정도(定度) · 정도피안(定到彼岸)이라 번역하며, 선바
라밀(禪波羅蜜) · 정바라밀(定波羅蜜) · 정려바라밀(靜慮波羅蜜)
의 이름을 가지고 있습니다. 모두 진리를 올바로 사유(思惟)
하며, 조용히 생각하여 마음을 한곳에 모아 산란치 않게 하
는 것을 뜻합니다.

따라서 이치란행은 정혜(定慧)로 올바르게 밝혀서 미혹되
어 어지러울 바가 없는 것을 의미합니다. 어리석음〔無明, 癡〕
으로 인하여 생기는 산란(散亂)함을 정념(正念)을 성취함으로
써 없이 한다는 말이 바로 이치란입니다. 깊고 미묘하며 장
엄하고 올바른 법을 듣고 간직하고 익힘으로써 갖가지 소리
에도 보살은 마음이 동요되고 산란해지는 일이 없어야 하는
것이 이 실천행의 요체입니다. 정념의 방법은 역시 갖가지
선삼매(禪三昧)에 드는 일이라 하겠습니다.

구법여정에서 만나게 되는 선지식은 보계장자(寶髻長者)입
니다. 이분은 보살의 한량없는 복덕의 보장(寶藏)해탈문을 설

합니다. 보계장자의 거주처는 남쪽의 사자궁(師子宮)입니다. 선정에서 곧 광대한 지혜를 내고 대중 가운데서 생사를 깨뜨리는 법을 설하여 무포외(無怖畏)를 얻음이 사자궁의 연원이 되겠습니다.

장자는 선재의 손을 잡고 곧 거처하는 데로 가서 그 집을 보여 주었습니다. 그곳은 심히 넓어 10층 8문(十層八門)으로 된 넓은 곳이어서 선재는 들어가서 차례차례로 살펴보았습니다. 이 거주처가 의미하는 것은 선체(禪體)의 광대한 지혜 공덕과 8정도를 행한 과보로 생긴 의과(依果)를 논하는 것입니다. 따라서 동자는 저택의 인과를 관찰하고 곧 수행할 도를 얻게 되는 것입니다.

▌ 선현행(善現行)

다음은 선현행입니다. 10바라밀의 지혜바라밀이 되겠습니다. 지혜바라밀은 반야바라밀(prajñāpāramitā, 般若波羅蜜)이라 하여, 삿된 지혜와 나쁜 소견을 버리고 참된 지혜를 얻는 실천도입니다. 반야는 실상(實相)을 비춰보는 지혜이기 때문입니다.

이 선현행은 반야가 두렷이 비추어 주는 까닭에 관조하는 주체와 그 대상과 이를 통합한 지혜가 한 치의 흐트러짐 없이 휜히 빛나고 밝은 것입니다. 사실 모든 중생은 무성(無性)을 근간의 성질로 삼습니다.

그리하여 보살은 이 세계가 불법(佛法) 아닌 것이 없고 모두 평등하고 차별이 없음을 알게 됩니다. 세간법과 불법은 함께하되, 이 두 가지 법은 문란하게 섞이지도 않습니다〔不雜亂〕. 진실한 법계는 삼세에 걸쳐 정법(正法)에 평등하게 안주하며, 보살은 더욱 보리심을 지녀 중생을 교화하여 구제하겠다는 대자비심을 내게 됩니다.

선지식으로는 장자 보안(普眼)이며, 일체중생으로 하여금 모든 부처님을 두루 뵙게 하고 환희하게 하는 법문을 설하는 분입니다. 거주처는 남쪽 등근(藤根) 지역으로 성의 이름은 보문(普門)입니다. 지위의 지혜가 깊고 견고하여 수륜(水輪)의 끝까지 뻗어서 뽑을 수 없음을 표하므로 이름을 등근이라 합니다. 그리고 성의 이름이 보문인 것은 보안장자가 세간에서 통달하지 않음이 없고 구제하지 못함이 없어, 의료에 밝아 질병을 치료함에 병마다 해박하지 않음이 없을 정도로 넓기에 그러합니다.

▮ 무착행(無著行)

다음은 무착(無著)의 실천행입니다. 이 실천도는 10바라밀에서 방편바라밀에 해당합니다. 방편바라밀(upāyapāramitā, 方便波羅蜜)은 음사하면, 오바야바라밀(烏波野波羅蜜)이라 합니다. 방편바라밀의 의미는 온갖 방법으로, 또는 여러 형상을 나타내어 중생을 제도함을 뜻합니다. 여기에는 회향방편선교(廻向方便善巧)와 발제방편선교(拔濟方便善巧)가 있습니다. 앞서의 6바라밀의 행에 의하여 쌓인 선근을 중생들에게 돌려주어 함께 보리를 구하는 것이 회향방편선교이고, 일체중생을 제도하는 것이 발제방편선교라 합니다.

이 마음이 집착할 바가 없는 것으로, 보살은 무착심(無著心)을 가지고 한 생각 한 생각마다 무수한 세계를 관찰하고 불국토를 청정하게 장엄합니다. 그래서 모든 법을 평등하게 관찰하는 까닭에 그 모든 법들이 더럽다고 하거나 깨끗하다고 하거나, 어둡다고 하거나 밝다고 하거나, 허망하다고 하거나 진실되다고 하는 등의 차별심을 내지 않습니다. 이 보살은 진실한 법성(法性)을 관찰하고, 중생을 교화하고 조복시키고 성장시키고 근기를 익게 하여 집착하는 바가 없게 되는 것입니다.

선지식 무염족(無厭足)왕이 여기에 상응하는데, 남쪽의 대성 다라당(多羅幢, 明淨)에 거주하면서 자비로 중생을 연민히 여겨 나라와 사람을 잘 다스린 분입니다. 이 선지식은 요술과 같은 해탈을 설하는데, 이는 중생은 마치 요술과 같은 줄 알기 때문에 환지(幻智)로 환중생(幻衆生)을 교화함을 의미하는 것입니다.

이름이 무염족인 것은 방편을 요술처럼 사용하여 중생을 이롭게 함에 만족함이 없기 때문에 행으로 말미암아 이름이 지어진 것입니다.

▎존중행(尊重行)

다음의 존중행은 원바라밀(praidhānapāramitā, 願波羅蜜)과 관련이 깊습니다. 원바라밀은 바라니타나바라밀(波羅尼陀那波羅蜜)이라 음사하는데, 바라밀 수행을 완성하고자 큰 서원을 세워 부단히 중생을 구제하고자 노력하는 실천도를 말합니다. 그렇기에 일체 부처님의 모든 선근을 존중하고 성취하여 대원을 성취[難得行]해야만 얻을 수 있습니다.

여기서 보살의 존중행을 성취한다고 하였는데, 바로 무너지거나 훼손되지 않는[不壞] 모든 부처님의 선근을 존중하고 성취한다는 것입니다. 최승(最勝), 부사의(不思議), 무진(無盡), 불퇴(不退), 무비(無比), 적정(寂靜) 등의 말로 사용되기도 합니다. 다시 말해 보살은 잠시도 보살의 대원(大願)을 버리지 않고, 끊임없이 실천도를 행하되 고통이라 여기지 않고 또한 헤아리지 않고 근심을 일으키지 않습니다.

「입법계품」의 선우 가운데 관련 있는 분은 남쪽의 성 묘광(妙光)에 거주하는 선지식 대광(大光)왕입니다. 이분은 대자(大慈)를 으뜸으로 삼고서 세간을 수순하는 삼매문을 설합니다. 묘광은 빛깔과 형태가 없는 근본묘지(根本妙智)를 뜻합니다. 그리고 대광왕은 그 묘지가 매우 자재하게 작용한 차별지입니다.

묘광성의 크기는 세로와 가로가 10유순인데 이는 근본묘지의 지체를 여의지 않으면서 또한 갓이 없는 온갖 행의 대용(大用)이 있습니다. 하나하나의 길 사이에 모두 한량없는 억만 명의 중생이 있는 것은 차별지와 온갖 행 가운데서 하나하나의 행으로 한량없는 억만 명의 중생을 섭수하여 교화함에 근욕(根欲)은 같지 않아도 모두 그 적재적소를 얻음을 밝힌 것이라 할 수 있습니다.

▌선법행(善法行)

다음으로 이루어지는 실천행인 선법행은 역바라밀(balapāramitā, 力波羅蜜, 波羅波羅蜜)과 관련이 깊습니다. 그 중심적 내용은 대체로 일체의 외도나 다른 이설(異論) 그리고 마군의 장애가 항복하는 것을 의미합니다. 대체로 묘한 선행의 힘으로 설법하여 중생을 본받게 합니다.

이 선법행의 설법에서 공덕림보살은 열 가지 다라니를 언급합니다. 다라니란 모든 힘이 다 간직되어 있습니다. 이를 흔히 '총지(總持)'라고 합니다.

힘을 간직하되 그 청정함이 간직되어 있고, 의(義)의 힘이 다 간직되어 있고, 법(法)의 힘이 다 간직되어 있고, 정어(正語)의 힘이 간직되어 있고, 무장애(無障碍)의 힘이 간직되어 있고, 부처님께서 감로(甘露)로써 관정(灌頂)하는 힘이 다 간직되어 있고, 스스로 깨닫는 힘이 간직되어 있으며, 한결같이 법을 잘 설하고 그 맛을 판별하는 힘이 간직되어 있고, 또 정설(正說)하는 힘과 한량없이 찬탄하는 공덕의 힘이 간직되어 있습니다.

여기서 보살은 열 가지 몸(十種身)을 나투게 됩니다.(入無量無邊法界身, 未來身, 不生身, 不滅身, 不實身, 離癡妄身, 無來去身,

不壞身, 一相身, 無相身) 이는 보살에게 여래의 자재력이 나타나는 과정을 말하는 것이기도 합니다. 이 힘으로 보살은 모든 중생을 위한 집(舍)이 되기도 하고, 또한 구호(救護)가 되고, 귀의(歸依)가 되고, 존경할 만한 인도자가 되어 스승의 방편(方便)이 되고, 밝음이 되고, 횃불이 되고, 빛이 된다고 할 것입니다. 구법의 여정에 해당하는 선지식은 부동(不動)우바이입니다. 남쪽의 왕도인 안주(安住)에 거처하는 분으로 보살의 꺾기 어려운 지혜장해탈문을 설하는 선우입니다.

여기서 왕도(5위 가운데서 오로지 이 아홉째 지위는 모두 법왕자의 지위)란 설법이 자재하기 때문에 여인이더라도 법왕자의 지위이기 때문에 거주하는 곳이 왕도입니다. 몸과 마음이 적정하기 때문에 지혜가 실상법에 계합되어 안주라 일컬으며, 법사(法師)의 지덕(志德)을 밝히고 있습니다.

법사위(法師位)에는 열 가지 행이 있는데, 자비, 유연, 겸경(謙敬), 부동(不動), 지계, 인욕, 정진, 대치(對治), 사변, 위문(慰問) 등입니다. 이것이 법사의 지덕입니다. 여기서 부동이란 색경계(色境界) 가운데서 마음이 움직이지 않음을 뜻하며, 대치란 세간과 출세간의 모든 법을 밝혀 대치함을 뜻하고, 사변이란 잘 설한다는 의미를 지닙니다. 우바이의 이름이 부동(不動)인 것은 지덕이 자비롭고 화열하며 유연하여 마음이 경계를 따르지 않음을 밝힌 것입니다. 선재동자가 우바이를 보고서 다만 공경히 합장만 하고 예배를 드리지 않은 것은 이 지위의 설교는 높고 낮은 성향이 없어서[無行經] 간곡한 예를 행하지 않은 것입니다.

▌진실행(眞實行)

연이은 진실행은 지바라밀(jñānapāramitā, 智波羅蜜)과 연관이 깊습니다. 음사하여 야양나바라밀(惹孃曩波羅蜜)이라고도 합니다. 이 바라밀 실천행은 만법의 실상을 여실하게 아는 지혜가 바로 열반의 저 언덕에 이르는 배가 되므로 이를 일컬어 지바라밀이라 하는 것입니다. 실천행으로서의 진실행은 진실한 지혜를 체달하여 일체가 성실하고 자상한 수행도입니다. 그래서 이 10행은 바로 10바라밀을 근본으로 삼으므로, 하나하나의 행마다 섭수되지 않음이 없기도 합니다.

53선지식 가운데 해당하는 이는 출가외도인 변행(徧行)외도입니다. 남쪽의 대성 도살라(都薩羅)에 거주하며 일체처에 이르는 보살행을 설하는 분입니다. 성의 이름은 유희락사(有喜樂事) 즉 한량없이 크게 기쁜 일이 있다는 뜻입니다. 그 이유는 이 선지식께서 4섭법으로 못된 무리들을 바르게 함에 이익을 입지 않음이 없기 때문입니다.

이분은 삼계에 집착하지 않기에 출가라고 칭해지는데, 일체중생이 모두 그와 함께 행하므로 이름을 변행이라 합니다. 즉 삼천대천세계 가운데 96종(種)의 외도가 모두 다 그와 함께 동행합니다. 범부와 성인을 통틀어 모두 동행하며 방편으로 이들을 이끌어들이므로 변행외도라 하며 예컨대 공자와 노장 등이 여기에 해당합니다.

지금까지 10가지 행을 살펴보았습니다. 선지식은 무의지(無依智)로 염부지(閻浮地)의 성과 읍내와 마을의 일체중생 앞에 몸을 나타내어 설법을 하는데, 오직 듣는 자로 하여금 여실히 수행하게 합니다.

정리해 보면 결국 10행이란 것은 10신을 일으키고 부처님이 머무시는 곳에 머무르기 때문에, 모든 행을 일으켜 스스로 이롭게 하고 타인을 이롭게 하는 것입니다. 그래서 이 법문의 요체를, 원행을 일으키고 수행하는 이치라 합니다.

5

중생과 보리, 진리에 대한 회향의 법문

도솔천궁의 10회향 설법

다시 위신력으로 보리수 아래와 수미산 정상과 야마천궁을 떠나지 않고서 부처님은 도솔천으로 가시어 온갖 묘한 보배로 장엄한 궁전에서 10회향의 설법을 펼치십니다. 이번 장에서는 10회향(十廻向, daśapariāmanā)의 설법이 이루어지는 제5회 도솔천궁 설법을 살펴보기로 하겠습니다. 먼저 10회향이 무엇인지 살펴보겠습니다.

- 경이 설해진 곳〔說處〕 – 도솔천궁(兜率天宮)
- 설법의 주체〔說主〕 – 금강당보살(金剛幢菩薩)
- 설해진 내용〔所說〕 – 10회향법문(十廻向法門)
- 방광 / 삼매 – 무릎의 방광(放膝輪光) / 보살 지혜의 광명삼매〔智光三昧〕

회향이란 다른 중생과 보리(菩提)와 진리〔實際〕에 대해 자신이 닦은 선근의 공덕을 베푸는 것입니다. 보통 3종으로 그 분류로 삼고 있는데 중생회향(衆生廻向)은 자기가 지은 선근 공덕을 다른 이에게 돌려 공덕의 이익을 베푸는 것입니다. 불보살님에 대한 회향이라든지 세속에서 영가(靈駕)를 천도하기 위하여 독경하는 등이 그 대표적 사례가 되겠습니다. 그리고 보리에 대한 회향은 선근을 근간으로 보리의 과덕(果德)을 얻으려고 취구(趣求)하는 것입니다. 실제회향(實際廻向)은 무위적정(無爲寂靜)한 열반을 취구하는 것이라 할 수 있습니다.

제5회 설법에서 행해지는 10회향의 법문은 제31위에서 제40위까지의 보살 수행단계입니다. 그 공덕은 깨달음의 경지〔悟境〕에 닿게 되는 것입니다. 구호일체중생이중생상회향 (救護一切衆生離衆生相廻向) · 불괴회향(不壞廻向) · 등일체제불 회향(等一切諸佛廻向) · 지일체처회향(至一切處廻向) · 입일체 평등선근회향(入一切平等善根廻向) · 등수순일체중생회향(等隨 順一切衆生廻向) · 진여상회향(眞如相廻向) · 무박무착해탈회향 (無縛無着解脫廻向) · 입법계무량회향(入法界無量廻向) 등의 열 가지 법문이 되겠습니다. 앞서의 법문에서 10행위(行位)를 이미 마치고, 다시 지금까지의 닦은 자리와 이타행을 모든 중생에게 돌려주는 수행입니다.

『60화엄경』의 일체보장엄전〔=도솔천궁회〕3품
제19품 「여래승도솔천궁일체보전품」
제20품 「도솔천궁보살운집집찬불품」
제21품 「금강당보살십회향품」

『80화엄경』의 제5회 도솔천궁회 3품
제23품 「승도솔천궁품」
제24품 「도솔궁중게찬품」
제25품 「십회향품」

앞의 10회향위(十廻向位) 3개품은 각각 첫째, 계위의 상승을 밝히고 둘째, 과거와 현재의 모든 부처님께서 이 법문과 같으셨으며 셋째, 세간을 벗어나려는 마음(십주와 십행)을 돌이켜 다시 중생들이 괴로움을 겪고 있는 생사계에 들어가게 하여 대자대비를 베풀게 함을 설명하고 있습니다.

잊지 말아야 할 것은 보살이 불도를 수행함은 결국 세간으로 돌아가 중생의 아픔을 덜어주는 것이 대승이라는 점입니다. 그런 의미가 바로 수행자가 수행자다울 수 있는 것이며, 불교가 다른 종교와 사상과 다를 수 있는 장점이라 하겠습니다. 제5회, 10회향의 설법에서는 장소가 바뀌어, 앞서의 야마천궁에서 한층 더 높은 하늘인 도솔천(兜率天, Tuṣitāḥ)의 궁전〔一切寶莊嚴殿〕으로 부처님께서 오르십니다. 여기에서도 부처님이 묵연히 빛을 발하시고, 그 주위를 둘러싼 수많은 보살들이 위신력을 입어 깨달음의 내용을 설하게 됩니다.

제5회 설법은 설법주에 의한다면 '금강당보살회'이고 법에 의한다면 '10회향회'입니다. 10회향에 이르면 10주에서 얻은 모든 부처님의 지혜와 10행에서 행한 세속을 벗어난 행을 가지고, 자비와 원력으로써 세속에 거처하며 중생을 이롭게 하며 진리를 돌리어 세속으로 향합니다. 진제와 속제로 하여금 원융하게 하고, 자비와 지혜가 둘이 아니게 하여 보리와 실제로 회향하게 됩니다.

23 승도솔천궁품(昇兜率天宮品)

도솔천왕은 부처님께 오시기를 청하면서 그 궁전 위에 마니보장사자자리를 펼쳐 놓았습니다. 이곳은 백만억 층급으로 둘러싸고 있으며, 모든 장엄거리와 공양거리도 각각 백만억입니다. 10신과 10주 등의 보살들 또한 백만억이 있는데, 이 자리를 보자마자 각각 법의 이익을 얻게 됩니다. 「승도솔천궁품」(『60화엄경』의 「여래승도솔천궁일체보전품」)에는 우리에게 익숙한 도솔천(兜率天)이 나옵니다. 도솔은 번역하면 '지족〔知足, 오욕락에 만족〕'이라는 뜻입니다. 욕계를 떠나 있지 않지만 욕망의 경계에 물들지 않으므로 '지족'이라 합니다.

이 하늘은 욕계 5천 가운데 자리잡고 있는데, 여기에서 10회향을 설한 것은, 진리를 돌려 세속으로 향하고, 지혜를 돌려 자비로 향하는 것을 의미합니다. 이 말은 산스크리트어

Tusita-deva의 번역어로 그 뜻은 지족(知足) 외에도 상족(上足)·묘족(妙足)·희족(喜足) 등입니다. 음사하여 도사다(覩史多)·투슬다(鬪瑟哆)·도솔타(兜率陀)·도술(兜術) 등으로 풀이됩니다.

도솔천왕이 바친 사자좌는 하늘의 여러 가지 미묘한 보배를 모아 이루어진 것이고, 과거에 수행한 선근으로 얻은 것이었습니다. 그런데 앞서의 10주의 법좌(法座)에는 백천 층급이 있고 10행에는 백만의 층이 있다면, 10회향에는 백만억이 있어 모두 승진이 위위마다 더욱 수승함을 표한 것이라 할 수 있습니다.

그때 부처님의 신력으로 시방 세계의 낱낱 사천하 섬부주에서 여래께서 보리수 아래 앉으셨음을 뵈오니, 각각 보살이 부처님의 신력을 받들어 법을 연설하면서 자기가 항상 부처님을 대하였다고 생각하였다.

그때 세존께서는 다시 신력으로 이 보리수 아래와 수미산 꼭대기와 야마천궁을 떠나지 않고서 도솔타천으로 가시어 일체의 묘한 보배로 장엄한 궁전으로 향하시었다.

도솔타천왕은 부처님께서 멀리서 오심을 보고 전상에 마

니장사자좌를 놓았다. 그 사자좌는 천상의 여러 가지 보배로 만들어졌고, 과거에 닦은 선근으로 얻은 것이며, 일체 여래의 신력으로 나타났고, 한량없는 백만억 나유타 아승지 선근으로 생겼으며, 일체 여래의 깨끗한 법으로 되었고, 그지없는 복덕의 힘으로 아름답게 장엄한 것이라 청정한 업보를 파괴할 수 없으며, 보는 이들이 좋아하여 싫은 줄을 모르며, 이것이 출세한 법인지라, 세간에 물들지 아니하며, 일체중생이 모두 와서 보더라도 그 미묘하고 아름다움을 끝까지 궁구할 이가 없었다.

대개 10주로부터 여기에 이르면 지행(智行)과 비원(悲願)이 이미 온전하고 보살의 도법(道法)도 이미 갖추어졌다고 봅니다. 그래서 「도솔품」부터의 10회향에서는 백만억 층계가 주위를 돌아 에워쌌고, 백만억 누각이 찬란하게 장엄되었으며, 백만억 초발심주 보살이 이 사자좌를 보자마자 다시 일체 지혜의 마음을 배나 증장시키고, 백만억 보살은 곧 여래의 경계를 모두 나타내 보였다고 경문에서 말씀하고 있는 것입니다.

「승도솔천궁품」은 『60화엄경』의 「여래승도솔천궁일체보전품(菩薩升兜率天宮一切寶殿品)」에 해당합니다. 승천하여 도달하는 관계로 '쾌히 족함을 아는 하늘(樂知足天)'인 도솔천의 이름을 붙인 품이 되겠습니다. 도솔천의 법회는 이 천상의 다섯 군데에서 5회의 법문을 설한 중앙에 있는 것입니다. 즉 아래로는 제석천궁과 야마천궁의 법회가 있고 위로는 곧 타화자재천과 삼선천의 양회(兩會)가 있고, 이 법회는 그 중앙에 있기에 욕계의 중앙에 처하여 10회향을 설함으로써 현상과 실제라는 '이사(理事)'를 아울러 말하여 원융시킵니다. 근본지와 차별지로 지혜와 자비를 가지런히 융합하고 중도에 처하게 합니다.

이 하늘에서 10회향을 설한 이유는, 전 단계의 법문을 성취한 수행자가 다시 돌이켜 세속에 나아가는 한편 지혜를 돌이켜 대비로 향하고 항상 중도(中道)에 처하여 극단으로 치우친 바가 없음을 의미하는 것입니다.

수미산의 하늘의 중간에 처하여 지혜와 자비를 회통하여 치우치지 않게 됩니다. 그래서 진·속을 두루 회통하여 대자비를 이뤄서 생사에 오래 처하되 열반을 폐하지 않게 되어 이를 비로소 '회향'이라 부르게 됩니다.

이때 금강당보살 등의 열 보살이 미진수 보살과 함께 각각 다른 불국토로부터 옵니다. 그리고 도솔천궁에 있으면서 여래의 처소에 이르러 각기 묘한 보배 사자좌를 변화로 만듭니다. 이어 각각 10회향의 인과 법문을 게송으로 찬탄합니다. 「도솔궁중게찬품(兜率宮中偈讚品)」 즉, 『60화엄경』의 「도솔천궁보살운집찬불품(兜率天宮菩薩雲集讚佛品)」은 금강당보살 등 열 분의 보살이 게송으로 부처님을 찬탄하면서 이 지위의 수승함을 드러내 보입니다. 보살들 중 으뜸은 바로 금강당보살입니다. 이 보살이 부처님을 찬탄하는 것을 들어 보도록 하겠습니다. 찬미하는 노래이자 또한 우리 중생에게는 큰 설법이기도 합니다.

품에서는 이분들 각각의 이름과 각기 떠나온 세계의 이름, 그리고 수행한 곳의 부처님들이 열거됩니다. 보살들은 덕으로써 광명을 놓아 중생들을 이롭게 하니, 부처님께서는 두 무릎으로 광명을 놓으시고, 아울러 보살들은 지난 옛적에 여래와 함께 수행한 것을 게송으로 증명하고 찬탄합니다. 시방에서 온 보살들이 각각 게송으로 찬탄한 바를 요약하면 다음과 같습니다.

- 동방의 금강당(金剛幢)보살
  - 고요하면서 항상 작용하고, 작용하면서 항상 고요함
- 남방의 견고당(堅固幢)보살
  - 능히 들어가는 일을 보이고 나아가 닦기를 권함
- 서방의 용맹당(勇猛幢)보살
  - 부처님을 뵙고 법문을 듣게 되니, 거짓을 버리고 진리를 구함
- 북방의 광명당(光明幢)보살
  - 교화의 작용은 넓음, 교화 작용은 깊음, 교화 작용은 깊고 넓음
- 동북방의 지당(智幢)보살
  - 믿기를 권하니 그 믿음의 수승한 덕을 찬탄함
- 동남방의 보당(寶幢)보살
  - 생각하기 어려우니 불가사의하며, 시간과 공간을 초월함
- 서남방의 정진당(精進幢)보살
  - 모든 부처님의 몸이 한결같고, 두루하며, 일체가 모두 부처님의 몸
- 서북방의 이구당(離垢幢)보살

- 여래는 세간을 청정케 하고, 여래 스스로 청정함
- 하방의 성수당(星宿幢)보살
  - 여래의 덕은 두루하며, 중생들에게 응함이 자재하고 자취는 묘함
- 상방의 법당(法幢)보살
  - 부처님과 법을 찬탄하여 보고 듣기를 권함

이 지위에서는 지혜와 자비로 중생을 이롭게 하는 한편 의혹을 깨뜨려 사견(邪見)을 꺾어 버리면서 기울어짐이 없음을 언급하고 있습니다. 모든 부처님께서 도솔천궁의 하늘에 계시면서 보리심을 원만히 키워 세간을 교화합니다. 그런데 이 하늘 위의 화락천과 타화자재천은 방일을 좋아하고, 아무래도 그 위의 색계와 무색계는 고요함을 좋아하는 마음이 다분합니다. 또한 아래의 야마천과 도리천은 쾌락에 집착하는 곳이기에 하늘이 그 족함을 알지 못하고, 그리고 사천왕천은 수미산 중턱의 4면에 위치해 있는 까닭에 도솔천궁이 10회향의 설처가 되는 것입니다.

부처님께서 장차 묘한 법을 설하고자 하실 때에는 반드시 뛰어난 무리들이 번개 같고 그림자같이 빨리 따릅니다. 그래

서 부처님께 이르러 허공에 가득 차게 됩니다. 법계에 운집하여 각기 묘한 게송으로써 부처님의 진실한 덕을 찬탄하며 10회향 대중을 모아 방광하여 게송으로 찬탄함으로써 주제를 삼고, 회향을 설함으로써 취지로 삼습니다.

25 십회향품(十廻向品)

「십회향품」(「금강당보살십회향품」)은 10회향의 이름과 뜻을 설하고 있습니다. 금강당보살이 부처님의 신력을 받들어 보살지광(菩薩智光)삼매에 들어갑니다. 시방으로 각각 10만 세계의 티끌 수 세계를 지나 10만 세계의 티끌 수 같은 부처님이 계시니, 명호는 다 같이 금강당불입니다. 이 삼매에 든 뒤에 그 앞에 나타나서 함께 칭찬합니다.

'회'는 되돌리는 것, '향'은 나아가는 것의 의미를 지닙니다. 10회향은 계·정·혜·해탈·해탈지견인 5분법신의 향으로써 대자와 대비·모든 바라밀·사섭·사무량·열반·생사와 온갖 번뇌문을 화합해서 같이 하나의 법계 진향을 이룸이 으뜸이 됨을 밝히기 때문에 이 지위를 회향이라고 이름합니다. 그리고 모든 수행의 공덕을 돌려 중생·보리·실제의 3처에 향하므로 '회향'이라 합니다. 으뜸되는 보살인 금강당보살은 이 설법에서 그 중심 테마인 10회향의 설명을 산문과 운문으로 자세히 광설[演說]하고 있습니다. 이 품은 열 가지 회향을 밝히는 품이므로 위의 행을 보인 대목이 되겠습니다. 동진 역 화엄에서는 「금강당보살십회향품(金剛幢菩薩十廻向品)」, 신역의 당화엄은 「십회향품(十廻向品)」입니다.

이 품은 끝없는 행으로써 다함없는 대원을 따르는 것을 주제로 삼고, 보현 법계의 덕용을 이룸으로써 취지로 삼습니다. 이 회향이라는 것은 대원력으로 지혜와 자비·생사와 열반을 융합하여 한 법계의 진실로 자재한 법을 이룹니다. 10회향 지위에서는 앞의 두 지위에서 세속을 벗어나는 마음이 많았으나, 대비행이 못함을 밝힘으로써 10주 초심에서 얻은 모든 부처님의 지혜와 10행의 출세 행문을 가져서 세속에 들어가 마치 연꽃의 향기와 같이 중생을 이롭게 합니다.

참고로 앞서의 10주[발심주]에서 일체지를 구하며, 10행[환희행]에서 대시주(大施主)가 되어 보살의 실천행을 행하고, 이를 바탕으로 10주와 10행에 대지혜를 얻은 법신의 집착이 없는 청정한 행으로 광대한 원행을 일으키게 됩니다. 이를 바탕으로 10회향[初廻向]에서 중생을 구호하게 되는바, 이는

6바라밀의 출세간법으로 중생상(衆生相)을 여의게 되는 것입니다. 이 점이 전제되어 이 법문이 시설된 것입니다. 10회향 각각의 뜻과 구법기에 상응하는 선지식에 대해 살펴보도록 하겠습니다.

10회향의 의미와 구도

▌구호일체중생이중생상회향(救護一切衆生離衆生相廻向)

일체중생을 구호하되 중생상(衆生相)을 떠나 회향하라는 의미입니다. 일체의 중생을 구호하면서 중생상을 여읜다는 것은 바로 대자대비로 널리 중생을 구제해야 한다는 것이며, 동시에 구제를 한다든가 내지 지혜마저도 집착하지 않아야 한다는 내용입니다. 보시바라밀과 짝을 이룹니다.

「입법계품」의 선지식 가운데 남쪽의 국토 광대(廣大)에서 거주하는 육향장자(鬻香長者)입니다. 일체중생상을 교화하고 지혜의 향으로 보현의 광대한 대원의 바다를 이루게 하는 것이어서 나라 이름을 광대라고 합니다.

육향장자는 법계 중생에게 법문을 조화로이 들려주는 법

문을 동자에게 일러 줍니다. 경전에서는 향을 조합하는 방법이라 표현하고 있는데, 향을 조합하는 법을 안다고 하는 것은 생사를 고르게 다스리는 것입니다. 그 의미는 대지혜와 대자대비를 성취할 수 있음을 표현한 것입니다. 다시 말해 5분법신향인 계·정·혜·해탈·해탈지견향으로 일체중생에게 그 향취를 골고루 쐬어서, 중생들이 뜻을 내게 하기 때문에 이름이 육향이 됩니다. 더러움에 물들지 않기 때문이며 생사에 들어가서 대비를 성취하도록 회향하는 것이 마치 연꽃의 향기와 같고 특히 수승한 청련화(靑蓮華)와 같습니다.

▌ 불괴회향(不壞廻向)

삼세(三世)의 제불과 보살과 그 가르침에 대한 불괴(不壞)의 신심(信心)을 회향하라는 뜻입니다. 선근을 파괴하지 않는 회향〔不壞廻向〕은 지계바라밀을 주체로 삼습니다. 세간의 생사 세계에 있으면서 그 체성을 통달하면 모두 청정합니다.

해당되는 선지식은 남방의 누각(樓閣) 대성에 거주하는 뱃사공 바시라(婆施羅)선지식입니다. 이 성은 무량하고 중중한 차별지로 모든 근기를 관찰함을 누(樓)로 삼고, 한없는 지해(智海)로 근기를 따르고 때를 따라 중생을 제접함을 각(閣)으로 삼습니다.

뱃사공 바시라의 이름을 번역하면 자재(自在), 청정한 계행으로 생사에 처해도 물들지 않기 때문에 자재라는 이름으로 부릅니다. 이분은 대자대비한 당기의 행을 설하는 선지식입니다. 뱃사공이 뜻하는 의미는 두 가지입니다. 첫째는 보살이 항상 세간에 살면서 어려움을 구제하는 데 범부와 같은 행을 나타내고, 큰 뱃사공이 되어 모든 장사꾼을 그 보배가 생기는 곳으로 이끌며, 모든 보배 종류를 분별하여 그 보배의 가격을 정하는 데 성인의 지혜가 아니면 할 수 없음의 의미입니다.

두 번째는 대자대비를 계체로 삼는 의미입니다. 10주와 10행에서는 생사해를 벗어나게 되지만, 이 지위에서는 돌이켜 생사해로 들어가게 하여 생사해에 빠져 있는 중생을 제도하기 때문에 뱃사공으로 이를 본뜬 것입니다. 이 법문을 듣는 이는 영원히 생사해를 무서워하지 않게 하고, 반드시 일체지의 바다에 들어가게 됩니다.

▌등제불회향(等諸佛廻向)

등제불회향이란 삼세 모든 불보살님께 고루 회향하라는

뜻입니다. 이 말이 가리키는 바는 삼세의 모든 부처님이 닦은 회향을 배워 일체중생의 선근을 성취시키라는 것입니다. 즉 골고루 중생에게까지 회향하라는 말의 다른 표현입니다.

'방호' 한다는 뜻을 가진 가락(可樂)성에 거처하는 장자 무상승(無上勝)이 이 회향과 상응합니다. 성을 가락(可樂)이라 이른 것은 항상 인욕을 행하므로 대중이 즐겨 보기 때문입니다. 선재동자는 장자를 보고 몸을 땅에 던져 그 발에 정례하고 한참 있다가 일어납니다. 인욕의 바라밀행으로 깊은 지혜를 성취하고자 예경하는 것입니다. 선지식의 명호가 무상승(無上勝)인 까닭은 모든 행 가운데서 인욕이 가장 수승함을 밝히기 위해서입니다. 장자는 인욕을 설하고 온갖 곳에서 보살행을 닦아 청정한 법문에 이르는 의지함이 없고 조작이 없는 신통력을 설합니다.

그런데 선재가 슬피 울면서 눈물을 흘리는 장면이 경에서 나옵니다. 그 이유는 인욕과 자비의 행을 밝히려 하기 때문이어서 '연민' 혹은 '애민중생'이라는 측면에서 주목 받아 온 부분이기도 합니다.

■ 지일체처회향(至一切處廻向)

일체처란 모든 세간 · 중생 · 법 · 일체의 허공 · 일체의 언어음성 등을 지칭합니다. 그래서 모든 법계에 칭합하고 두루 용융(鎔融)케 하는 것입니다. 곧 모든 선근이 지니는 공덕의 힘을 일체처(一切處)에 미치게끔 하라는 말이 되겠습니다.

연관된 선지식은 남방 국토 수나(輸那)의 숲에 거처하는 가릉림(迦陵林, 세간에서 투쟁하는 때)비구니로 청정하고 대자대비한 행을 닦고 있었습니다. 이분은 그곳에서 일체지를 성취한 해탈을 설합니다. 10회향 가운데는 생사 속에서 출세간에 들어가는 자비이기 때문에 비구니로 이를 표시하며, 수행자가 생사를 통달하면 곧 자성이 청정하기 때문에 그처럼 통달하지 못한 자를 연민히 여겨 항상 그 가운데서 지내므로 나올 기약이 없이 계시는 분입니다.

비구니의 이름을 사자빈신(師子頻伸)이라 하는 바는, 덕행을 가지고 이름을 세웠기 때문입니다. 청정한 지혜는 사자와 같고, 생사계에 오래 거주함은 대자대비하기 때문이며, 널리 중생을 제도하되 수고로움을 마다하지 않고 마음이 항상 기뻐함을 빈신이라 이름함을 밝힌 것입니다.

참고로 사자빈신의 뜻은 사지를 펴고 기뻐한다는 뜻임을

유념해야 합니다. 대자대비로 중생을 풍족하게 하여 괴로움을 여의고 즐거움을 얻기에 기쁜 것입니다. 따라서 보리심을 내고서 무상도를 성취하게 하여 광대한 원림의 한 중생도 다 제도하지 않으면 그 가운데를 벗어나지 않으며, 일체 보살이 모두 이와 같이 행하여 중생계의 본래 진실한 체성을 따르기 때문에 사자빈신이라 이름하며 정진바라밀을 형상한 것이라 보시면 되겠습니다.

▎무진공덕장회향(無盡功德藏廻向)

경전에서 설명된 금강당보살의 설법이 요약된 게송이 있습니다. 무진공덕(無盡功德)보살께서 그 직심(直心)을 성취한 뒤에 모든 것에 대해 자재함을 얻고, 이에 따르는 공덕을 누리게 되는데, 이러한 무애방편(無碍方便)을 잘 회향하여서 일체의 국토를 장엄하라는 것이 바로 이 회향의 뜻입니다. 다시 말해 보살의 공덕이 끝없음과 마찬가지로 한없는 공덕을 이루고 한없는 과덕을 얻는 것을 의미합니다.

무진공덕장회향과 연관 있는 선우는 남방의 국토, 험난(險難)에 있는 보장엄(寶莊嚴)에 거주하는 바수밀다(婆須蜜多)여인입니다. 바수밀다는 번역하면 세간의 벗입니다. 탐욕의 끝을 여의는 보살의 해탈에 대해 이분께서는 언설합니다. 성의 이름이 '보장엄'인 이유는, 마음이 대자대비하여 항상 생사의 흐름을 따라 널리 여러 중생을 이롭게 하고 행을 함께하여 중생을 이롭게 하기 때문입니다. 이 성에 이르게 되면, 오욕의 체성이 없음을 통달하므로 선체(禪體)를 여의지 않고, 대자대비하여 속체(俗體)를 여의지 않고도 크게 지혜롭기 때문에 세속에 살면서도 또한 물들지 않습니다.

보살은 크게 자애롭기 때문에 생사계에 살면서 행을 함께하며, 대비하기 때문에 생사와 세간의 경계가 모두 없음을 통달하며, 대자대비하기 때문에 지환(智幻)으로 그 몸을 내어 세간에서 사는 것이 그림자와 같고 또한 마술사와 같습니다. 세간과 함께할지라도 경계가 물들일 만한 것이 없고 또한 마음이 경계에 물들 것도 없으며, 단지 대자대비한 행으로 중생과 같은 한량없는 행문을 행하기 때문에 비록 세간과 함께할지라도 세간은 요술과 같고 자신은 허깨비와 같으며, 지혜로 진리를 따르므로 진리도 물들이는 자가 없고 또한 본래 없는 것입니다.

이러한 까닭에 이 선지식이 언설하는 가르침은 비록 세속에 함께할지라도 항상 욕망의 끝을 여읜 법문이며 이는 선정바라밀의 표현이 되겠습니다. 지혜에는 5욕(五欲)이 없지만 대자대비로 말미암기 때문에 항상 생사계에 들어가서 세속을 따라 중생을 이롭게 하여 큰 공덕을 얻습니다. 이 회향의 이름이 한없는 공덕장회향이라 일컫기 때문에 성의 이름이 보장엄이며, 자기 지혜에는 오욕이 없지만 중생을 이롭게 하여 만행을 행합니다.

▌수순일체견고선근회향(隨順一切堅固善根廻向)

일체 평등한 선근에 들어가는 회향이라는 말뜻을 가지고 있습니다. 풀이하자면, 선행이라는 것은 늘 견고하고 또한 평등한 법성을 따라 행해야 하는 것입니다. 그래서 10회향 보살의 일체 선근과 선행은 견고하고도 평등한 법성에 따르는 것입니다. 금강당보살은 이렇게 설명하고 있습니다.

> 보살마하살이 만약 왕이 되면 훌륭한 국토를 얻어 평화가 깃들고 풍요를 이루고, 원적(怨敵)을 항복시키고 정도로써 나라를 다스리며, 법대로 교화를 하여 공이 천하에 미치고 덕이 시방을 덮는다. 만국이 귀순하고 감히 명을 어기지 않으며, 병장(兵仗)을 쓰지 않아도 자연히 태평해진다. 4섭법으로

써 중생을 다 섭수하니 전륜성왕의 7보가 성취된다. 이러한 보살은 견고하게 자재한 공덕에 안주하니 권속이 화목하고 파괴되는 일이 없다.

수순일체견고선근회향은 반야바라밀을 주체로 삼고 나머지 아홉을 짝으로 삼습니다. 연관된 선지식은 비슬지라(鞞瑟胝羅)거사입니다. 이 선우께서는 보살이 얻은 열반의 끝에 들지 않는 해탈을 설합니다. 그 거주하는 곳은 남쪽의 성 선도(善度)라 하는데, 반야바라밀은 지혜와 자비를 성취하고 여러 중생을 잘 제도하기 때문에 이렇게 칭하게 됩니다.

거사의 이름 비슬지라를 번역하면 포섭(包攝)입니다. 지혜가 만덕을 포함하고 일체중생을 섭수하여 구제함을 상징한 것이라 할 수 있습니다. 거사는 전단좌불탑(栴檀座佛塔)에 공양하고 부처님이 열반에 들지 않는 법문을 얻는데, 전단은 향나무이며 독사의 열독을 그치게 하는 효능을 지니고 있습니다. 전단좌탑을 열어 삼매를 얻고 공적한 지혜〔佛種無盡〕를 얻음을 표현하는 것이라 할 수 있겠습니다.

조작이 없는 공적한 지혜의 법에는 생멸이 없습니다. 항상 작용하면서 항상 적정합니다. 일체 모든 부처님과 함께 공유하며 생사의 번뇌를 파괴하면서도 신묘한 작용이 자재할 수 있습니다. 공중에 메아리가 응대하는 것과 같이 연결되어 이루어지기 때문에 시방에 두루 응하지만 가고 옴이 없는 것이 지혜라 할 수 있습니다.

▌평심수순일체중생회향(平心隨順一切衆生廻向)

평등한 마음을 가지고 일체중생에 수순하며, 그들로 하여금 안락을 얻게끔 하라는 교훈입니다. 일체중생을 평등하게 수순한다는 의미는 평등한 마음으로 중생에 따라 풍족하게 한다고 보면 되겠습니다. 방편바라밀과 관련하여 설명되는 선지식의 이름은 관세음보살(Avalokiteśvara, 觀世音菩薩)입니다. 관세음보살은 구역에서의 관자재(觀自在)보살로 중생을 가엾이 여기는 행문을 설하시는 분입니다. 거주처는 남방의 보달락가(補怛洛迦, Potalaka)산입니다. 소백화수산(小白華樹山)이라 하여 작은 백화나무가 많은 산을 뜻합니다. 백화나무의 자비롭고 겸손하게 핀 행의 꽃이 널리 향기를 피우듯이 바라밀의 자비로운 만행을 꽃피웁니다.

선재동자는 산의 서면(西面) 바위 골짜기 가운데서 관세음보살이 금강보석(金剛寶石) 위에 결가부좌하시고 한량없는 보살들도 모두 보석에 앉아서 공경히 둘러싸고 있는 것을 보았습니다. 거주처가 의미하는 바와 연계하여 이치를 설명해 보면, 관세음보살이 대자대비한 행에 처하여 중생을 교화함에, 조그마한 허물도 짓지 않게 하고 조그마한 선(善)도 버리지 않게 하여 실같이 가는 선을 모두 행하게 합니다. 그래서 일체중생과 평등한 회향[等一切衆生迴向], 다시 말해 일체중생을 수순케 하는 생사계에 거주하여 대자대비한 행을 성취하기 때문에 일체중생을 수순하는 것이라 보면 될 것입니다.

▌ 여상회향(如相迴向)

진여를 체달하고 자비를 행하므로 조작하는 모양이 없는 회향입니다. '여(如)'는 '진여(眞如)'의 다른 표현입니다. 어느 것에도 집착하지 않고 또한 중생에게도 집착하지 않는 것입니다. 그 집착하지 않음은 무량하고도 끝없는 선근이며, 그러한 마음가짐으로 회향해야 한다는 의미가 되겠습니다.

이 지위에서 지위(智位)가 더욱 밝아져 마음과 경계가 모두 진실함을 밝히며, 이 진지혜로 회향하여 생사에 들어가므로 진제(眞諦)에 머무르지 않으며, 원바라밀을 주체로 삼고 다른 회향과 마찬가지로 나머지 아홉을 짝으로 삼게 됩니다.

원바라밀과 연계되어 설명되는 선지식은 동방의 보살로 그 이름은 정취(正趣)보살입니다. 눈에 띄는 점은 앞의 여러 지위에서는 모두 남방이지만 이 지위의 선지식은 동방입니다. 이 보살은 동방의 묘장세계(妙藏世界) 보승생불의 처소에서 이 법문을 얻었는데, 근본지로부터 차별지를 내어 중생에게 응하며, 근본지를 떠나지 않은 대용인 까닭에 일체 법이 모두 진여와 계합하여 이를 정취(正趣)라 이름합니다.

선재동자는 정취보살과 관세음보살이 함께 만나 상견하는 것을 보게 되는데, 관음과 정취는 지혜와 자비를 회화한 일체임을 밝힌 것입니다. 일곱째 지위가 대비(大悲)를 더욱 자라나게 하는 것이라면, 여덟째 지위는 지혜를 증장케 한다고 보면 되겠습니다.

사실 10회향이란 세속에 들어가서 대자대비한 행을 성취하는 것인데, 7위와 8위의 회향은 자비와 지혜의 당체를 회통하여 표현한 것입니다. 그래서 정취는 지체(智體)가 더욱 밝아짐을 얻고서 자비의 지위에 돌아옴을 밝혀 관음보살께 나아가 함께 만나서 상견한 것입니다. 그렇기에 지혜를 표방하는 동쪽을 들어 그 이치를 표현하는 것입니다. 정리하면, 정취는 지혜이고 관음은 자비를 표하는데 지혜와 자비를 뜻하는 까닭에 상호 회통하여 중생에게 회향하게 되는 것입니다.

■ 무박무착해탈심회향(無縛無著解脫心廻向)

속박도 없고 집착도 없는 해탈 회향입니다. 즉 견해에 집착하지 않으며 모양에도 결박되지 않아서 작용이 자재한 덕이 있게 됩니다. 속박과 집착이 없는 해탈 회향(無縛無著解脫廻向)은 역바라밀을 주체로 삼습니다. 남방에 있는 유문(有門)이라는 뜻을 가진 타라발저(墮羅鉢底)성에 천신 대천(大天)이 거주합니다. 근본지의 조작이 없는 본체(本體)를 천신이라 이름함을 밝힌 것이며, 모든 법문이 여기에서 바로 나오기 때문에 성의 이름을 유문이라 칭한 것입니다. 이 성에서 대천신은 하늘이 자비롭게 모든 것을 덮듯 청정한 보호와 윤택한 해탈이라는 운망해탈법문을 설합니다.

선재동자가 선지식을 뵙고 정례하고 공경을 다하여 청법하였습니다. 이때 대천신은 네 팔을 길게 펼쳐서 4대해(四大海)의 물을 취하여 스스로 그 얼굴을 씻고 여러 가지 황금 꽃을 집어서 선재에게 흩었습니다. 이 장면은 처음 발심한 선우를 공경하는 것인데 네 팔을 길게 펼친 것은 4섭법이 두루한 것이며, 스스로 그 얼굴을 씻은 것은 청정한 지안(智眼)으로 중생을 관찰하여 근기를 알고서 이끌어들이는 것입니다.

선재동자에게 선우께서 운망법문(雲網法門)을 설한 것은 하늘이 청정하며 자비를 가진 것이어서 덮어 보호한다는 의미를 표현합니다. 하늘은 온 사방을 두루 함용하며 중생을 양육합니다. 그래서 중생을 덮어 보호하는 것이 마치 구름이 윤택한 바와 같으며, 교법을 펼침이 그물로 중생을 건지는 것과 같습니다.

▋ 법계등무량회향(法界等無量廻向)

이 회향은 제법의 계(界)인 법계에 들어가는 무량한 회향입니다. 법계가 그러하듯이 중생심은 헤아릴 수 없이 많습니다. 법계가 삼세에 걸쳐 무량하듯 이 모든 세계에 평등하게 회향하라는 의미가 되겠습니다. 법계에 들어가는 무량한 회향이란 것은 바로 진성에 부합하여 묘용(妙用)을 일으켜, 모든 제한과 장애를 극복할 수 있게 되는 것입니다.

묘용은 법계와 평등한 회향을 의미합니다. 곧 지바라밀을 주체로 삼습니다. 선지식으로 볼 때 마갈제국 보리도량에 선지식인 지신(地神)이 있어 이름이 안주(安住)라는 선우가 계십니다. 이분은 파괴할 수 없는 지혜장(智慧藏) 법문을 설하는 선지식입니다. 여기서 보리도량이 등장하는 것은 수행인의 지위가 근본 보리체(菩提體)에 이르렀음을 뜻합니다.

안주지신이 발로 땅을 누름에 백천억 아승지 보배창고가 자연히 솟아오른 것이며, 선재에게 고하여 말씀하셨습니다.

> "지금 이 보배창고가 너를 따라왔도다. 이것은 너의 옛날 선근의 과보이며 너의 복력으로 섭수한 것이니라."

수행자의 지혜가 하늘에 계합하기에 하늘은 더욱 청정하고, 자비가 땅에 합하므로 부드럽고 온화하여 중생을 양육합니다. 더불어 지신은 항상 적정하므로 복덕이 넘치기에 발가락으로 땅을 눌러 온갖 보배가 솟아나게 합니다. 하늘은 움직이고 땅은 고요합니다. 그래서 항상 적정하고 안주부동(安住不動)합니다.

앞의 회향에서 천신이 청정한 근본지를 표한 것이라면, 이 마지막 회향과 연관된 지신은 근본지 가운데 자비의 본체를 표한 것입니다. 천신이 하늘의 보배창고를 꺼내고 지신은 땅의 보배창고를 꺼냅니다. 자비로운 가운데 복덕이며, 중생을 이롭게 하는 복덕입니다. 천신은 지혜로 묘하게 작용하고 지신은 지혜와 자비가 항상 적정하므로 묘하게 작용합니다.

지금까지 간략하게나마 10회향의 행문을 선지식과 연결하여 짚어 보았습니다. 10바라밀과 순차적으로 연관되어 있으며, 또한 하나의 바라밀은 나머지 아홉의 바라밀과 포섭된 관계임을 잊어서는 안 될 것입니다. 이러한 관계는 10주와 10행 등에서도 마찬가지입니다.

6

10지(十地) 설법

타화자재천궁의 설법

지금까지 우리는 제5회 설법까지를 함께 살펴보았습니다. 그 핵심 내용은 제2회 설법에서 10신〔지상〕, 제3회 설법에서 10주〔천상〕, 제4회 설법에서 10행〔천상〕, 제5회 설법에서 10회향〔천상〕의 법문입니다.

지금부터 알아보고자 하는 것은 10지(十地) 설법입니다. 10지의 내용을 담고 있는 것이 「십지품」인데, 『60화엄경』과 『80화엄경』 모두 품의 이름과 아울러 제5회 설법인 것은 같습니다. 그러나 『80화엄경』에서는 이 품만을 따로 두어 '타화자재천궁'(제6회 설법)으로 여기고 있는 반면, 『60화엄경』에서는 이 품과 아울러 「보왕여래성기품」(『60화엄경』의 제32품)까지를 타화천궁회(타화자재천궁의 마니보전)로 삼고 있습니다. 즉 서두에서 언급하였듯이 『60화엄경』은 34개의 품으로 구성되어 있고, 『80화엄경』은 39품으로 구성되어 있습니다. 그 중에서 『60화엄경』의 경우, 제6회 설법은 제22품에서 제32품까지로 보는 반면, 『80화엄경』에서는 제26품만을 제6회 설법으로 보고 있습니다.

정리해 보면 『60화엄경』에서는 제6회 설법 전체가 천상설법으로서 10지와 등각 그리고 묘각까지 설명하고 있는 것입니다.

『80화엄경』에서의 제6회 설법은 천상설법으로서 10지를 설명하는 한편, 제7회 설법은 지상설법으로서 등각과 묘각을 설명합니다.

등각과 묘각은 다음 장에서 살펴보기로 하고, 본론으로 돌아가서 10지와 「십지품」에 대해서 살펴보겠습니다. 이미 앞에서 10주(解)가 십행(行)과 십회향(願)을 인도하여 현위(賢位)의 인행이 마침을 밝혔고, 지금은 지혜가 진여에 그윽이

부합하여 성위(聖位)의 불과가 세워짐을 밝히기에 이 타화자
재천궁회가 시설되었습니다.

설법의 장소 ── 타화자재천궁(他化自在天宮)
설법의 주체 ── 금강장보살(金剛藏菩薩)
설법의 내용 ── 10지품(十地品)
방광과 삼매 ── 미간의 백호광명〔眉間毫相光 / 大智慧光明三昧〕

품에 등장하는 열 가지 수승한 지위는 다음과 같습니다.

(1) 환희지 (2) 이구지 (3) 발광지 (4) 염혜지 (5) 난승지
(6) 현전지 (7) 원행지 (8) 부동지 (9) 선혜지 (10) 법운지

부처님께서는 타화자재천왕궁의 마니보장전에서 대보살
대중과 함께 계셨습니다. 그 모든 보살들은 전부 최상의 깨
달음에서 물러나지 않는 이들이니, 모두 다른 세계로부터 온
분들입니다. 보살에 의해 이 설법의 이름을 정한다면 '금강
장회'가 되며, 장소에 의한다면 '타화자재천회'가 되고, 법
에 의하면 '10지회'가 됩니다.

「십지품」은 10신, 10주, 10행, 10회향 다음의 보살 수행 과
정과 그 계위를 밝힌 대목입니다. 『60화엄경』에서는 제22품
이며 『80화엄경』에서는 제26품에 해당합니다. 「십지품」은
별도의 경전으로 유통되었습니다. 서진(西晉)의 역경승 축법
호(Dharmaraka, 竺法護)가 297년에 번역한 『점비일체지덕경
(Daśabhūmikasūtra, 漸備一切智德經)』도 별도의 번역으로 존재하
며, 줄인 이름으로 『점비경』 혹은 『대지혜광삼매경』, 『대혜광
삼매경』이라 칭해집니다.

점진적으로 부처님의 모든 지혜와 덕상(德相)을 갖추어 가
는 경전이라는 뜻인데, 열 가지 지위를 전체 10품으로 나누
어 설하고 있습니다.

그리고 후진(後秦)시대에 구마라집(Kumārajīva, 鳩摩羅什)삼
장에 의해 402년에서 409년 사이에 장안(長安)의 소요원(逍遙
園)에서 번역된 4권으로 구성된 『십주경(Daśabhūmikasūtra, 十
住經)』이 있습니다. 이 『십주경』은 금강장보살이 10주(住)에
관해 설한 경전입니다. 여기서의 10주는 10지(地)와 같은 의
미입니다. 이에 대한 주석서로는 용수보살이 지은 것으로 전

하는 「십주비바사론(十住毘婆沙論)」17권과 세친보살이 지은 「십지경론(十地經論)」12권이 있습니다.

특히 12권의 「십지경론」(Daśabhūmikasūtraśāstra, 十地論, 地論)은 후위(後魏)시대에 보리유지(菩提流支, Bodhiruci)와 늑나마제가 범본(梵本)을 가져다 각각 번역한 것입니다. 이 책은 『십지경』을 해석한 것으로서 세친보살의 저술 가운데 초기 저술에 속하며, 대승으로의 사상적 전향을 보여 주는 중요한 저작입니다. 이 책은 중국에서 지론학파를 성립시키고 화엄학이 대성하는 데 큰 영향을 끼치게 됩니다. 현행하는 것은 뒤에 혜광(慧光)이 양본(兩本)을 대조하여 1본으로 만든 것입니다.

주석서로 유명한 것은 혜원(慧遠)의 「의기(義記)」14권(현존 8권, 제3지까지 주석)·법상(法上)의 「십지론의소(十地論義疏)」제1, 제3(현존 2책)·작자미상의 「십지의기(十地義記)」제1·지엄(智儼)의 「수현기(搜玄記)」제3의 상부터 제4의 상·법장(法藏)의 「탐현기(探玄記)」제9부터 제14·「청량대소(淸凉大疏)」제31부터 제44 등이 있습니다. 그 밖에 자주 인용되는 서적으로는 당(唐)나라 때, 시라달마(Śīladharma, 尸羅達摩)에 의해 790년에 9권의 『십지경(Daśabhūmikasūtra, 十地經)』으로 번역되었습니다.

10지 법문은 10회향 수행 다음에 해당합니다. 10신의 법문이 1~10, 10주가 11~20, 10행이 21~30, 10회향이 31~40의 지위이므로, 10지의 계위는 보살 52위 가운데에서 제41위로부터 제50위까지 해당합니다. 이 단계의 수행은 불지(佛智)를 생성하고, 능히 주지(住持)하여 움직이지 않으며, 온갖 중생을 짊어지고 교화 이익케 하는 것이, 마치 대지가 만물을 싣고 이를 윤익(潤益)케 함과 같으므로 '지(bhūmi, 地)'라 칭하게 됩니다.

경의 내용을 살펴보면, 묵연히 앉아 계신 부처님을 둘러싼 헤아릴 수 없이 많은 보살들 가운데서 금강장보살은 여래의 위신력을 입어 환희(歡喜)·이구(離垢)·명(明)·염(焰)·난승(難勝)·현전(現前)·원행(遠行)·부동(不動)·선혜(善慧)·법운(法雲) 등의 10지(十地)를 설명하였습니다. 이 보살께서는 이 10지를 가리켜 "10지는 보살의 최상묘도(最上妙道), 최상명정법문(最上明淨法門)이다."라 하셨고, 또한 "10지는 일체 불법의 근본이다. 보살이 이 10지를 구족하게 행하면 능히 일체지혜(一切智慧)를 얻는다."고 하였습니다.

그때 해탈월(解脫月)보살이 승중(會衆)의 생각을 받들어 법을 청합니다. 곧 부처님께서는 양미간으로 청정한 광명[菩薩力欲明]을 놓으셨습니다. 빛은 시방에 두루 비치어 모든 세계에 두루하지 않은 데가 없었습니다. 시방의 부처님들도 양미간으로 청정한 광명을 놓으며, 또한 이 사바세계의 부처님과 대중과 금강장보살의 몸과 사자좌에 비치고는 허공 위에서 큰 광명그물의 대가 되었습니다. 이에 금강장보살은 10지의 의미를 대해(大海)에 견주어 그 의미가 광대하고 설법이 광대함을 다음과 같이 말합니다.

> 대해(大海)에는 열 가지 특징이 있으므로 대해라 한다. 그러므로 능히 파괴할 수 없는 것이다. 첫째, 바다는 점차로 깊어진다. 둘째, 바다는 죽은 시체를 용납하지 않는다. 셋째, 바다에 들어오면 모든 강물은 그 이름을 버린다. 넷째, 바다는 한 가지 맛[一味]을 가지고 있을 뿐이다. 다섯째, 바다에는 보패(寶貝)가 많다. 여섯째, 바다는 지극히 깊어서 들어가기 힘들다. 일곱째, 바다는 넓고 크고 무량하다. 여덟째, 바다에는 큰 몸의 중생이 많다. 아홉째, 바다에는 조수가 있어 때를 잃지 않는다. 열째, 바다는 아무리 큰 비라도 다 받아들이되 넘쳐흐르는 일이 없다. 보살지도 이와 같아서 열 가지 인연 때문에 파괴되지 않는다.

첫째, 환희지에서는 점차로 견고한 원(願)이 생긴다. 둘째, 이구지에서는 파계한 자와 더불어 공숙(共宿)하지 않는다. 셋째, 명지(明地) 중에서는 모든 가명(假名)을 버린다. 넷째, 염지(焰地) 중에서는 부처님에 대하여 한결같이 변하지 않는 정신(淨信)을 얻는다. 다섯째, 난승지(難勝地) 중에서는 세간의 무량한 방편과 신통을 일으켜서 세간의 일〔事〕을 한다. 여섯째, 현전지 중에서는 깊고 깊은 인연법을 관한다. 일곱째, 원행지 중에서는 크고 넓은 마음으로 제법을 관한다. 여덟째, 부동지 중에서는 대장엄을 일으켜 보여 준다. 아홉째, 선혜지 중에서는 깊은 해탈을 얻어 세간의 행(行)에 통달하되 보배다움을 잃지 않는다. 열째, 법운지 중에서는 일체제불이 내리는 큰 법의 광명으로 가득찬 법우(法雨)를 받는다.

10지는 앞서 전개된 여러 측면에서 설명되었던 10주, 10행, 10회향과 더불어 보살이 실천해야 할 수행입니다. 이러한 10지(地) 사상의 핵심은 보살행, 즉 10바라밀의 실천이 여기에서도 강조되고 있습니다. 10지의 각 단계들은 보살이 부처님의 경지에 이르는 과정을 방편적으로 나누어 설명한 것으로서 성불하고자 한다면 부지런히 수행에 전념해야 함을 강조하고 있습니다. 이 지위는 보살 실천수행의 원만한 도리이기도 하거니와 보살의 수행 과정을 단계적으로 설명하는 의의를 가지기도 합니다. 각 지(地)에 언급된 요긴한 부분을 간략히 살펴보겠습니다.

▎환희지(歡喜地)

보살은 환희하는 존재입니다. 부처님을 뵈어 환희하고, 법을 들어 환희하고, 중생의 성불에 환희합니다. 10바라밀 가운데 첫째인 보시바라밀이 바로 환희(歡喜)의 원천이 되겠습니다. 금강장보살은 환희라는 의미를 보시와 연계하여 설명하였습니다. 보살은 모든 부처님과 그 분들의 법과 모든 보살과 그분들의 닦아 왔고 닦아 가며 닦아 나아갈 수행을 염(念)하는 까닭에 기쁘게 됩니다. 「입법계품」의 10신위에는 봄의 생명을 주관하는 바산바연저(婆珊婆演底)주야신(主夜神)이 이 지위에 해당하는 선지식입니다.

제1 환희지에서는 처음으로 무루지(無漏智)를 얻어 진리를 구현하는 성위(聖位)를 증득하여 많은 기쁨을 낳기 때문에 환희지라고 합니다. 이 지위는 참다운 중도지(中道智)를 내어 불성의 이치를 보게 됩니다.

■ 이구지(離垢地)

이구지는 번뇌를 떠나기 때문에 이구지라 지칭하게 됩니다. 구법기의 선지식으로는 지혜와 자비로 중생을 양육하는 보덕정광(普德淨光)주야신이 해당합니다. 경에서 금강장보살은 보살이 초지(初地, 환희지)의 공덕을 갖춘 다음 두 번째인 이구지를 얻고자 할 때 열 가지 직심(直心)을 일으켜야 한다고 했습니다. 그것은 유연한 마음, 조화된 마음, 감수(甘受)하는 마음, 방일하지 않은 마음, 적멸한 마음, 참된 마음, 잡되지 않은 마음, 탐욕과 간린(慳吝)이 없는 마음, 훌륭한 마음〔勝心〕, 큰 마음〔大心〕 등입니다.

이런 마음을 가진 사람은 살(殺)·도(盜)·음(淫)·망어(妄語)의 나쁜 죄구(罪垢)를 버리게 됩니다. 즉 10불선도(十不善道)를 떠나 10선도(十善道)에 머물고 지계바라밀을 닦게 되는 것이 바로 이 지위입니다.

■ 명지(明地)

마음이 밝아지기 때문에 명지(明地, 發光地)라 지칭합니다. 일체를 관찰하고 모든 법이 지음이 없고 일어남도 없고 오는 것도 아니고 가는 것도 아님을 알게 됩니다. 이를 통해 4선

(禪) · 4무색정(無色定)과 5신통을 얻고 인욕바라밀을 닦습니다. 이 제3지(第三地)를 얻고자 하면 보살에게는 열 가지 깊은 마음(深心)이 있어야 한다고 했습니다. 그것은 맑은 마음입니다. 모든 유위의 법이 무상하고 고통스러우며, 무아(無我)하고, 부정(不淨)하고, 머지않아 파괴되고 만다는 생각을 가지는 것이며, 또 그 유위의 법이 사실은 온 바도 갈 바도 없는 법(無來無去)임을 알라는 뜻이 되겠습니다.

결국 보살의 마음은, 혹은 보살이 지녀야 할 마음은 3독(三毒)의 불이 결국은 3유(三有, 欲 · 色 · 無色)의 감옥에 우리를 유폐시키게 될 뿐이라는 사실을 알아야 하겠습니다. 그리고 그 3독을 싫어하고 욕심을 떠나 굳건히, 밝게, 뒷걸음질치지 않고 훌륭한 경지를 향해, 어설프게 만족할 것이 아니라 그칠 줄 모르는 의욕을 가지고 너그럽게 사는 마음을 가지라는 것이 되겠습니다. 53선지식 중에서 기쁜 눈으로 중생을 관찰하는 희목관찰중생(喜目觀察衆生)주야신이 이 지위에 해당합니다.

■ 염지(焰地, 燄慧地)

염지는 지혜가 더욱 치성하는 지위입니다. 37조도품(助道

品)을 수행하고 신견(身見) 등의 잘못된 견해를 단멸하며, 정
진바라밀을 닦게 됩니다. 청정대치수행증장인분(淸淨對治修
行增長因分)·청정분(淸淨分)·대치수행증장분·피과분(彼果
分)의 4단락으로 설명하고 있습니다.

염(焰)이란 밝은 빛이 세차게 비침을 말하는 것으로, 지혜
가 빛나기에 염지라 지칭합니다. 갖가지 세계를 관찰하고 무
너짐 없는 신심을 불법(佛法)에서 얻어 항상 그것을 밀고 나
가라는 의미가 되겠습니다. 「입법계품」의 선지식으로는 두루
중생을 구제하는 보구중생묘덕(普救衆生妙德)주야신입니다.

▌난승지(難勝地)

난승지는 진지(眞智)·속지(俗智)를 조화하는 지위입니다.
금강장보살은 제5지인 난승지를 얻고자 하거든 평등한 마음
을 가지라고 하였습니다. 모든 부처님의 법에 대하여 평등한
마음, 계(戒)가 맑고 마음이 맑고, 고집과 의심과 후회를 없
이 함으로써 평등한 마음, 모든 보리분법(菩提分法)에 대하여
평등한 마음, 중생을 교화함에 있어서 평등한 마음 등을 가
지고 중생교화에 임해야 하는 것입니다. 보리분법이란 쉽게
말해 보리를 얻는 데 필요한 여러 갈래의 길을 의미합니다.

이 지위는 53선지식 가운데 적정한 음성의 바다인 적정음해(寂靜音海)주야신에 해당합니다.

출세간 평등의 지혜를 얻은 위에 속제차별지(俗諦差別智)를 가지고 중생을 제도하는 것은 어려운 일이나 그럼에도 불구하고 그 일을 하려고 하기 때문에 난승이라 부른다고 해설합니다. 보리분법을 수행하고 선정바라밀을 닦음을 그 요체로 삼습니다.

▌현전지(現前地)

현전지는 최승지(最勝智)를 내어 무위진여(無爲眞如)의 모양이 나타나는 지위입니다. 만법의 연기(緣起)하는 모습〔流轉相〕을 관찰하여 무분별 평등의 지혜를 드러내는 한편, 진여의 무염무정(無染無淨)을 깨달아 무상관(無相觀)을 드러내기에 현전지라 이름하는 것입니다.

유명한 "삼계三界는 허망虛妄한 것으로 다만 한 마음이 지은 것이니, 십이인연분十二因緣分은 모두 마음에 의해 생긴 것이다."(三界虛妄 但是一心作 十二因緣分 是皆依心)란 선언도 여기에서 금강장보살의 입을 통해 나온 말입니다. 금강장보살은 평등법을 가져야 비로소 현전지에 들 수 있다고 했으며 또한 12연기의 깊은 통찰이 강조되고 있습니다.

이 계위는 「입법계품」 가운데 모든 성을 수호하며 더욱 위력을 장양하는 일체성주(一切城主)주야신에 해당하는 지위입니다.

▌원행지(遠行地)

53선지식 가운데 모든 나무의 꽃을 피워 주는 일체수화주(一切樹華主)주야신의 지위에 해당하는 것이 제7 방편바라밀 지혜와 연관된 원행지입니다. 이 7지(七地)는 열심히 노력해서 무상관(無相觀)을 닦아 최후의 자리에 속하고, 세간이나 이승(二乘)으로부터 멀리 떨어져 제8의 청정한 지(地)에 가까이 갔으므로 원행지라고 합니다. 보살이 초지(初地)에서는 발원을 하여 일체 불법에 인연을 맺었고, 2지에서는 마음의 나쁜 때를 제거해 버렸으며, 3지에서는 그 서원이 더욱 증장되어 법이 밝아졌고, 4지에서는 도(道)에 들어갔고, 5지에서는 수순(隨順)하여 세간법을 행하였으며, 6지에서는 깊고 깊은 법문에 들어갑니다. 그런데 이 제7지에서는 일체의 불법을 일으키게 됩니다. 그 의미는 무량한 중생의 성품에 들어가고, 무량한 부처님이 중생을 교화하는 법에 들어가며, 무량한 세간의 성품에 들어가고, 또 중생들에게 들어가도록 하기 때문입니다. 바로 대자비심이 있기 때문입니다.

제7 원행지에서는 10바라밀 중에서 방편바라밀을 닦는데, 보살은 염념(念念) 중에 10바라밀과 10지행을 두루 갖추게 됩니다. 여기서 사실은 보살의 수행은 거의 이루어졌다고 보기도 합니다.

▌부동지(不動地)

한마디로 무너뜨릴 수 없음(不可壞), 이것이 바로 제8지의 특성입니다. 부동지는 마음이 흔들리지 않기 때문에 부동지라는 이름을 갖습니다. 금강장보살의 설법에 의하면, 제8지는 파괴될 수 없으며 이 지에 이르게 되면 무공용(無功用)의 수행이 상속하게 됩니다. 이 지위를 지혜가 전전(輾轉)하지 않는 까닭에 부전지(不轉地)라고 할 수도 있으며, 또 일체 세간이 측량하여 알 수 있는 것(測知)이 아니기에 위덕지(威德地)라고도 합니다. 동시에 색욕(色欲)이 없는 까닭에 동진지(童眞地)라고도 하고, 뜻에 따라 생을 받으므로 자재지(自在地)라고도 하며, 다시 또 짓지 않으므로 성지(成地)라고도 하고, 결정적으로 아는 까닭에 구경지(究竟地)요, 대원(大願)을 발하므로 변화지(變化地)라고 합니다. 그리고 선근을 이미 다 닦았으므로 무공력지(無功力地)라 할 수도 있다고 하였습니다. 유공용(有功用)의 수행이 움직이는 바가 아니기 때문에 바로 부동의 경지라고 부르게 됩니다.

보살이 이 지위에 머물게 되면 몸과 말과 뜻으로 짓는 일이 전부 모든 부처님 법을 모으는 것이며, 원(願)바라밀을 닦게 됩니다. 53선우 가운데 대원 정진의 힘으로 일체중생을 구호하는 일체중생[救護一切衆生]주야신에 해당합니다.

▌ 선혜지(善慧地)

제9 선혜지에서는 가장 훌륭하고 미묘한 무애해지(無碍解智)를 얻어 이타(利他)를 완수하므로 선혜라 이름한다고 할 수 있습니다. 또한 법을 설하는 것이 미묘하고 훌륭하므로 묘선지라 이름합니다. 53선지식 가운데 묘덕이 원만한 룸비니 숲[嵐毘尼林]주야신에 해당합니다.

역(力)바라밀을 닦으며 모든 부처님의 법장(法藏)을 수호하고 무량한 지혜방편과 4무애지(無碍智)로 보살의 설법을 일으킵니다. 이름 그대로 아홉 번째 지위의 이 보살은 훌륭한 지혜를 성취하고 무애행을 이룩한 보살로 4무애지에 따라 수행하게 됩니다. 4무애지란, 첫째 법에 걸리지 않는 지혜〔法無碍智〕, 둘째 뜻에 걸리지 않는 지혜〔義無碍智〕, 셋째 말씀에 걸리지 않는 지혜〔辭無碍智〕, 넷째 기쁜 마음으로 설하여 걸림이 없는 지혜〔樂說無碍智〕 등입니다. 이 설법은 하나의 법문으로 무변한 법의 광명을 설합니다. 한 글귀의 부처님 법문이 무변겁(無邊劫)에 걸쳐 설해지고 다함이 없습니다. 이 보살에게는 부처님의 지력(智力)이 갖추어져 있어 중생들이 좋아하는 음성에 따라 설한다고 합니다.

▮ 법운지(法雲地)

제10 법운지에서는 10바라밀 가운데 지(智)바라밀을 닦습니다. 끝없는 공덕을 구비하고서 중생에게 이익되는 일을 행하는데, 마치 큰 구름이 허공에 거침없이 자재하다고 해서 대자운(大慈雲)이라 합니다. 이 지위는 대법신(大法身)을 증득하여 자재함을 갖추게 됩니다. 그래서 법우(法雨)를 중생들에게 골고루 내려주실 수 있기 때문에 법운지라 일컫습니다.

법운지란 명칭에 관해서 금강장보살은 다음과 같이 말하였습니다.

보살마하살이 법운지에 머무르면 스스로 원력에 따라서 대자비를 일으킨다. 복덕과 지혜가 짙은 구름〔密雲〕이 되어 갖가지 몸을 나툰다. 또 갖가지 빛깔의 구름이 되어 세상을 밝히고 세상의 공포를 없앤다. 또 번개 빛이 되고 천둥소리가 되어 법을 설하고 악마를 항복시킨다. 한 생각〔一念〕을 내는 그 한때에, 수많은 미진세계에 선법과 감로법〔不死의 法〕의 비를 두루 골고루 뿌려, 중생이 무명으로 말미암아 일으킨 번뇌의 불길을 모조리 꺼버린다.

이 지위에서는 해인삼매(海印三昧) 등의 수없이 많은 삼매가 나타납니다. 그리고 이 삼매 속의 보살은 부처님의 미간에서 나온 빛을 받아서 부처의 경지에 오르게 됩니다. 이 지위에 이른 보살은 지혜 중에서 최상의 자재한 힘을 얻어 신변(神變)을 행하게 됩니다. 법운지를 표시하는 선지식으로는 태자비 석가족 구바(瞿波)여인이 이에 해당합니다. 실제의 지경(智境)은 따로 출세간을 구함이 없고, 일체의 경계가 모두 법락(法樂)임을 의미합니다. 즉 10지행은 보리체(菩提體)에는 선후가 없고, 근본 처소를 여의지 않아 초지(初地)와 처소가 같음을 의미합니다.

10현과 6상

화엄의 가르침에서 빼놓을 수 없는 대목이 이 10현(玄)과 6상(相)입니다. 보통 이 10현과 6상을 별도로 이해하고자 하는 시도 역시 의미는 있겠습니다만, 저의 소견으로는 10지와 연관하여 살펴보는 것이 옳다는 의견을 말씀드리고 싶습니다.

10지의 설법에 적용된 10현과 6상은, 그 아래의 10회향에서도, 10신에서도 아울러 적용됩니다. 법계라는 것은 마치 그물과도 같아 하나의 그물코를 손으로 집어 끌어 올린다면 그물 전체가 함께 딸려 오는 것과 같이 긴밀하게 서로 연결되어 있으며 두루 의지해 있습니다.

온 우주 법계는 서로 상의상관의 관계를 가지고 있음과 아울러 인연생기(因緣生起)하는 것입니다. 6상은 체상용(體相用)을 해석하여 평등의 관점〔平等相〕, 차별의 관점〔差別相〕을 제시합니다. 6상은 원융한 것〔六相圓融〕이며, 총별(總別)과 동이(同異)와 성괴(成壞)라는 6상(六相)은 바로 법계의 이치입니다.

환희지를 예로 든다면, 나머지 9지의 모든 뜻과 부처님의 뜻을 거두는 한편, 이 한 국토에서 일체 국토로 들어가는 이치를 지니게 됩니다. 수행자는 환희지의 동별(同別)을 알아야 하며, 나아가 한 국토 가운데 들어가는 전체 국토의 이치를 알아야 합니다. 나머지 9지는 여기에 준하는 것이며, 보물의 그물과도 같은 비유로 설명할 수 있는 것입니다.

지혜에는 표면과 이면이 없습니다. 마치 일체 경계와 법계와 중생계가 평등함과도 같습니다. 본래 일체중생의 마음과 같기 때문입니다. 초지 보살이 이러한 이치를 알기 때문에 대원을 내고 신속히 대지혜와 대자대비한 행을 성취하려고 합니다. 초지에서는 십지의 법과 여래지(如來地)의 법을 두루 배우게 되는데, 결정적인 이유가 바로 총별과 동이와 성괴 등의 6상법문을 모두 구체적으로 알기 때문입니다.

초지의 수행을 대표로 들었지만, 10지의 수행 전체로 볼 때, 지혜의 작용이 하나의 지위마다 모두 각각 수승하므로 이를 별상(別相)이라 칭합니다. 그리고 근본지를 여의지 않고 삼세가 일념에 이르게 되면 이를 일러 총상(總相)이라 합니다. 그리고 마음으로 수행함에 일체 경계가 자체로 조작함이 없는 것입니다. 그래서 이를 일러 동상(同相)이라 합니다. 하나하나의 지위에서 차례로 업장을 청정하게 하는 한편, 지혜의 신묘한 작용을 더욱 밝히게 되니 이를 일러 성상(成相)이라 합니다. 10지의 지위 하나하나에서, 수행할 때의 과정과 그 행함과 이루어짐과 보리와 열반 등의 일체 모든 일을 보지 않으면 이를 일러 괴상(壞相)이라 합니다.

또한 사람의 몸에 눈과 귀, 혀, 몸, 손발과 팔다리가 함께 하나의 몸으로 이루어지니 이를 가리켜 총상이라 하고, 마음이 작용에 따라 같지 않으므로 별상이라 합니다. 이 모두가 4대(四大)인 땅과 물, 불과 바람으로 이루어진 것이기에 일컬어 동상이라 하고, 6근의 용도가 각각 같지 않기에 이를 이상이라 합니다. 업을 의지하여 몸을 이루었기에 일컬어 이를 성상이라 하고, 일체의 모든 법이 주재자도 없고 조작하는 자도 없기에 허공과 같으므로 이를 괴상이라 합니다.

▌6상(六相)

만유는 시간적으로 공간적으로 서로 간에 상의상관의 관계를 가지고 인연생기(因緣生起)하는 것입니다. 6상은 체상용(體相用)을 해석[總/別釋]하여 평등의 관점[平等相, 總同成], 차별의 관점[差別相, 別異壞]을 제시합니다.

6상은 원융한다는 것[六相圓融]은 법계의 이치입니다. 그

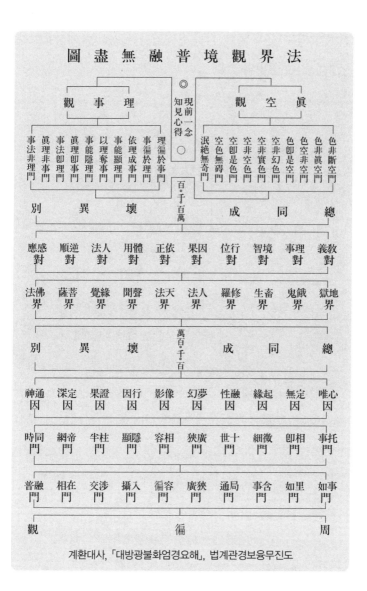

法界觀境普融無盡圖

| 觀理事 | ◎ 現前一念 知見心得 ◎ | 觀眞空 |

観理事

理偏於事門 | 事偏成理門 | 依理成事門 | 事能顯理門 | 以理奪事門 | 事能隱理門 | 眞理即事門 | 眞理顯理門 | 事法即理門 | 眞理非事門 | 事法非理門

百．千百萬

観眞空

泯絶無寄門 | 空色無碍門 | 空卽是色門 | 空非空色門 | 空非實色門 | 色卽是空門 | 色空非幻色門 | 色空非眞空門 | 色非眞空門 | 色非斷空門

| 別 | 異 | 壞 | | 成 | 同 | 總 |

| 應感對 | 順逆對 | 法人對 | 用體對 | 正依對 | 果因對 | 位行對 | 智境對 | 事理對 | 義教對 |

| 法佛界 | 薩菩界 | 覺緣界 | 聞聲界 | 法天界 | 法人界 | 羅修界 | 生畜界 | 鬼餓界 | 獄地界 |

| 別 | 異 | 壞 | | 成 | 同 | 總 |

萬百．千百

| 神通因 | 深定因 | 果證因 | 因行因 | 影像因 | 幻夢因 | 性融因 | 緣起因 | 無定因 | 唯心因 |

| 時同門 | 網帝門 | 牟柱門 | 顯隱門 | 容相門 | 狹廣門 | 世十門 | 細微門 | 卽相門 | 事托門 |

| 普融門 | 相在門 | 交涉門 | 攝入門 | 徧容門 | 廣狹門 | 通局門 | 事舍門 | 如里門 | 如事門 |

| 觀 | 徧 | 周 |

계환대사, 「대방광불화엄경요해」, 법계관경보융무진도

전제가 되는 것이 바로 흔히 우리가 이야기하는 체상용이라는 3대(三大)입니다.

---

1. 총별(總別)
: 제법의 체(體) —— 이룩된 면에서 총(總)이고, 이루어주는 면에서 별(別)

2. 동이(同異)
: 제법의 상(相) —— 서로 협력하여 조화된 면에서 동(同), 서로 간에 다른 면에서 이(異)

3. 성괴(成壞)
: 제법의 용(用) —— 연기의 작용이 이루어진 것은 성(成), 각기 본성을 지닌 면에서 괴(壞)

그런데 이 3대라는 것이 평등(平等, 圓融)과 차별(差別, 行布)이라는 측면으로 관찰해 보니 결코 따로 존재하는 것이 아니라는 것〔相卽相入〕입니다.

체대(體大)	平等(圓融)
	差別(行布)
상대(相大)	平等(圓融)
	差別(行布)
용대(用大)	平等(圓融)
	差別(行布)

모든 존재는 6상을 갖추어 서로 무애자재하고 상즉상입하여 연기상(緣起相)을 이룩해 나갑니다. 이것을 화엄에서는 사사무애한 법계의 10현연기라 합니다.

평등(平等, 圓融)과 차별(差別, 行布)은 결코 둘로 따로 존재하는 것이 아니고 상즉상입(相卽相入)입니다. 일체는 10현과 아울러 6상을 갖추고 있으며, 서로 무애자재하고 상즉상입하여 총기상(緣起相)을 이룩해 나갑니다. 이것이 사사무애한 법계의 10현연기의 원리가 됩니다.

덧붙여 인문6의(因門六義)에 대해 말씀드리겠습니다. 인(因)이 되는 모든 것은 현상으로서는 나타나 있습니다. 이를 '유(有)'라 표현한다면, 현상도 불변의 자성(自性)이 없기에 또한 '공(空)'이라 표현할 수 있습니다.

인(因)은 공의 측면에서는 보아도 세 가지 의미〔三義〕, 유(有)의 면에서 보아도 세 가지 의미가 되기에 6종〔因門六義〕으로 분류하여 인과 연의 관계를 인유력부대연(因有力不待緣), 인유력대연(因有力待緣), 인무력대연(因無力待緣) 등으로 설명하기도 합니다.

因門六義	因有力	空有力不待緣 = 因生	① 연연의 화합에 의해 현상으로 나타나 있으니 현상적으로 볼 땐 엄연히 있는 것이다.
		有有力不待緣 = 因生	② 이렇게 모든 것은 인연의 화합에 의해 생기되는 것이기에 본체적인 면으로 볼 때 자성이 없는 것이다.
		空有力待緣 = 因緣生	③ 모든 법은 본래 불변의 자성이 없기 때문에 인연의 화합과 이산으로 생성소멸되는 것이다.
		有有力待緣 = 因緣生	
	因無力	空無力待緣 = 緣生	④ 인연에 의해 생성되고 소멸되는 모든 법은 본래 불변의 자성이 없는 것이니, 본래 불변의 자성이 있다면 인연에 의해 생성소멸될 수 없기 때문이다.
			⑤ 모든 법은 본래 변하지 않는 자성이 없다.
		有無力待緣 = 緣生	⑥ 인연에 의해 생성되고 소멸되며 계속적인 변화 속에 존재하고 있는 것이다. 有 즉, 인연에 의해 생성되고 소멸되는 것은 곧 불변의 자성이 없다는 것.

▌10현연기무애법문(十玄緣起無礙法門)

화엄의 가르침에서는 온갖 법이 낱낱이 고립된 존재가 아니고, 낱낱이 하나를 취하면 어느 것이든지 모두 전일(全一)의 관계가 있다고 보고 있습니다. 이러한 내용을 열 가지 부문으로 관찰하여 말하는 것을 10현문이라 일컫습니다. 여기에 신·구의 구별이 있는데, 지상대사 지엄(智儼)이 세운 것을 구(舊)10현 혹은 고(古)10현이라 하고, 당나라의 현수대사 법장(法藏)은 「오교장(五敎章)」에서 이것을 계승하고, 「탐현기」 제1권에 표시한 것을 신(新)10현이라 합니다.

여기서 잠시 현수대사의 생애를 살펴볼 필요가 있겠습니다. 스님의 원래 성씨는 강(康)으로 조상은 서역의 강거국(康居國) 출신이고, 할아버지 때부터 중국의 장안에서 살았습니다. 일찍이 신라 화엄종의 초조인 의상(義湘)스님과 더불어 지엄(智儼)스님에게서 화엄종의 교학을 사사하여 중국 화엄종의 제3조가 되었으며 이 종파의 교리를 집대성했습니다. 서역의 언어와 산스크리트 경전에 능통했기 때문에, 의정(義淨)스님의 역경작업에 참여하여 여러 대승경전을 한역하였습니다. 17세에 태백산에 들어가 수년 동안 경론을 연구한 뒤, 다시 낙양에서 지상대사에게 『화엄경』 강의를 들었고, 스승의 사후에 그 법을 깊이 수호하게 됩니다. 28세에 출가하여 여러 번 『화엄경』을 강설하였으며, 53세 때에 인도 스님 실차난타(Śikṣānanda, 實叉難陀)삼장이 우전(Ku-stana, 于闐), 즉 오늘날의 코탄Khotan[和闐]에서 『화엄경』을 가지고 와서 번역할 때 도와 5년 만에 마친 것이 『80화엄경』입니다. 699년 10월에는 측천무후(則天武后)의 요청으로 『80화엄경』의 강설을 진행하니 현수라는 호를 받고, 이로부터 무후의 존경을 두터이 받았으며 70세를 일기로 입적합니다. 스님은 『화엄경』에 관한 최고의 권위자였으며, 그 명성으로 인해 황궁에서 열리는 법회에 자주 초청되어 설법했습니다. 특히 불교의 가르침을 소승교(小乘敎)·대승시교(大乘始敎)·대승종교(大乘終敎)·돈교(頓敎)·원교(圓敎) 등의 5교로 분류하였습니다.

이 가운데 소승교를 다시 여섯으로 나누고 여기에 나머지 4교를 더하여 10종(十宗)으로 분류한 5교10종의 교상판석(敎相判釋)을 세웠습니다. 그가 집대성한 화엄사상의 요체는 모든 현상적인 존재들이 서로 끊임없이 연관되어 있으며, 그대로가 바로 불성의 드러남이라고 하는 법계연기(法界緣起)의 사상입니다.

그런데 이 법계연기의 세계는 고정되어 있는 구조로 되어 있는 것이 아니라, 모든 존재가 각자 영역을 지켜 서로 엇갈리거나 뒤섞임이 없이 잡다한 가운데서도 질서를 지키고 정연하게 조화를 유지해 가면서 연기하고 있는 우주 만법의 세계입니다. 동시에 만법 그대로가 상호 인과관계를 유지하면서 존재하고 있는 현실적 모습 그대로의 연기실상(緣起實相)이라는 뜻이 됩니다. 우주만유는 시간과 공간에 걸쳐 서로가 상호 의존하면서 짝이 되어, 원융무애하고 상즉상입하며 서로의 특질을 유지하면서 또한 연기합니다. 이를 열 가지의 범주, 즉 10현이라 합니다.

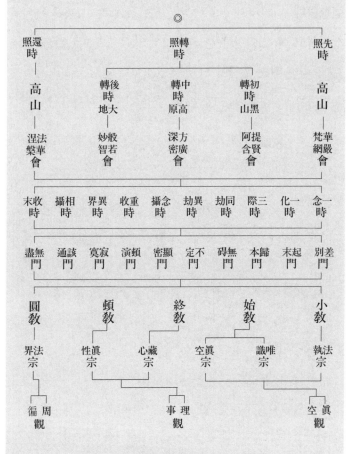

계환대사, 「대방광불화엄경요해」, 현수시의교판도

이 10현문은 화엄학에서 매우 중요한 내용입니다. 10현연기무애법문(十玄緣起無礙法門)이라 하고 줄여서 10현(十玄)이라 칭합니다. 여기서의 '10(十)'은 만수(滿數) 즉, 가득찬 숫자를 상징하고 현(玄)이란 깊은 진리(深玄)의 뜻으로, (존재가 서로 서로) 걸림이 없는 법문이 되겠습니다. 현수 법장스님의 저서(華嚴經探玄記, 권1)에 있는 10현문의 뜻을 간추려 보겠습니다.

1. 동시구족상응문(同時具足相應門)

10현문의 총설이라고 할 만한 부분입니다. 시간과 공간이 더불어(同處同時) 구족하여 드러나는 무진연기의 총체적인 모습을 밝힌 것입니다. 동시에 구족하여 상응한다는 것은, 법계의 사물은 시·공간적으로 독립적으로 존재하는 것은 없고 동시에 서로가 나눌 수 있는 관계가 아님을 의미합니다. 마치 둥근 거울에 시방의 삼라만상이 다 비추임과 같습니다.

2. 일다상용부동문(一多相容不同門)

하나(一)와 다수(多)가 서로 용납하나 같지 않은 법문입니다. 존재는 서로 용납하고 섭입(攝入)하여도, 장애되지 않고 하나하나 그대로의 본성을 가지고 있습니다. 비유해 본다면 한 방에 100개의 등을 켰을 경우, 그 불빛이 제각기 방안에 가득 차게 됩니다. 그 불빛 하나하나는 빛을 두루 펼치지만 서로 간에 걸림이 없습니다.

3. 제법상즉자재문(諸法相卽自在門)

일체의 모든 법은 원융하고 무애하고 자재합니다. 이 법문의 요체는 모든 법이 상즉(相卽)하여 자재하다는 것입니다. 그래서 마치 호수에 한 물결이 없으면 전체의 물결이 없음과 같습니다. 그리고 전체의 물결이 없으면 한 물결도 없는 것과 같습니다. 따라서 하나가 없으면 일체가 없다는 뜻에서 일즉일체(一卽一切), 전체가 없으면 하나가 없다는 뜻에서 일체즉일(一切卽一)이라고 표현합니다.

4. 인다라망경계문(因陀羅網境界門)

인다라망[帝釋網]이란 제석천에 있는 보배로 된 그물입니다. 제망의 영상이 겹겹으로 서로 들어가도 걸림이 없는 문이 되겠습니다. 날줄과 씨줄이 서로 조화를 이루어 그물을 만들고 작용하듯이, 이 법계라는 것도 역시 그러합니다. 법계의 그물은 낱낱의 그물코마다 보주를 달고 있는데, 그 보주는 다른 모든 그물코에 달려 있는 보주의 영상을 비추게 됩니다. 보배 구슬 속에 우주의 그물 전체가 비춰지니 하나의 존재에 우주의 모든 이치가 담겨 있는 도리를 설명합니다.

5. 미세상용안립문(微細相容安立門)

미세하게 서로 받아들여 안립(安立)하는 법문입니다. 하나는 전체를 용납하고 전체는 능히 하나를 용납하는 융통 무애함입니다. 일과 다는 현상 그대로를 깨트리지 않고 그대로 일체의 관계를 가지기에 모든 것은 하나도 개성을 파괴하는 일이 없이 안립하게 되는 것입니다. 미세상용이란 결국 하나와 전체가 상즉상입함이 미세하면서도 서로 용납하여 무애하는 의미가 됩니다.

6. 비밀은현구성문(秘密隱現俱成門)

하나의 사물을 여러 방면으로 관찰하여 경우에 따라 한 면이 숨어 다른 면이 나타납니다. 각 방면이 동시에 서로 대립하므로 각 방면이 은밀하게 드러나게 되는 것입니다. 예컨대 금으로 만든 사자상을 관찰할 때, 사자를 보면 금은 숨게 된다고 할 수 있고, 금을 보면 사자가 숨게 된다 할 수 있고, 금과 사자를 동시에 보면 금과 사자가 동시에 함께 이루어져 드러난다고 할 수 있습니다.

7. 광협자재무애문(廣狹自在無碍門)

일체의 제법 작용이 넓고 좁음에 자재하여 걸림이 없습니다. 한 사물의 역량이 일체에 두루하여 제한이 없으면 광(廣), 일체에 두루하면서 자리를 잃지 않는 것이 협(狹)이라 할 수 있습니다. 보살이 보시 수행할 때, 그 수행 측면에서 다른 나머지 바라밀을 모두 갖추게 됩니다. 그러나 모두 갖추게 된다 하더라도 다른 실천행과 뒤섞여 없어지거나 감쇠되는 것은 아닙니다.

8. 십세격법이성문(十世隔法異成門)

과거와 현재와 미래, 즉 삼세를 다시 셋으로 세분하면 구세가 되는데 여기에 이를 총괄하는 일념(一念)을 더하여 십세로 삼습니다. 그런데 이 십세의 법은 시간적으로 비록 선후의 차별이 있지만 결국 통틀어 본다면 일념에 지나지 않습니다. 따라서 원융하여 서로서로 사무치게 들어가는 법문이며 원융자재하여 상즉상입하되 각기 전후 장단의 각별한 모양을 잃지 않는(異成) 특질이라 할 수 있습니다.

9. 탁사현법생해문(託事顯法生解門)

차별의 현상계(事)를 의지(託)하여 법을 나타내 사람들에게 요해(了解)하는 지혜를 낸다는 뜻으로 현상계 그대로가 진리입니다. 상즉상입하는 무애자재한 연기실상의 법문은 깊고 미묘하여 알기 어렵지만 연기의 실상은 깊고 먼 곳에 따로 있는 것이 아니라 현상계 어디에나 연기의 실상이 아님이 없습니다. 이 법문의 요체는 결국, 오직 지혜로써 같고 다름(同

別)에 자재하는 법계의 측면을 강조한 것일 수 있습니다.

10. 주반원명구덕문(主伴圓明具德門)

무진연기의 실상을 주반으로 나누어 보는 법문입니다. 여기서 주반이란, 연기하는 모든 존재라는 것은 결국 홀로 독립되어 생기는 것이 아니라 서로 상의하는 관계 속에 짝을 지어 생성변화되며 한마디로 요약해 법계임을 의미합니다. 어느 한 법을 주로 하면 다른 법이 그 짝(伴)이 되어 따르며, 또 다른 법을 주(主)로 하면 먼저 주(主)가 되었던 법은 다시 짝 중의 하나가 되어, 서로가 주가 되고 짝이 됩니다.

현수 법장스님이 세운 이 10현문과 비교하여 화엄 2조인 지상 지엄이 세운 10현문(玄門)을 고십현(古十玄)이라 한다고 앞서 말씀드렸는데, 참고로 지엄스님의 호는 운화(雲華), 또 지상존자(至相尊者)이며 속성은 조(趙) 씨입니다. 12세에 두순(杜順)스님의 문하에 들어가고, 14세에 출가합니다. 지정(智正)에게서 『화엄경』을 배우다가 별교일승(別敎一乘)의 깊은 뜻을 알게 되고, 이후 뒤를 이어 종남산(終南山) 지상사(至相寺)에 머물면서 가르침을 폈기에 지상대사(至相大師)라 하며 69세를 일기로 입적하였습니다.

등각 · 묘각의 법문〔인행과 불과의 원만함〕

제7회 설법에서 등각지는 인행이 원만함을 나타냅니다〔因

			『60화엄경』	『80화엄경』			
제6회 설법	마니보전	천상설법	·	27 십정품	지상설법	보광명전	제7회 설법
			23 십명품	28 십통품			
			24 십인품	29 십인품			
			25 심왕보살문아승지품	30 아승지품			
			36 수명품	31 여래수량품			
			27 보살주처품	32 보살주처품			
			28 불부사의법품	33 불부사의법품			
			29 여래상해품	34 여래십신상해품			
			30 불소상광명공덕품	35 여래수호광명공덕품			
			31 보현보살행품	36 보현행품			
			32 보왕여래성기품	37 여래출현품			
* 제22십지품 – 제6회 설법〔천상〕				* 제26십지품 – 제6회 설법〔천상〕			
등각 · 묘각 : 방광 – 佛放眉口二光 / 삼매 – 佛自住刹那際三昧							

相〕. 그리고 묘각지는 불과가 원만함을 의미합니다〔果相〕.

그때 여래께서 스스로 머무시는 찰나제 삼매에 드셨는데, 처음에 방광하지 않다가 「여래출현품」에 두 종류의 방광을 하니 미간에서 방광을 하여 묘한 덕을 보태고, 또한 입에서 광명을 놓아 보현에 가피하십니다.

1. 등각지 - 인행이 원만함을 표시

십정품 제27	—— 작용이 넓고 큼(선정의 작용)
십통품 제28	—— 작용이 넓고 큼(신통의 작용)
십인품 제29	—— 지혜의 심오함
아승지품 제30	—— 수승한 덕의 무수함(전부 불보살의 덕)
여래수량품 제31	—— 모든 때를 다함(부처님의 덕을 나타내고 보살을 밝힘)
보살주처품 제32	—— 온갖 곳에 두루함(오직 보살의 덕을 밝힘)

2. 묘각지 - 불과가 원만함

불부사의법품 제33	—— 덕, 총괄적으로 부처님 덕의 본체와 작용

여래십신상해품 제34	— 상, 개별적으로 수승한 덕의 형상
여래수호광명공덕품 제35	— 호, 개별적으로 수승한 덕용의 이익
보현행품 제36	— 인행을 밝힘
여래출현품 제37	— 불과를 밝힘

이 설법에서의 설법 주체는 다음과 같습니다.

부처님	아승지품(30품)·여래수호광명공덕품(35품)
심왕보살	여래수량품(31품)·제보살주처품(32품)
청연화장보살	불부사의법품(33품)
보현보살	십정품(27품)·십통품(28품)·십인품(29품)·여래십신상해품(34품)·보현행품(36품)·여래출현품(37품)

특히 「여래출현품」에서 세간을 벗어나거나 세속에 들어가는 것이 원만한바, 그 이유로 문수보살은 세간을 벗어나는 지혜를 주도하고, 보현은 세속에 들어가 행이 두루함을 주재하기 때문입니다. 이 품에서 두 행이 원만하기 때문에 두 사람으로 하여금 스스로 서로 문답하여 이 여래출현의 부문을 설하게 하며 예부터 익히 불도를 수행하는 많은 이들에게 깊은 지혜를 선사했던 부분이기도 합니다.

설처(說處) ── 중회보광명전(重會普光明殿)

설주(說主) ── 보현보살(普賢菩薩)

법문(所說) ── 등묘각법문(等妙覺法門)

삼매(三昧) ── 불자주찰나제삼매(佛自住利那際三昧)

* 설법장소 : 『80화엄경』에서는 보광법당중회 보광명전

『60화엄경』에서는 타화천궁회 마니보전(타화자

재천궁)

『60화엄경』에서는 타화자재천궁의 마니보전, 타화천궁회
이며 제6회 설법에 해당합니다. 『80화엄경』의 제7회 보광명
지에 의한 보광명전 설법으로, 법문의 내용은 등묘각법문입
니다. 설법의 주체로는 「십정품」·「십통품」·「십인품」은 보
현보살, 「아승지품」은 세존, 「여래수량품」·「보살주처품」은
심왕보살, 「불부사의품」은 보현보살, 「여래십신상해품」은 보
현보살, 「여래수호광명공덕품」은 세존, 「보현행품」·「여래
출현품」은 보현보살 등입니다.

원래 등각(等覺)이라는 말의 의미는 부처님의 다른 이름입
니다. 완전히 같다고 보아서는 안 되겠지만, 부처님의 경지

와 준할 수 있다고 보는 것입니다. 조금 자세히 설명하면, 여기서의 '등(等)'이란 평등, '각(覺)'은 각오(覺悟)의 뜻입니다. 모든 부처님께서 깨달은 바는 한결같이 평등하기에 등각이라 칭하게 됩니다. 그래서 등각위는 예로부터 등정각(等正覺)이라고도 표현합니다. 등정각(samyaksabuddha 혹은 buddha, 等正覺)은 부처님 10호(號)의 하나입니다. 삼먁삼불타(三藐三佛陀)라 음역합니다. 정등각(正等覺)·정변각(正遍覺)·정변지(正遍智)라고도 번역하는데, 부처님은 평등한 정리(正理)를 깨달았으므로 이같이 부르게 됩니다. 보살의 수행에서 10신·10주·10행·10회향·10지까지가 50계위라면, 이 등각위는 제51위(位)에 해당합니다.

다른 이름으로는 금강심(金剛心)·일생보처(一生補處)·유상사(有上士) 등이 있습니다. 이는 보살 계위 가운데 극위(極位)로서 그 지혜가 만덕(萬德) 원만한 부처님과 대개 같다는 뜻으로 등각이라 하는 것입니다. 그렇지만 '등(等)'은 평등의 뜻 이외에도 등급(等級)의 뜻을 부여하기도 합니다. 이 보살의 깨달음(覺)은 부처님의 묘각(妙覺)까지 아직 한 등급이 남아 있다는 의미로 여겨지기도 합니다.

그리고 묘각(妙覺)은 불과(佛果)를 의미하는데, 보살 수행의 마지막 지위입니다. 등각위에 있는 보살이 다시 1품의 무명을 끊고 이 지위에 들어가게 되는 것입니다. 풀이하자면 온갖 번뇌를 끊어 버린 부처님의 자리가 되겠습니다.

『80화엄경』을 연구한 내용 가운데 「십정품」부터 「여래출현품」까지의 11개 품에 대해 청량 징관대사는 앞의 6품을 등각(因의 圓滿)으로, 뒤의 5품을 묘각(果의 圓融)으로 나누었습니다. 이통현 장자는 「십정품」부터 「십인품」까지의 3개 품을 11지 혹은 등각위의 법문으로 해석하였습니다.

「여래출현품」에서 비로자나부처님은 미간에서 나온 광명을 펼치셔서, 이로 인하여 문수보살에게 불과의 법을 묻게 하시고, 한편으로는 입 속의 광명으로 보현보살에게 부처님의 출현을 설하게 하는 대목이 있습니다. 이 부분을 유통과 부촉이라 본 것이 이통현 장자의 관점이고, 현수스님과 법장스님은 모두 「입법계품」으로 꼽았습니다.

여기서 잠시 청량 징관스님에 대해 알아보겠습니다. 이 어른은 화엄종 제4조인데, 자는 대휴(大休), 속성은 하후(夏侯)입니다. 청량산에 있었으므로 청량대사라 보통 호칭합니다. 14세 승려가 된 이래 계율과 삼론종을 수학하였으며, 남종선과 북종선 모두를 폭 넓게 배우는 한편 불교의 교학과 여러 학문에 밝았던 분입니다. 특히 「기신론」· 화엄교학을 법장(法藏)스님과 법선(法詵)스님에게, 천태교학을 담연(湛然)스님에게 배웠습니다. 이런 까닭에 스님의 저작에서는 화엄과 천태의 융합된 사상과 술어들이 상당수 사용되기도 합니다.

주로 화엄교에 관한 저술과 종의(宗義)를 밝혀 넓히기에 노력하였는데, 법장스님의 사후, 제자인 혜원(慧苑)스님이 스승의 학설과 다른 의견을 펴는 것에 대한 통렬한 비판을 시도하기도 합니다. 이를 위해 5교의 교판을 확실히 하며, 4종 법계의 성기설(性起說)을 치밀하게 조성하여 제시합니다.

동시에 선종과의 융화를 시도하여, 교선일치론(敎禪一致論)의 기초를 마련하였으며, 796년(당 정원 12) 반야삼장이 40권 『화엄경』을 번역하는 데 참여하기도 합니다. 이후 당나라의 헌종은 '대통청량국사(大統淸凉國師)'라는 칭호를 드렸고, 839년(당 개성 4)에 나이 102세로 입적하였습니다(기록에 따라 나이 70여 세로 입적하였다고도 합니다). 저서로는 「화엄경주소(華嚴經註疏)」·「화엄경수소연의초(華嚴經隨疏演義鈔)」·「화엄경강요(華嚴經綱要)」·「화엄현담(華嚴玄談)」·「화엄약의(華嚴略義)」·「법계현경(法界玄鏡)」·「삼성원융관(三聖圓融觀)」 등 4백여 권이 있습니다. 법을 전한 제자 1백여 인 가운데, 특히 뛰어난 종밀(宗密)·승예(僧叡)·보인(寶印)·적광(寂光) 스님을 4철(哲)이라 지칭합니다.

본론으로 돌아가, 앞서의 여러 품을 통해 설법된 바를 정리하면, 10신은 보살의 믿음(信), 10주는 보살의 지(智), 10행은 보살의 행(行), 10회향은 보살의 원(誓願), 10지는 보살의 지(地海)라 요약할 수 있습니다. 여기에 이 등각을 11지로 본다면 이 계위는 보살의 출리(出離)라 하겠습니다.

10신의 법문은 지상법문입니다. 그리고 10주 법문부터는 천상설법이고, 등·묘각의 설법을 『60화엄경』은 천상에서 『80화엄경』은 지상에서 설법한다고 여기고 있습니다. 『60화엄경』의 경우 10주와 10행, 10회향, 10지와 11지(等覺)의 법문을 설하는 데 있어 모든 천상에서 설법된다고 봅니다. 특히 이 대목에서, 『80화엄경』의 경우 등·묘각 설법이 행해지는 제7회 설법을 지상의 보광명전에서 설한다고 여기지만, 동시에 천상에서도 두루 용융되어 있고 일시에 모든 지위를 설법한 것이라 보고 있습니다.

화엄의 각 품에 대해 『80화엄경』에서는 39개의 품, 『60화엄경』에서는 34개의 품, 이통현 장자의 경우 「보현행원품」을 더하여 40개의 품으로 분류합니다. 그런데 우리가 알아야 할 것은 그것이 34개든 39개든 40개든 간에, 각 품은 시간적으로 앞과 뒤가 없이 일시에 설해진 수승한 법문입니다. 받아들이는 중생의 근기가 각자 다르기에 이해한 내용까지 다르게 됩니다. 그래서 설법의 시간과 공간이 모두 상호간에 융융되어 이루어진 것이지만, 받아들이는 근기의 차이에 의해, 각자 다른 장소와 다른 시간에 의해 구현되고 또 각자 다르게 이해되며, 각자 다른 내용과 형식으로 그들이 교화되는 것입니다. 그렇기에 1승은 물론이거니와 2승과 3승에 이르기까지 모두 단번에 설법된 것이되 다르게 이해된다고 보시면 되겠습니다.

10지는 출세간을 구하는 습성이 강합니다. 그래서 세간의 생사 경계에서 작용을 하게 됩니다. 그렇기에 시방세계에 대하여서는 자재함이 11지와 같지 못합니다. 즉 11지는 10지 가운데 출세간의 청정한 마음을 역설적으로 버리게 하여, 원융무애한 자비심을 일으키며, 중생을 구제하고자 하는 시방의 모든 부처의 작용을 함께하기에 부처님의 체성과 같게 됩니다. 11지(十一地)란 곧 등각의 지위입니다. 10지까지의 보현행은 자리와 이타의 마음이 있습니다. 그래서 출세간의 해탈을 구하는 마음이 보다 치성하며, 11지의 보현행은 자기의 해탈을 구하기보다 오로지 중생을 이롭게 하는 실천행입니다. 10신 이후로부터 11지에 이르는 지위는 세간을 벗어나는 차별지를 성취하는 단계입니다. 그래서 보현행을 통해 법신과 근본지를 성취합니다. 그런데 이 11지에서는 오로지 중생들의 생사계 속에 임하여 보현문을 성취하는 것으로 그 성취를 삼게 됩니다.

다시 말해 10지를 뛰어넘으므로 11지가 되지만, 이 경지의 보살은 세속에 다시 들어가야 하는 것입니다. 즉 널리 중생을 이롭게 하는 요익중생(饒益衆生)의 실천을 하며 인연에 따라도 장애가 없는 수행이 바로 11지의 요체입니다. 10신부터 10주와 10행, 10회향과 10지는 스스로 이미 보현행을 실천하여 해탈과 대비와 지혜를 구합니다. 그러다 보니 아무래도 세간을 벗어나서 출세간의 마음을 닦기에 부처님의 도를 성취하여 원만하게 되지만, 11지의 보현행은 오로지 세간에 잘 들어가서 세간을 벗어나는 불과가 없이 중생을 구제하는 것입니다.

십정품(十定品)

이때 부처님께서 보광명전(마가다국 보리도량)에서 모두가 손가락 퉁기는 순간에 몰록 원만한 삼매인 '찰나에 드는 삼매〔刹那際三昧〕'에 들어갑니다. 무수히 많은 세계의 일체 보살들이 부처님을 친견하고 찬탄할 때에 보안보살은 부처님의 신력을 받들어 자리에서 일어나 오른 어깨를 드러내고 오른 무릎을 땅에 대고 합장하고 여쭈었습니다.

"세존이시여, 보현보살과 보현의 행과 서원에 머무른 보살들이 얼마나 많은 삼매와 해탈을 성취하였기에 보살의 여러 가지 큰 삼매에 들기도 하고 나기도 하며 혹은 편안히 머물기도 하며, 보살의 부사의한 넓고 큰 삼매에 잘 들어가고 나옴으로써 모든 삼매에 자유로우며 신통과 변화가 쉬지 않나이까."

부처님이 말씀하시었다.

"착하다. 보안이여, 그대가 과거와 미래와 현재의 보살들을 이익케 하려고 이런 이치를 묻는 것이로다.

보안이여, 보현보살이 지금 여기 있나니, 이미 헤아릴 수

없는 자유로운 신통을 성취하여 모든 보살의 위에 뛰어났으므로 만나기 어려우며, 한량없는 보살의 행으로부터 났으며, 보살의 큰 서원을 이미 깨끗이 하였고, 수행하는 행은 모두 물러나지 아니하며, 한량없는 바라밀다문과 걸림없는 다라니문과 다하지 않는 변재의 문을 모두 얻어서 청정하여 걸림이 없으며, 크게 어여삐 여기므로 일체중생을 이익케 하고 본래의 원력으로 오는 세월이 끝나도록 게으름이 없느니라. 그대는 청하라. 그 보살이 그대에게 삼매와 자유로운 해탈을 말하리라."

그때 모였던 보살들은 보현보살에게 존중하는 마음을 내고 사모하여 뵈옵고자 하여 모인 대중을 두루 관찰하였으나 뵈올 수도 없고 앉은 자리도 볼 수 없었습니다. 보안보살이 보현보살이 어디에 있는지를 부처님께 여쭙자 부처님께서는 다음과 같이 말씀하십니다.

"보안이여, 보현보살은 지금 이 도량에 모인 대중 가운데서 나에게 가까이 있으면서 조금도 이동하지 않았느니라. 그대들이 보현보살을 보지 못함은, 보현보살의 머문 데가 매우 깊어서 말할 수 없기 때문이니라. 보현보살은 그지없는 지혜 문을 얻고 사자의 위엄 떨치는(獅子奮迅) 삼매에 들었으며, 위없이 자유로운 작용을 얻어 청정하기 그지없는 즈음에 들어갔고, 여래의 열 가지 힘을 내어 법계 갈무리로 몸을 삼았으며, 일체 여래가 함께 두호하여 잠깐 동안에 세 세상 부처님들의 차별 없는 지혜를 증득하였으니, 그러므로 그대들이 보지 못하느니라.

불자들이여, 그대들은 다시 보현보살에게 절하고 은근하게 청하라. 또 지성으로 시방을 관찰하고 보현보살이 앞에 있는 줄로 생각하며, 이렇게 생각하여 법계에 두루하되 깊은 마음으로 믿고 이해하여 모든 것을 여의며 보현보살로 더불어 행과 원이 같아서 둘이 아닌 진실한 법에 들어가며, 몸이 일체 세간에 나타나서 중생들의 차별된 근성을 다 알고 온갖 곳에서 보현의 도를 모으기를 서원하라. 만일 이러한 큰 소원을 일으키면 마땅히 보현보살을 보게 되리라."

보현보살이 해탈과 신통의 힘으로 마땅하게 형상 몸을 나타내어 연꽃 자리에 앉았음을 보게 합니다. 다른 모든 세계의 여러 부처님 계신 데서 차례차례 계속하여 오는 것을 보게 하며, 부처님들 계신 데서 다른 여러 보살의 행을 연설하고 온갖 지혜를 열어 보이며, 모든 보살의 신통을 밝히고, 모든 보살의 위엄과 공덕을 분별하며 세 세상의 모든 부처님을 나타냄을 보게 하였습니다.

이 품의 이름 가운데서 10정의 '정(定)'은 삼매를 뜻합니다. 구체적으로 화엄삼매(華嚴三昧)를 의미합니다. 10은 가장 원만한 수로 보현의 깊은 선정의 묘한 작용이 끝이 없음을 뜻합니다. '정'은 마음을 한 경계에 집중하는 것이기에 '10정'이라 합니다. 이 품에서는 부처님께서 10정의 이름을 설하시고 이어 보현보살이 그 위신력을 입어 10정의 묘용(妙用)을 설하게 됩니다.

경에서 삼매는 '여러 보살의 법상(法相)의 문'이며, '여러 보살의 깨닫는 문'이며, '갖가지 지혜의 길'이라 하였습니다. 그리고 '법의 드높은 깃발의 문'이며, '보현보살의 행과 원의 문'이며, '용맹한 신통과 서원의 문'이며, '모든 것을 다 지닌 변재의 문'이며, '삼세의 모든 법의 차별한 문'입니다. 삼매는 '모든 보살들의 나타내는 문'이자 '일체중생을 차례차례 건립하는 문'이자, '부처님의 신통으로 일체 세계를 장엄하는 문'입니다. 연하여 경에서는 보살이 드는 삼매의 공덕과 신통을 말씀하십니다.

보통 삼매(samādhi, 三昧)는 삼마제(三摩提·三摩帝)·삼마지(三摩地)로 표현하며, 정(定)·등지(等持)·정수(正受)·조직정(調直定)·정심행처(正心行處)라 번역합니다. 그 뜻은 산란한 마음을 한 곳에 모아 움직이지 않게 하며, 마음을 바르게 하여 망념에서 벗어나는 것입니다. 이 품에서는 부처님께서 스스로 밝히신 열 가지 선정은 모든 부처님의 항상한 법이기에 다섯 계위의 보살들로 하여금 다 같이 얻게 합니다.

- 보광(普光)삼매
  - 두루한 광명의 큰 삼매, 두루 펼치는 광명의 대삼매
- 묘광(妙光)삼매
  - 미묘한 삼매, 묘한 광명의 대삼매
- 차제변왕제불국토신통(次第遍往諸佛國土神通)삼매
  - 차례대로 모든 불국토에 두루 가는 큰 삼매, 여러 불국토에 순차적으로 가는 대삼매
- 청정심심행(淸淨深心行)삼매
  - 청정한 삼매, 청정하고 깊고 깊은 마음의 대삼매
- 여과거장엄장(如過去莊嚴藏)삼매
  - 과거의 장엄을 아는 삼매, 과거의 장엄한 자취와 공덕을

아는 대삼매

- 지광명장(智光明藏)삼매
  - 지혜광명 창고의 큰 삼매, 지혜광명의 근간인 대삼매
- 요지일체세계불장엄(了知一切世界佛莊嚴)삼매
  - 일체 세계의 부처님 장엄을 잘 아는 큰 삼매, 모든 세계 부처님의 장엄을 그대로 아는 대삼매
- 중생차별신(衆生差別身)삼매
  - 중생의 차별신을 나타내는 큰 삼매, 중생마다 제각기 지닌 5온의 대삼매
- 법계자재(法界自在)삼매
  - 법계에 자재한 큰 삼매, 법계 그대로 자재함의 대삼매
- 무애륜(無碍輪)삼매
  - 걸림 없는 바퀴의 큰 삼매, 법륜의 펼침에 걸림없는 대삼매

이 「십정품」은 중생과 부처가 근본지의 본체를 함께 가지고 있어 고금의 모든 부처님 삼매의 작용을 나타냅니다. 모두 자재하여 두루한 큰 본체가 5위와 융합함으로써 하나인 법의 본체를 이루어 처음도 없고 마지막도 없으며, 옮김과

움직임도 없으며, 하나와 여럿·순수함과 섞임·같고 다름 등이 자재합니다.

그런 까닭에 부처님이 10정의 이름을 스스로 설할 즈음 우선 보광명전에서 '찰나에 드는 삼매〔剎那際三昧〕'에 들어가게 됩니다. 이 삼매의 본체는 온전히 보광명지의 본체입니다. 옛날과 지금·연장과 재촉·처음과 마지막·옮김과 움직임 등의 모습이 없습니다. 또한 부처님께서는 스스로 10정의 이름을 설하며, 또한 보현보살로 하여금 10정의 작용을 설하게 한 것은, 부처님은 근본지의 본체가 되고, 보현보살은 차별지의 작용이 됨을 밝힌 것입니다.

모든 부처님이 행하신 바의 공덕은 두루 자재합니다. 그 이유는 근간이라 할 수 있는 비로자나부처님의 덕이 10지 이하의 모든 덕을 고루 융화하여 지니고 있기 때문입니다. 부처님의 덕은 시종(始終)과 정동(靜動)과 일다(一·多)와 순잡(純雜)과 동별(同別)이 두루 자재합니다. 그 이치를 이해함에 앞서 언급하였던 10현과 6상과 연관하여 생각해 보면 요긴할 듯합니다.

이 「십통품」은 『60화엄경』에서는 「십명품」인데, 앞의 「십정품」을 이어, 선정으로부터 지신통(智神通)이 일어남을 밝히는 것입니다. 신통에 나아가서 부처님의 작용을 밝힌다고 보면 되겠습니다. 선정으로부터 묘용(妙用)을 일으키기에 일반적인 범부의 마음으로는 이해하기 힘든 지위입니다. 여기에 열 가지 신통이 있습니다. 말로 설명할 수 없기에 부사의한 것이며 또한 장애도 없고 조작도 없는 것입니다. 끝이 없어 마치 제석천의 그물과 같이 자재하며 무량합니다.

모두 장애가 없는 대지혜를 근간(定體)으로 삼는 것이며, 수행자는 몸과 털구멍과 눈 등에서 항상 인다라망의 형상을 받아들여 자재하고 두루 통철(通徹)합니다. 이 품은 말 그대로 10신통을 밝히는 품입니다. 그런데 그냥 무의미하게 나열한 것이 아니라 삼매에서 작용을 일으킨 점을 유의해야 할 것입니다.

보통 신통이라 하면 여섯 가지를 들 수 있는데, 6통(六通)이라 칭합니다. 육안으로 볼 수 없는 것을 보는 바를 가리켜 천안통이라 하고 보통 귀로는 듣지 못할 음성을 듣는 신통을 천이통이라 합니다. 다른 사람의 의사를 자재하게 아는 신통을 타심통, 지나간 세상의 생사를 자재하게 아는 신통을 숙명통이라 합니다. 부사의하게 경계를 변하여 나타내기도 하고 마음대로 날아다니는 신통을 신족통(神足通, 如意通)이라 합니다. 누진통(漏盡通)은 자재하게 번뇌를 끊는 신통입니다.

경에서는 이 6신통을 열어 10신통을 이룬 것입니다. 10통이란, 천안통(天眼通)·천이통(天耳通)·타심통(他心通)·숙명통(宿命通)·신족통(神足通)·누진통(漏盡通) 등이 6신통에서 천안통·천이통·신족통·누진통을 각각 둘로 나누고, 타심통과 숙명통은 나누지 않았습니다. 천안통은 걸림 없는 천안의 지혜신통, 미래세 겁이 다할 때까지를 아는 지혜신통으로 나뉘었는데 전자는 현재에 의거하고 후자는 미래에 의거한 것입니다.

- 선지타심지신통(善知他心智神通)
  - 타인의 마음 행적을 그대로 아는 지혜의 신통
- 무애천안지신통(無碍天眼智神通)
  - 걸림 없고 자재한 천안의 지혜신통
- 지과거제겁숙주지신통(知過去際劫宿住智神通)

- 과거겁의 지난 세상의 일을 그대로 아는 지혜의 신통

• 지진미래제겁지신통(知盡未來際劫智神通)

- 미래겁이 다할 때까지를 앞서 미리 아는 지혜의 신통

• 무애청정천이지신통(無碍淸淨天耳智神通)

- 걸림 없고 청정한 천이의 지혜신통

• 주무체성무동작왕일체불찰지신통(住無體性無動作往一切佛刹 智神通)

- 체성과 동작이 없는 곳에 머물러 일체 부처님 국토로 향 하는 지혜의 신통

• 선분별일체언사지신통(善分別一切言辭智神通)

- 모든 말을 분간하는 지혜의 신통

• 무수색신지신통(無數色身智神通)

- 무수히 많은 색신을 성취하는 지혜의 신통

• 일체법지신통(一切法智神通)

- 모든 법을 그대로 아는 지혜의 신통

• 일체법멸진삼매지신통(一切法滅盡三昧智神通)

- 모든 법이 사라져 다하는 삼매의 지혜로운 신통

이통현 장자에 의하면, '통'은 곧 '신통'인데, 묘하게 작용하여 측량키 어려움을 '신'이라 하고 자재하여 막힘없음

을 '통'이라 하였습니다. 만약 구역에 제시된 '명(明)'을 풀이한다면, 이 '통'이란 것을 자세히 비추기 때문에 또한 '명'이라 일컫는다고 합니다. 현수 법장스님에 의하면 이 '명'은 작용으로서, 뛰어난 작용이 자재하여 자세히 비추므로 '명'이라고 일컫는다고 하였습니다. 그리고 품의 주제와 취지에 대해 청량 징관스님은 지혜의 작용이 자재함으로 주제를 삼고, 등각에서 제한 없이 교화를 원만히 함으로 취지를 삼는다고 하였습니다.

29 십인품(十忍品)

앞서 10지 이전에는 법인(法忍)으로 신통을 이루지만, 11지 안에서는 신통으로 법인을 이루게 됩니다. 법인이란 10신통의 일로써 중생을 이롭게 하므로 실로 같거나 다름이 없음[無二法]을 뜻합니다. 열 가지 신통과 법인이 법지의 덕[智德]에 의해 이루어지는 구제행[功用]입니다. 지덕이란 부처님 3덕의 하나로, 부처님께서 평등한 지혜로 일체 만법을 모두 비추는 덕을 뜻합니다.

화엄에서는 지덕(智德)과 단덕(斷德)과 은덕(恩德)을 3덕이라 합니다. 지덕은 부처님이 평등한 지혜로 일체 것을 다 아시는 덕, 단덕은 부처님이 온갖 번뇌를 다 끊어 남김이 없는 덕, 그리고 은덕은 부처님이 중생을 구제하려는 서원으로 말미암아 중생을 구하여 해탈케 하는 덕입니다.

그러므로 이 「십인품」은 방편으로 섭수하면서 행을 따르는 법인(法忍)의 이치를 보인 것입니다. 그래서 법인의 '인(忍)' 이란 인허(忍許)의 뜻으로, 지금까지 믿기 어렵던 이치를 잘 받아들임을 뜻하는 것이라 할 수 있습니다.

즉 의혹이 생기지 않도록 하는 것입니다.

이치를 바로 보는 지혜를 법지(法智)라 하며, 법인은 법지를 얻기 전에 일어나는 결정적〔忍可決定〕 마음입니다. 따라서 보살은 무명 번뇌를 끊고, 온갖 법이 본래 적연(寂然)한 줄을 깨달을 때에 생기는 열 가지 안주심(安住心)이 바로 여기서의 10인이 되겠습니다.

신통으로 법인을 이루면 과행이 원만히 종결되는 것이며, 지위를 따라 닦아 나갈 수도 있고, 행을 따라 중생을 이롭게 할 수도 있습니다. 행을 따라 중생을 이롭게 하는 법인(法忍)에 대해 경전에서는 아래와 같이 말씀하고 있습니다.

- 음성인(音聲忍, 音響忍)
  - 부처님께서 진리를 설법하시는 소리를 듣고 안주
- 순인(順忍)
  - 지혜로 온갖 법을 관찰하여 진리에 수순(隨順)
- 무생인(無生忍)
  - 상(相)을 여읜 불생불멸의 진여법성(眞如法性)을 증득하여 안주
- 여환인(如幻忍)
  - 제법의 성품이 적멸임을 알아 안주
- 여염인(如焰忍)
  - 일체가 아지랑이(陽焰)와 같기에 진공묘유를 알아 안주
- 여몽인(如夢忍)
  - 모든 것이 꿈과 같음을 알아 안주
- 여향인(如響忍)
  - 인연은 메아리의 잔향과 같음을 알아 안주
- 여영인(如影忍)
  - 일체가 화합하고 또한 흩어지니 그림자와 같음을 알아 안주
- 여화인(如化忍)
  - 온갖 법은 변화하여 실체가 없는 줄 알아 안주

- 여공인(如空忍)
  - 세간·출세간의 온갖 법은 허공과 같기에 실체가 없음을
    알아 안주

이 품에서 살펴볼 수 있는 지위는 묘각(妙覺)입니다. 한 가지 행을 닦으면 일체 행을 갖추게 되는 것이 화엄 원융의 묘행(妙行)인바 이는 보현행(普賢行)이 원만하다는 의미가 됩니다. 이는 한마디로 불과(佛果)를 뜻합니다. 보살 수행의 지위를 단계로 보아 52위(位) 가운데 제일 마지막 지위가 됩니다. 등각위(等覺位)에 있는 보살이 미세하게 남은 일말의 무명을 끊고 이 지위에 드는 것입니다. 그런 까닭에 온갖 번뇌를 끊은 부처님의 자리라고 보통 이야기합니다.

그렇지만 한편으로는 보살의 방편을 또한 버리지 않습니다. 그런 까닭에 원만히 과행(果行)이 종결된 묘각 보살이라고도 할 수 있습니다. 방편으로 거두어 교화함에 있어 행을 따르는 법인을 나타낸 품인 까닭에, 과위의 행이 이곳에 이르러 원만해집니다. 이 품은 구역에서도 역시 같은 이름인 「십인품」입니다. 청량 징관스님은 이 '인'에 대해 알고 인지

하는 것이라 하였습니다. 그래서 지혜로 비추어 관찰·통달한다고 보았습니다. 이통현 장자는 초발심의 처음 자기 지위와 통하며, 또한 불과 뒤에 중생을 이롭게 하여 행을 이루는 방편에도 통하는데, 그 행을 따라 이름이 지어진 것이라 하였습니다.

30 불아승지품(佛阿僧祇品)

『화엄경』에서는 일반적으로 보살이 각각의 품에서 삼매에 들었다가 그 부처님의 위신력을 입어 법문을 설하게 됩니다. 품의 처음 부분은 다음과 같습니다.

> 그때 심왕(心王)보살이 부처님께 여쭈었다.
> "세존이시여, 여러 부처님 여래께서 아승지이고, 한량이 없고, 그지없고, 같을 이 없고, 셀 수 없고, 일컬을 수 없고, 생각할 수 없고, 헤아릴 수 없고, 말할 수 없고, 말할 수 없이 말할 수 없음을 연설하시나이다. 세존이시여, 어떤 것을 아승지라 하오며 내지 말할 수 없이 말할 수 없다 하시나이까."
> 부처님이 심왕보살에게 말씀하시었다.

"좋다, 좋다. 착한 남자여, 그대가 지금 여러 세간 사람들로 하여금 부처님이 아는 수량의 뜻을 알게 하기 위하여 여래·응공·정변지에게 묻는구나. 착한 남자여, 자세히 듣고 잘 생각하라. 너에게 말하리라."

앞서 제2회 설법인 10신의 법문은 문수보살이, 제3회 설법인 10주 설법은 법혜보살이, 제4회 설법인 10행의 법문은 공덕림보살이, 제5회 설법인 10회향은 금강당보살이 설하며 10지 법문은 금강장보살이 설했습니다. 그런데 이「아승지품」은 심왕보살(心王菩薩)의 청문(請問)에 부처님께서 직접 답하신 부분입니다. 구역으로는「심왕보살문아승지품(心王菩薩問阿僧祇品)」입니다.

불가의 어른들께서는 오직 원만한 불위(佛位)에 이르러야 밝힐 수 있기 때문에 부처님께서 친히 설하신 것이라 하였습니다. 여래와 보현의 원행과 공덕은 한없이 끝이 없어〔重重無盡〕지위가 아래인 보살의 지혜로는 도저히 헤아릴 수 없고 오직 부처님이라야 밝게 통달할 수 있습니다. 그렇기 때문에 불지법문(佛地法門)이라 지칭합니다. 경전에서 광대한 수(數)를 밝힌 까닭은 불덕(佛德)이 수량으로 다할 수 있는 것이 아님을 드러내고자 함입니다.

열 가지 신통으로 법인을 이루고, 여기에 따라 심업(心業)이 광대하고 자재함이 왕과 같기 때문에 심왕보살에 의거하여 일으키게 됩니다. 경전에서 부처님께서 설하신 대목을 찾아본다면 2곳이 됩니다. 첫째가 여기 「아승지품」이고 둘째가 뒤에서 보게 될 「여래수호광명공덕품(如來隨好光明功德品)」입니다. 이 두 품은 미혹한 2우(二愚)의 법을 밝히고 있습니다. 비록 불과(佛果)이나 존재하는 미혹한 두 가지란 '광대산수우(廣大算數愚)'와 '수호광명공덕우(隨好光明功德愚)'의 어리석음입니다.

하위 보살이나 천룡 등이 가진 지혜의 눈으로는 광대한 여래의 수법(數法)과 여래수호공덕(如來隨好功德)의 양을 알 수 없다(佛果二愚)고 합니다. 그래서 두 가지 장애가 있게 되어 아직 일체지(一切智)라 부를 수 없습니다. 두 가지의 장애를 지나야 비로소 일체지를 원만하게 구족하는 부처를 이루게 되는 것입니다. 오직 부처님이라야 밝게 통달하게 됩니다.

오직 원만하신 불위(佛位)에서만이 비로소 밝힐 수 있기에 부처님께서 친히 설하신 것이며, 일체 수에 두루함을 밝히는 것이 이 품의 요체라 하겠습니다. 이 품에서부터 「여래출현품」에 이르기까지가 불과(佛果)의 삼업(三業)과 이지(二智)가 광대하고 자재함을 밝히게 되는 대목입니다.

앞서의 10정·10통·10인의 3품은 인과(因果)의 처음과 끝을 모두 총괄하여 찰나제를 옮기지 않고 이미 신통을 이루어 법인을 갖춤을 명시한 것입니다. 모든 부처님께서 시설하신 인과(因果)·교행(敎行)·방편(方便)·과행(果行)이 서로서로 도와 시종(始終)이 단절되지 않고 찰나의 때를 떠나지 않게 됩니다.

차후의 「여래출현품」에 이르기까지는 불과(佛果) 중의 삼업이 뛰어나 자재한 행문을 밝히게 되는데, 이 「아승지품」에서 미리 여래의 삼업이 뛰어나 자재함을 밝힙니다.

이 품의 앞뒤를 살펴보면 「여래수량품」에서는 여래의 수명이 뛰어나 자재함을 밝힙니다. 이어 「보살주처품」에서 여래의 행이 중생을 거둠이 뛰어나 항상 자재함을 밝힙니다. 그리고 「불부사의법품」에서는 여래의 삼업이 지닌 수승하고 신령스러운 덕이 뛰어나 자재함을 찬탄합니다. 그리고는 「여래십신상해품」에서 부처님의 신업의 과보로 얻은 공덕장엄이 뛰어나 자재함을 밝히고, 「여래수호광명공덕품」에서는 부처님의 삼업에 따르는 법신에 감득된 공덕이 뛰어나 자재함을 밝힙니다.

다음 「보현행품」에서는 여래의 삼업이 두루하고 뛰어나 자재함을 밝히고, 마지막 「여래출현품」에서는 이를 정리하여 부처님의 각행이 두루하여 늘 모든 세간에 때마다 출현하지 않음이 없음이 자재함을 밝히게 됩니다.

31 여래수량품(如來數量品)

이때 심왕보살은 이 회 가운데 모든 보살들에게 고하기를 "이 사바세계 석가모니부처님 나라의 한 겁이 극락세계 아미타여래 나라의 하루가 되고, 극락세계의 한 겁이 가사당세계의 금강견부처님 나라의 하루가 된다."고 말하였습니다. 교주를 말함에 심왕보살이 설한 것은 부처님의 수량이 '심(心)'으로써 체가 됨을 밝힌 것이요, 마음(心王)으로써 명의 자재함을 표시하기 때문입니다.

이 「여래수량품」은 심왕보살이 설한 법문입니다. 『60화엄경』의 「수명품」에 해당합니다. 품의 요지는 불지(佛地)의 법성(實報)의 영역에 부합하는 수량을 밝혀, 불지에서는 그 실보(稱性)의 수량이 다함이 없음을 드러내고 있습니다. 심업

（心業）이 광대하고 자재하며 이로 인하여 신구의（身口意） 3업
〔命業〕 역시 광대하고 자재합니다. 길지 않은 품인 관계로 전
체를 살펴보기로 하겠습니다.

　　그때 심왕보살 마하살이 대중 가운데서 여러 보살에게 말
하였다.

　　"불자여, 석가모니가 계시는 사바세계의 한 겁이 아미타불
이 계시는 극락세계에서는 하루 낮 하룻밤이요, 극락세계의
한 겁은 금강견불（金剛堅佛）이 계시는 가사당（袈裟幢）세계의
하루 낮 하룻밤이요, 가사당세계의 한 겁은 선승광명연화개
부（善勝光明蓮華開敷）불이 계시는 불퇴전음성륜（不退轉音聲輪）
세계의 하루 낮 하룻밤이요, 불퇴전음성륜세계의 한 겁은 법
당（法幢）불이 계시는 이구（離垢）세계의 하루 낮 하룻밤이요,
이구세계의 한 겁은 사자불이 계시는 선등（善燈）세계의 하루
낮 하룻밤이요, 선등세계의 한 겁은 광명장（光明藏）불이 계시
는 묘광명（妙光明）세계의 하루 낮 하룻밤이요, 묘광명세계의
한 겁은 법광명연화개부（法光明蓮華開敷）불이 계시는 난초과
（難超過）세계의 하루 낮 하룻밤이요, 난초과세계의 한 겁은 일
체신통광명불이 계시는 장엄혜（莊嚴慧）세계의 하루 낮 하룻
밤이요, 장엄혜세계의 한 겁은 월지（月智）불이 계시는 경광명

(鏡光明)세계의 하루 낮 하룻밤이니라.

　불자여, 이렇게 차례차례로 백만 아승지 세계를 지나가서 나중 세계의 한 겁은 현승(賢勝)불이 계시는 승련화(勝蓮華)세계의 하루 낮 하룻밤인데, 보현보살과 함께 수행하는 큰 보살들이 그 가운데 가득하였느니라."

　부처님의 수명이란 길지도 짧지도 않으며, 그 근본 체성(體性)에 생멸이 없어 탄생하거나 열반 자체까지 없는 것이니 하물며 오거나 간다고 할 바도 없는 것입니다. 이 품은 부처님 지위에 진실의 과보[實報]인 본성에 칭합한 수명을 밝힌 품인데, 국토 바다를 다하는 무진한 시간이 숫자의 영역을 벗어났음을 나타냅니다.

　여기서 '수'는 정해진 수명이고, '량'은 나누어 한계를 규명하는 분한(分限)입니다. 여래의 마음은 적멸합니다. 인간의 언어로 구태여 설명하고자 하면 적멸함이고, 또한 밝고도 비어 시간과 숫자[數]의 영역을 벗어납니다. 하물며 그 형상에 길고 짧은 수명을 말할 수 없는 것이라 하겠습니다.

　그러나 중생을 연민의 눈으로 보아, 근기에 응하는 까닭에 형상과 수명을 보이지 않음이 없을 뿐입니다. 그렇지만 그

덕은 두루하지 않음이 없습니다. 드러내었다고 하지만 세거나 헤아릴 수 있는 성격이 아닙니다. 중생의 근기에 맞추어 여래의 수명이 머무는 겁에 대한 설명이 「수량품」이라면, 부처님께서 보살행으로써 세간에 머물러 인간세계에 교화가 두루한 것이 이어지는 「보살주처품」입니다.

32 제보살주처품(諸菩薩住處品)

이어 심왕보살이 그곳에 있는 대중에게 모든 곳에 성인의 거처가 있어 보살이 중생을 섭화(攝化)하여 세간을 버리지 않음을 드러내게 됩니다. 「제보살주처품」은 구역으로는 「보살주처품(菩薩住處品)」입니다. 보살이 세간에 주지(住持)하며, 일체처(산이나 바다 등)에 모두 보살의 거처가 있기에 두루하지 않은 곳이 없다 하겠습니다. 그래서 모든 중생이 의지할 바가 끊어지지 않게 함을 심왕보살이 설법하고 있습니다. 법계를 통틀어 보살의 머무는 곳(住處)은 두루하여 아니 계신 곳이 없지만, 심왕보살이 설법하고 있는 「보살주처품」에 나타난 방향과 처소를 정리하면 다음과 같습니다.

동방	—	선인산(仙人山)
남방	—	승봉산(勝峰山)
서방	—	금염산(金焰山)
북방	—	향적산(香積山)
동북방	—	청량산(淸凉山)
해중(海中)	—	금강산(金剛山)
동남방	—	지제산(支提山)
서남방	—	광명산(光明山)
서북방	—	향풍산(香風山)

물론 이 아홉 곳 이외에도 22곳으로 보기도 합니다.

이 품의 요지는 끝없는 보살행과 세간을 버리지 않음을 밝히는 것입니다. 불보살의 행(行)은 그 범위와 작용이 두루하여 교화가 펼쳐지지 않는 곳이 없습니다. 그래서 중생이 사는 세간 곳곳에 미치지 않는 곳이 없습니다. 중생이 사는 세간을 버리지 않는다는 것은 행업이 광대하게 자재함을 이룬 바를 뜻합니다.

보살은 교화하여 유지하는 행이 바로 심왕(心王)의 자재로운 지혜를 따릅니다. 그렇기에 심왕보살은 「제보살주처품」

을 밝히는 것이고, 심왕을 따라서 지혜의 작용을 일으킴을 뜻합니다.

앞서의 「수량품」에서는 교화의 이익이 온갖 때를 다함에 의한 것이라면, 이 품은 보살이 여러 장소에 두루함을 밝히고 있습니다. 그리고 역시 앞서의 「아승지품」에서 법계의 털 끝만 한 곳도 모두 많은 보현이 있음을 밝혔기에, 여기서는 사실에 근거해 말하니 지금엔 시기인연의 마땅함에 의해서 방소가 있음을 가리켜, 중생들로 하여금 족히 기쁘게 해서 우러러 사모하게 하는 의미를 가지고 있습니다.

만약 머무는 보살이 한 털에 국토를 머금고, 머문 것의 한 먼지가 끝없는 국토들임을 알면 한 방소도 보살의 주처 아님이 없다 하겠습니다.

33 불부사의법품(佛不思議法品)

이 품은 청련화장보살이 연화장보살 한 분에게 따로 말씀하신 부분입니다. 부사의한 법, 다시 말해 언설로써는 불가능한 부처의 과법(果法)과 지덕(智德)에 대한 품입니다. 그렇기 때문에 법신으로써 주제를 삼습니다. 본체·형상·작용으로 나누어 과덕(果德) 자체가 주체가 됩니다. 한마디로 정리하면 '부처님 덕의 본체(本體)와 그 작용을 모두 나타냄' 정도가 되겠습니다. 신역과 구역의 이름은 모두 동일합니다.

　여러 보살들이 생각으로 열 가지의 법을 청하자, 청련화장 보살은 부처님의 위신력을 입어, 자신이 증득한 법을 설하게 됩니다. 근본지가 밝아 청정하고도 때를 타지 않았기에 '청련화(靑蓮華)', 근본지가 밝아 차별지를 이루므로 '장(藏)'이라 칭하고 있습니다. 부처님의 위신력으로 청련화장보살에게 가피하여 부처님의 지혜가 실로 광활하고 깊고도 아득하여 그 범위를 알 수 없음을 설하는 것입니다. 두 분이 서로 짝을 이루어, 청련화장이 연화장에게 고하고 있습니다.

　청련화장이 고한 것은 근본지가 물듦이 없이 차별지를 갖춤을 표한 것입니다. 연화장에게 고한 것은 근본지에 의거하여 차별지를 표한 것입니다. 두 가지 지혜는 광대하고 자재함을 드러내는 한편 법의 부사의함 즉, 마음과 부처의 부사의함을 드러내고 있습니다. 사실 부처님 과위 법의 지혜 공덕(智德)이 깊고 넓음으로 모든 것을 초월하여 중생의 사량분별로 미칠 바가 아닙니다. 그래서 이어지는 다음 품인「여래십신상해품(如來十·身相海品)」이 과보를 나타내게 됩니다. 여기 이 품에서는 묘용(妙用)을 표현하는 것입니다.

경에서 설해진 내용, 즉 여러 보살이 묻고 이에 대해 청련화보살이 답한 열 가지는 보살이 증득한 내용의 법문이며, 국토·본원(本願)·종성(種性)·출현(出現)·불신(佛身)·음성·지혜·자재(自在)·무애(無碍)·해탈 등입니다. 내용을 정리하면 다음과 같습니다.

- 국토
  - 법계에 상주함과 두루함
- 본원(本願)
  - 원에 의지한 8상(相)과 그 시기
- 종성(種性)
  - 보신(報身)·화신(化身)·법신(法身)의 종성
- 출현(出現)
  - 항상 두루하며 그 출현의 모습
- 불신(佛身)
  - 허물이 없고, 끝까지 청정, 일체 시공에 짓는 불사(佛事)와 다함없는 지혜바다
- 음성
  - 한량없는 연설과 갖가지의 설법

- 지혜
  - 수승한 법과 장엄과 장애 없는 머무름
- 부처님의 자재(自在)
  - 부처님의 원만자재와 익숙한(善巧) 방편, 열 가지 광대한 불사
  - 행의 자재한 법, 일체법에 머무름과 이를 모두 앎, 열 가지 광대한 힘
- 무애(無碍)
  - 결정된 법과 그 빠름, 마땅히 생각해야 할 법
- 해탈
  - 온갖 지혜에 머무르고, 한량없는 삼매와 걸림 없는 해탈

청량 징관대사는 부사의의 뜻을 네 가지로 제시합니다. 이치가 묘하여 측량하기 어렵다, 현상이 광대하여 알기 어렵다, 행이 심오하여 세간을 초월한다, 과의 작용이 유정을 뛰어넘는다 등입니다.

그리고 무엇이 부사의한 것인가에 대해 열 가지로 제시하는데 지혜가 세표를 뛰어넘는다, 자비가 일상의 생각을 뛰어넘는다, 생각지 않고 일을 이룬다, 더러움과 함께해도 늘 깨끗

하다, 하는 것이 비밀하다, 업용이 광대하다, 많고 적음이 서로 부합하고〔相卽〕 서로 거둔다〔相入〕, 분원이 자재하다, 의보와 정보가 걸림 없다, 이치와 현상에 차별이 없다 등입니다.

현수 법장대사는 이 품을 정식으로 부처님 과덕의 법을 밝히는 것이라 하는 한편, 그 부사의함에 대해 간략히 네 부문으로 나타냄에, 처음은 전체적으로 부처님의 덕을 말하며, 둘째는 별도로 뜻〔義相〕을 나타내고, 셋째는 이 글을 정하여 분별하며, 넷째는 부사의를 나타냈습니다.

그 중에 네 번째를 요약하면, 지혜가 세표(世表)를 초월한다, 자비가 일상적 생각을 넘는다, 생각지 않고 일을 이룬다, 더러움과 함께해도 항상 깨끗하다, 하는 것이 비밀하다, 업용이 광대하다, 많고 적음이 서로 부합하고〔相卽〕 서로 거둔다〔相入〕, 분원이 자재하다, 의보와 정보가 걸림 없다, 이치와 현상에 차별이 없다 등입니다. 그리고 그 지위에 대해서는 세간을 초과한다, 이승을 뛰어넘는다, 인행위를 넘는다, 법 자체를 나타낸다 등으로 꼽습니다.

부처님의 능화(能化)의 지혜는 실로 광활하고 깊고도 아득하여 그 범위를 알 수 없는지라 사유하여도 알 수 있거나 생각할 수 있는 바가 아닌 것입니다. 경전에서 중생을 교화하고 섭수하는 이치를 밝힌 것이 섭화하는 일을 밝혔지만, 언설(言說) 등으로 도저히 미칠 바가 아니기 때문에 부사의라 일컬을 수밖에 없음을 나타내고 있다 하겠습니다. 그래서 '불부사의(佛不思議)'라 표현할 수밖에 없습니다.

34 여래십신상해품(如來十身相海品)

「여래십신상해품」은 구역에서는 「여래상해품(如來相海品)」이라 하고 보현보살이 설하신 것입니다. 여기서는 대지혜의 섭화로 감득한 정보에 열 가지 몸이 있음을 밝히고 있습니다. 불부사의법품(佛不思議法品)이 부사의한 묘용을 드러낸다면 여기서는 부사의한 지혜의 청정한 과불(果佛)을 드러내게 됩니다. 이 10신은 10연화장세계를 장엄합니다. 10연화장세계의 10은 끝없다는 의미의 '무진(無盡)'을 상징합니다.

열 가지의 몸은 보리신(菩提身)·원신(願身)·화신(化身)·역지신(力持身)·상호신(相好身)·위세신(威勢身)·의생신(意生身)·복덕신(福德身)·지신(智身)·법신(法身) 등을 말한 것입니다. 품의 이름을 살펴보면 '상해(相海)'란 형상을 나타낸 것입니다. 그래서 여래10신은 복의 과보인 기특한 형상이 뚜

렷이 드러난 것을 '상'이라 하고, 덕스런 형상이 깊고 넓기에 '해'라고 일컫습니다. 앞의「불부사의법품」이 한 분 보살에게 설해진 것으로 전체적으로 과법을 밝힌 것이라면, 이 품은 개별적으로 상(相)의 덕을 나타냅니다. 앞 품은 스스로 부처님의 삼업과 두 가지 지혜(근본지·후득지)로 부사의제에 들어가 두루 광대하고 끝없이 중생을 유익하게 함을 의미합니다. 즉 법신에 대해 논하는 것입니다.

여기 이 품은 삼업과 두 가지 지혜에 의해 부사의한 지혜 가운데, 보신에 들어감을 밝히고 있습니다. 그래서 다함없는 상을 나타냄으로 주제를 삼고, 끝없는 행을 닦아 분명히 이룸으로 취지를 삼는 것이 이 품의 요지라 하겠습니다.

이 계위의 상(相)은 부사의한 지혜의 청정한 과불(果佛)입니다. 즉 수행의 3업이 청정함과 더불어 일체중생을 이롭게 한 선근의 보응으로 생긴 복상(福相)입니다. 부처님의 수승한 덕의 모습을 아흔일곱 가지로 나타내게 되는데, 덕상이 나타나기 때문에 이 품의 부처님에 대해서 법신(法身) 대신 보신(報身)으로 그 범위를 잡기도 합니다만, 부사의한 묘경(妙境)이기에 법신으로 보는 것이 대부분의 견해입니다. 즉 시방세계를 원만하게 한 보현행의 보응이니 결국 이를 10신의 장엄

〔十身相海萬德莊嚴〕이라 할 수 있습니다.

이는 무궁한 수의 연화장세계(padmagarbhalokadhātu, 蓮華藏世界)가 펼쳐져 있다는 의미가 됩니다. 무진연기(無盡緣起)의 깊은 진리를 의미한다고 보면 되겠습니다. 연화장세계는 비로자나부처님의 공덕무량하고 광대장엄(廣大莊嚴)한 세계를 말합니다. 물론 우리가 사는 이 세계도 그 중 아주 일부가 되겠습니다. 연화장세계의 다른 이름으로는 십연화장장엄세계해(十蓮華藏莊嚴世界海) · 연화장장엄세계해(蓮華藏莊嚴世界海) · 십연화장세계(十蓮華藏世界) · 연화대장세계(蓮華臺藏世界) · 화장세계(華藏世界) · 화장계(華藏界) 등입니다.

이 세계는 큰 연화로 되고, 세계의 맨 밑에 풍륜(風輪)이 있고, 풍륜 위에 향수해(香水海)가 있다고 합니다. 물론 향수해 가운데 큰 연화가 있고 연화장 세계는 그 속에 있기에 사방이 평평하고 깨끗하고 견고합니다. 주변에 금강륜산(金剛輪山)이 세계를 둘렀다고 전해집니다.

[35] **여래수호광명공덕품**(如來隨好光明功德品)

동진 역 화엄의 「불소상광명공덕품(佛小相光明功德品)」은 당역 화엄의 「여래수호광명공덕품」에 해당합니다. 이 품은 여래 자신의 법신인 근본지의 자성이 청정하여 업을 지음이 없는 가운데 스스로 있습니다. 그렇기 때문에, 셀 수 없이 많은 수호(隨好)가 있음을 여래가 몸소 설하신 것입니다. 보수보살(寶手菩薩)에게 고하여 법신 본성의 광명이 행을 따라 중생을 이끌어들임을 표시합니다. 앞품에서는 지혜의 과보〔智報〕로 대인상을 이룸을 밝혔고, 이 품은 수행의 과보〔行報〕로 이룬 수호상을 밝힙니다.

수호란 것은 형체를 따르는 상호(相好)라는 뜻입니다. '상(相)'은 구체적으로 형상을 말하고 '호(好)'는 그 아름다움을 말합니다. 흔히 우리가 이야기하는 32상이 대표적인 여래의 수호상입니다. 32상(dvātriṁśanmahā-puruṣa ṇahā-lakṣaṇāni)이란 32표상(標相) 혹은 32대인상(三十二大人相) 내지 32대장부상(三十二大丈夫相)이라고도 표현되는데 이 뛰어난 덕의 모습을 갖춘 이는 세속에 있으면 전륜왕(轉輪王), 출가하면 부처님이 된다고 여겨집니다.

앞품에서는 10연화장세계의 장엄을 밝혔다면, 이 품에서는 불신(佛身)이 대인상을 이루어 법신의 이지로 광명을 이룸을 설하고 있습니다. 앞서 언급된 「아승지품」은 수법(數法)의 광대함을, 지금 이곳의 「수호광명공덕품」은 법신 자체에 체성이 없고 의지함이 없는 공덕의 광대함을 밝히고 있습니다. 32상 이외에도 혹은 8만4천 상을 들기도 합니다.

　일반적으로 80종호(aśīty-anuvyañjanāni)로 제시하기도 합니다. 80수형호(隨形好) 혹은 80종호(種好)는 부처님의 몸에 갖추어진 미묘한 표지입니다. 32상(相)에 따르는 잘 생긴 모양이며, 32상을 다시 구체적이고 세밀하게 나누어 놓은 것입니다.

1. 발바닥이 판판함
2. 손바닥에 수레바퀴 같은 금(무늬)이 있음
3. 손가락이 가늘면서 긴 것
4. 손발이 매우 부드러움
5. 손가락·발가락 사이마다 얇은 비단결 같은 막(膜)이 있음
6. 발꿈치가 원만함
7. 발등이 높고 원만함
8. 장딴지가 사슴 다리 같음
9. 팔을 펴면 손이 무릎까지 내려감
10. 남근(男根)이 오므라들어 몸 안에 숨어 있는 것이 말의 것

과 같음

11. 키가 한 발(두 팔을 편 길이)의 크기와 같음

12. 털구멍마다 새까만 털이 남

13. 몸의 털이 위로 쏠려 남

14. 온 몸 빛이 황금색임

15. 몸에서 솟는 광명이 한 길이 됨

16. 살결이 보드랍고 매끄러움

17. 두 발바닥·손바닥·어깨와 정수리가 모두 판판하고 둥
   글며 두터움

18. 두 겨드랑이가 편편함

19. 몸매가 사자와 같음

20. 몸이 곧고 단정함

21. 양 어깨가 둥글며 두둑함

22. 치아의 수가 40개

23. 이가 희고 가지런하고 빽빽함

24. 송곳니가 희고 큼

25. 뺨이 사자의 것과 같음

26. 목구멍에서 맛 좋은 진액이 나옴

27. 혀가 길고 넓음

28. 목소리가 맑고 멀리 들림

29. 눈동자가 검푸름

30. 속눈썹이 소의 것과 같음

31. 두 눈썹 사이에 흰 털이 남

32. 정수리에 살상투가 있음

32상의 낱낱 상호 가운데에서도 수많은 광명이 있다고 합니다. 그래서 온갖 세계를 청정하게 하고 나아가 지옥을 밝히기까지 하여 모든 이의 죄를 벗어나게 하므로 그 공덕이 참으로 한량하기 끝이 없게 됩니다. 동시에 32상이라는 것은 법계와 광명의 모습 그리고 성질을 언급한다고 보셔도 좋을 듯 합니다. 불과 가운데 2우(二愚)는 앞서「아승지품」에서 말씀드린 바, 그 중 하나는 수법광대우(數法廣大愚)이고 나머지가 수호광명공덕우(隨好光明功德愚)입니다. 이 둘은 모두 보살의 지혜조차도 미칠 수 있는 바가 아닙니다. 오로지 불과가 원만함에 이르러야 비로소 밝힐 수 있는 경지입니다.

수호광명이라는 것은 부처님 스스로 자신의 체성이 청정한 법신의 근본 무의주지(無依住智)라는 의미를 지닙니다. 즉 상호를 이루지만 의지(依止)하는 바가 없다는 의미입니다. 이는 광명이란 것이 모든 중생과 더불어 공유하지만 보현의 행원과 짝을 맞추어 나타남을 뜻합니다. 다시 말해 보현의 원행은 이 광명을 체(體)로 삼아 용(用)으로 드러나게 됩니다.

36 보현행품(普賢行品)

이 품에서는 중생의 근기에 따라서 여래의 경계를 설하고 있습니다. 보살이 다른 보살에게 성내는 마음을 일으키는 것보다 더 큰 허물이 없음이 강조되며, 성내는 마음을 내면 백만 가지 장애가 생긴다고 합니다. 경전에서는 화내는 것, 다시 말해 장애를 다스려야 함을 피력하고 있습니다. 「보현행품(普賢行品)」은 깨달음(覺, 智門)과 실천(行, 行門)을 융합하여 중생의 이행(利行)을 설하는 부분입니다. 구역으로는 「보현보살행품(普賢菩薩行品)」입니다. 참고로 「보현행품」과 「보현행원품(普賢行願品)」은 별개의 품입니다. 「보현행원품」은 당나라 반야가 번역한 『대방광불화엄경입부사의해탈경계보현행원품』의 약칭입니다.

　이 품은 부처님의 위신력을 입어 보현보살이 행하는 설법입니다. 보현보살은 행법(行法)을 널리 펼쳐서 앞서의 깨달음을 통해 세속에서 중생을 이롭게 하고 부처님과 동행합니다. 그렇기에 부처님의 과행(果行)이 여기에 이르러 다한 것이라 보면 되겠습니다.

이지(理智)와 비원(悲願)으로 구족히 인연을 따름에 자재(自在)하여, 이 「보현행품」을 등각위의 행문이 충만한 경지라고 보고 있습니다. 품명이 '보현'이라 덕이 법계에 두루함을 '보'라 하고, 지극히 수순하여 유연함을 '현'이라는 의미가 있습니다. 보현행은 수많은 이름이 있겠지만 열 가지로 추려내면 다음과 같습니다.

1. 바라는 것이 '두루함(普)'이니 모든 여래께서 평등히 깨치신 것을 증득하길 바라는 까닭

2. 교화되는 것이 '두루함'이니 한 털끝만한 장소에 많은 중생이 있음을 모두 교화하여 다하는 까닭

3. 끊어지는 것이 '두루함'이니 하나의 미혹도 끊지 않음이 없는 까닭

4. 행해지는 사행(事行)이 '두루함'이니 한 행도 행하지 않음이 없는 까닭

5. 행해지는 이행(理行)이 '두루함'이니 위의 사행이 모두

이치의 근원에 사무쳐서 성품을 구족한 까닭

6. 무애행이 '두루함'이니 위의 둘이 서로 사무친 까닭

7. 융통행이 '두루함'이니 낱낱의 행을 따라 융섭함이 다함이 없는 까닭

8. 일어난 작용이 '두루함'이니 작용이 능하지 않음이 없으며 두루하지 않음이 없는 까닭

9. 행해지는 곳이 '두루함'이니 위의 여덟 부문이 제망찰에 두루하여 수행하는 까닭

10. 행해지는 때가 '두루함'이니 과거·현재·미래의 시간을 다하여 염(念)·겁이 원융해서 마칠 기약이 없기 때문

보현은 부처님의 보현행의 체용이 합치하여 겸허하며〔普勝〕, 나와 남의 교만과 모든 번뇌를 깨뜨리게 되며〔普幢〕, 생사계에 있더라도 염법(染法)과 함께하지 않는〔自在〕 이름입니다. 이 지위는 법과 행이 따로 나뉜 것이 아니며, 모든 일체가 같은 이름인 보현 그 자체입니다. 불과위(佛果位) 안에 자체의 행인 보현행이 충만함을 밝히려 하기 때문에 그러한 이름을 세운 것이라 할 수 있습니다. 「보현행품」에 이르러도 아직까지 자기 마음의 불과와 자기 마음의 보현행일 뿐이며,

「여래출현품」에 이르러야 비로소 불과(佛果)의 이지(理智)와 체용(體用)이 전부 끝마치게 됩니다.

37 여래출현품(如來出現品)

이 품에서 문수보살(如來性起妙德菩薩, 信首, 문수의 다른 이름)은 여래출현(如來出現)의 법을 청문(請問)합니다. 앞서의 10신·10주·10행·10회향·등각의 본지에 의거하여 마음을 원만히 밝히며 마무리되고 있습니다. 광명을 미간에서 놓아 문수보살의 정수리에 부은 바, 이는 법을 묻게 하는 지혜의 광명을 보이게 됩니다. 미간의 광명으로 문수에게 법[佛果]을 묻게 하며, 입 속의 광명으로 보현에게 부처님의 출현을 설하게 합니다.

품	법문하는 이	5주인과
보현행품	보현보살	평등인과(平等因果)
여래출현품	보현보살	

이때 부처님께서 미간(眉間)의 백호상(白毫相)으로부터 큰

광명을 놓으십니다. 그 이름은 여래출현(如來出現)이요, 한량 없는 백천억 나유타 아승지 광명이 권속이 됩니다. 이어 그 광명은 시방 온 허공에 있는 모든 세계를 두루 비추입니다. 오른쪽으로 열 번 돌고, 또한 여래의 한량없이 자유자재함을 나타내고, 수없는 보살 대중을 깨우치게 됩니다. 여기서 입 속의 광명은 곧 보현보살의 입으로 법을 설하게 되니 실천의 광명입니다. 미간의 광명은 10신으로부터 근본지에 의거하 여 수행하여 세간과 출세간의 자비와 지혜와 행이 원만히 구 족되면, 근본지의 부처님이 묘덕(妙德)이 두렷이 구족함을 보 이고 일어나기에 문수(여래성기묘덕)보살로써 여래 출현의 법 을 청문한 것입니다.

광명으로 일체 시방의 세계에 거쳐 진동하니, 모든 나쁜 길의 고통을 없애게 되며 거기서 그치지 않고 모든 마군의 궁전을 무너뜨립니다.

모든 부처님 여래께서는 보리좌에 앉아서 바른 깨달음을 이루는 일과 모든 도량에 모인 대중을 나타내시고, 다시 와 서 보살 대중을 나타내시고, 다시 와서 보살 대중을 오른쪽 으로 돌아 여래성기묘덕(如來性起妙德)보살의 정수리로 들어 갑니다. 부처님 미간의 광명은 과광(果光)이며 입 속의 광명은 교광(敎光)입니다. 그래서 문수는 법계의 대체(大體)로, 보현은 법계의 대용(大用)으로 봅니다. 문수보살과 보현보살은 각각 서로 묻고 답하며 서로 의지함으로써 인과를 닦아 나가는 이익을 보입니다.

가지런히 두 분 보살의 광명이 교차함은 바로 불과(佛果)의 문을 설한 것이고, 찰나간에 이루어진 자재함입니다. 이 찰나간에 이뤄진 원만한 삼매를 찰나제삼매라 하고, 모두 비로자나와 함께 동행하는 것입니다. 따라서 화엄에서는 중생과 부처가 공유한 근본지의 본체이고 적용의 근원으로 이 경지를 들고 있는 것입니다. 문수는 부처님 법신의 근본지를 나타낸 분입니다. 그리고 보현은 불위(佛位)에 승진하려고 차별지를 닦아 나가는 분입니다. 이 지위에 이르러 근본지와 차별지가 상호 원만원융하여 비로소 여래의 출현이라 이름하게 됩니다. 여래의 신통한 힘이 이렇게 나타나고, 이에 보살들은 모두 기뻐하게 됩니다.

온 시방에 가득한 모든 세계에서도 역시 이처럼 기뻐하게 됩니다. 경에서는 "이때 시방으로 각각 80갑절 말할 수 없는 백천억 나유타 세계의 티끌 수 세계 밖에, 각각 80갑절 말할 수 없는 백천억 나유타 세계의 티끌 수 여래가 있으니 이름은 다 같은 보현이라."라고 하고 있습니다.

보현보살은 부처님의 신통한 힘을 받아, 모든 보살 대중을 관찰하고, 여래의 출현하시는 광대한 위덕과 여래의 바른 법을 무너뜨릴 수 없음, 한량없는 착한 뿌리가 모두 공하지 않음, 부처님들의 세상에 나시면 온갖 훌륭한 법을 갖춤 등을 언설하고 있습니다.

이로써 중생들의 마음을 잘 살핌과 마땅한 대로 법을 말하되 때를 놓치지 않고, 보살들의 한량없는 법의 광명을 내는 일, 그리고 모든 부처님의 자재한 장엄과 모든 여래가 한 몸이고 다름이 없음을 본래의 큰 행으로부터 생기는 바를 거듭 이 품에서는 밝히고 있습니다.

「보왕여래성기품」에 대해 청량대사는 다음과 같이 견해를 밝혔습니다.

'보왕'은 덕을 거둔 것이니, 자재함을 '왕'이라 하고 귀한 것을 '보'라 한다. '여래'는 여실한 도로 와서 정각을 이룬 것이요, '성'은 본체이며, '기'는 현재의 마음〔心地〕이니 이는 그 일어나는 형상을 회통하여 진리에 들어간 것이다.

현수대사의 입장은 아래와 같습니다.

'보왕'은 마니보주인데 최고 진전하기에 '보'라고 이름하고, 보배를 넘이 자재하고 보배 중에 최고 수승하며 온갖 보배의 의지처가 되기에 '왕'이라 했다. '성기'의 법 또한 세 가지 뜻을 갖춤에 비유하니, 지혜를 내는 뜻이요, 최고 수승한 뜻이며, 의지되어지는 뜻이다.

현수 법장과 청량 징관은 두 분 모두 「입법계품」을 유촉과 부촉의 부분으로 보았습니만, 이통현 장자는 이 품을 곧 부촉과 유통의 뜻이라 보아, 교법을 행하여 유통시킨다고 보았습니다. 구역의 「보왕여래성기품(寶王如來性起品)」은 신역에서는 「여래출현품(如來出現品)」입니다.

등각 · 묘각위의 선지식

앞서 서두에서 등각과 묘각위의 선지식에 대해 언급하였는데, 계환스님의 『화엄경요해』에 제시된 선지식들께서 지닌

덕과 가르치는 바에 대해 정리하면서 마무리지어 보도록 하겠습니다.

등각위(等覺位) 열 분의 선지식과 묘각위(妙覺位)의 세 분의 선지식을 짚어 보면 다음과 같습니다.

▌10바라밀에 기인한 등각위 선지식

1. 등각위의 초위는 보시바라밀을 주체로 삼고 나머지 바라밀을 짝으로 삼습니다. 가비라성에 거주하시는 부처님의 어머니이신 마야(摩耶)부인이 「입법계품」의 53선지식 가운데에 이 등각위 처음 자리에 해당합니다.

2. 둘째 지위는 계바라밀을 주체로 삼습니다. 이 선지식은 천주광(天主光)왕녀로 33천왕인 정념천자(正念天子)의 딸입니다. 머무는 곳은 33천 정념성(正念城)입니다.

3. 셋째 지위는 인욕바라밀을 주체로 삼고 역시 나머지 아홉을 짝으로 삼습니다. 해당 선지식은 어린 아이를 자상하게 가르치듯 중생을 교화하는 가비라성의 변우(徧友)입니다. 이는 선지중예(善知衆藝)동자의 스승입니다. 선재동자의 제43위 11지 선지식에 변우동자사를

둡니다.

4. 넷째 지위는 정진바라밀을 주체로 삼고 역시 나머지 아홉을 짝으로 삼는 선지중예(善知衆藝)동자입니다. 선지중예동자는 모든 기예와 지혜를 알고 있는 선지식입니다. 가비라성에 거주하시며 제44위 선우에 해당합니다.

5. 다섯째 지위는 선정바라밀을 주체로 삼습니다. 마갈제국의 마을에 성이 있는데 그 이름이 바달라(婆怛那)입니다. 그곳에 우바이가 있는데 이름은 현승(賢勝)선지식입니다.

6. 여섯째 지위는 반야바라밀을 주체로 삼고 나머지 아홉을 짝으로 삼습니다. 남방의 옥전(沃田)성에 거주하는 견고해탈(堅固解脫)장자가 그 덕에 상응하는 선지식입니다.

7. 일곱째 지위는 방편바라밀을 주체로 삼습니다. 역시 옥전성에 거주하는 장자 묘월(妙月)선지식이 해당합니다.

8. 여덟째 지위는 원바라밀에 해당하며, 남방의 출생(出生城)에 머무르는 무승군(無勝軍)장자입니다.

9. 아홉째 지위는 역바라밀을 주체로 삼고 역시 나머지 아홉이 짝이 됩니다. 성의 남쪽에 한 마을이 있는데 이름

을 법(法)이라 하며 그곳에 거주하는 바라문 최적정(最
寂靜)선우가 이에 상응합니다.

10. 열째 지위는 지바라밀을 주체로 삼습니다. 그리고 위
의 경우들 모두와 마찬가지로 나머지 아홉과 짝을 이
룹니다. 남방에 성이 있는데 그 이름은 묘의화문(妙意
華門)인데 그곳에 거주하는 지혜의 선지식 덕생(德生)
동자와 자비의 선지식 유덕(有德)동녀가 여기에 해당
합니다.

▌묘각위의 선지식

묘각위의 선우는 모두 세 분입니다. 곧 불위(佛位)의 선지
식이라 할 수 있습니다. 제51위 선지식은 미륵보살〔善住樓閣〕
이고, 제52위 선지식은 문수보살〔普門國 蘇摩那城〕이며, 제53
위 선지식은 보현보살〔金剛藏菩提道場〕입니다.

덕생동자가 선재로 하여금 미륵보살을 보게 한 것은 등각
위를 벗어나 묘각위를 증득한 것을 표시한 것입니다. 그리고
미륵보살이 또 선재에게 문수에게로 되돌아가 보라고 한 것
은 지극한 과위가 인위와 같아서 본각과 시각이 둘이 아니므
로 비록 멀리 벗어나되 사실은 다름이 없음을 표시한 것입니

다. 이때 선재동자는 다시 문수로 인하여 보현을 볼 수 있게 되자 드디어 보현의 모든 행을 구족하여 보현과 같아졌으며 모든 부처님과 같아지게 됩니다.

등각위의 선지식, 미륵과 문수와 보현은 비록 성호(聖號)이긴 하나 사람마다 구족하지 않음이 없습니다. 미륵이란 자성 근본지의 결과이고, 문수는 자성 보광지의 본체이며, 보현은 자성 차별지의 작용입니다. 셋은 본래 스스로 한 본체에서 회합하되, 중생의 여래장 가운데서 생각을 따라 바뀌어서 다른 물건으로 변화합니다. 그리고 중생의 여래장 가운데서 생각을 따라 바뀌어서 다른 물건으로 변화합니다. 이에 부처님께서 불쌍히 여기어 그 생각을 다스리고 그러한 변화를 회복하려고 하신 것입니다.

그러므로 근본지의 결과와 보광지의 본체에 의지하여 차별지의 작용을 일으켜서 법을 시설하여 습기를 다스리게 됩니다. 습기가 다하고 지혜가 밝으며, 힘씀을 마치고 자비가 가득함에 도달하였으므로 셋의 본체가 함도 없고 작용도 없어서 초탈한 모습으로 원만하게 나타나는 것입니다.

결국 50위 뒤에 이 세 지위를 독립시켜 화엄을 닦는 자가 힘씀을 마치고 행이 가득하면 모두 자성 중에서 이 세 과위를 증득하되 타인으로부터 증득하지 않음을 보인 것입니다. 이것은 반본환원의 바른 지위이며, 닦음을 잊고 증득도 끊은〔忘修絶證〕 지극한 과위입니다. 비로자나께서 가르침을 드리움과 선재동자가 이끌어냄이 모두 사람들에게 나아가서 여기에서 마치고자 한 것이라 볼 수 있습니다.

그런 까닭에 모든 수행인은 마땅히 이루기를 힘쓰면 앞 성인들이 가르침을 드리우고 이끌어 내신 깊은 자비심을 저버리지 않게 되는 것이라 할 수 있을 것입니다.

이어서 보살도의 총괄인 「이세간품」을 함께 살펴보도록 하겠습니다.

보살도의 총결

38 이세간품(離世間品)

이 부분은 행을 이루는 인과 혹 세간을 벗어난 인과〔成行因果 · 出世因果〕의 대목입니다. 『80화엄경』에서는 세 번째로 시행되는 보광명전의 설법인 까닭에 '3중(重) 보광명전회'라고 합니다. 법에 의탁해 진보하여 행을 이루는 부분[託法進修成行分]에 해당합니다.

설법의 장소 —— 3회보광명전(三會普光明殿)

설법의 주체 —— 보현보살(普賢菩薩)

방광과 삼매 —— 행이 이해에 의하여 광명을 내는 까닭에 전

체적으로 방광하지 않음[無 · 表行依解發智光]

/ 불화엄삼매(佛華嚴三昧)

앞의 「여래출현품」에서 '수인계과생해분(修因契果生解分)'을 밝혀 법에 이해를 일으켰다면 지금은 '탁법진수성행분(托法進修成行分)'을 밝혀 이해에 의지해 행을 일으키는 부분입니다. 청량스님은 앞 21품을 과판하여 '인행을 닦아 과위와 계합하여 이해를 내는 부분[修因契果生解分]'으로, 「이세간품」(세간에서 벗어나는 품) 1품을 '법에 의탁하여 닦아 나아가 행을 이루는 부분[托法進修成行分]'이라 하였습니다.

장소는 이윽고 다시 바뀌어 부처님께서는 지상으로 내려와 마가다국 적멸도량(寂滅道場)의 보광법당[普光法堂會]에서 보살도의 총괄을 위해 설법이 진행됩니다. 설법은 여전히 보

현보살이 부처님의 위신력을 힘입어 법문을 하게 됩니다. 앞서의 여러 설법에서 경전의 중심사상인 10주 내지 10지에 관한 사자후(獅子吼)가 있은 뒤를 이어 이번에는 불화엄삼매(佛華嚴三昧)에 들었다가 보현보살이 일어나 이 회의 대표격이라 할 수 있는 선혜보살(善慧菩薩)의 물음에 대해 갖가지 보살행을 설명합니다. 중생을 이롭게 하며 세간에 있어도 더러움이 없음을 보이는 품이 되겠습니다. 11지 등각 이전의 보현행은 스스로를 이롭게 하고 남도 이롭게 합니다. 11지 이후의 보현행은 오롯이 이타행만을 합니다.

앞 제2회 보광법당의 설법에서는 '믿음〔信〕'을 낳는 시초에 대해 말한 것이 주된 주안점이었습니다. 이곳 보광법당으로 돌아와 재차 설명하는 법문은 '이미 얻은 깨달음〔解〕'에 의해서 '실천〔行〕'을 일으키는 일에 대해 설명하는 것이 그 중심 테마라 하겠습니다.

눈이 밝으신 불자님들께서는 벌써 알아차리셨겠지만, 신(信)-해(解)가 나온다면, 곧이어 행(行)-증(證)이 나와야 하겠습니다. 여기 이 대목에서는 3번째 단계인 '행(行)'을 주목하는 부분이고, 경전에서는 『80화엄경』의 제38품인 「이세간품」으로서 제8회 설법이 되겠습니다.

『60화엄경』에서도 같은 이름의 품으로 등장하며 33번째의 품으로 등장합니다. 설법의 순서로는 일곱 번째인 제7회 설법이 됩니다. 『80화엄경』과 『60화엄경』 모두 지상의 설법으로서 이곳은 앞서 이야기하였듯이 몸소 불과를 이루어 보현행을 늘상 행함과 아울러 보살도의 총괄을 언급하는 부분입니다. '신해행증(信解行證)'을 잠시 정리해 보면, '신(信, 擧果勸樂生信分)'은 수행인에게 환희심과 신심을 내게 하는 한편 비로자나부처님의 원만하고 청정한 과보를 잘 보여 주는 대목입니다. 그리고 '행(行)'은 수행의 결과를 보고 환희심이 일어나면, 수행의 결과[佛果]를 얻고자 하는 이해가 나게 됩니다. 흔히 화엄에서 10신·10주·10행·10회향·10지 등의 단계를 닦는다고 하면 여기에 해당합니다. 그리고 '행(行, 初品明託法進修分)'은 바로 지금 우리가 보고 있는 「이세간품」이 되겠습니다.

참고로 5주인과(五周因果)로는 성행인과(成行因果)에 속합니다. 5주인과는 소신인과(所信因果)-차별인과(差別因果)-평등인과(平等因果)-성행인과(成行因果)-증입인과(證入因果) 등입니다. 여기에서는 수행의 방법을 알고 의지하며 정진하여 모든 수행이 원만히 완성됨을 알 수 있습니다. 다음은 '증(證)'인데 53인의 선지식을 찾아 구도하는 선재동자의 구법기로 잘 알려져 있는 대목입니다. 깨달음을 이루고 부처님의 덕을 성취하는 과정을 그린 대목으로 여기에서 다시 10신 · 10주 · 10행 · 10회향 · 10지 등의 수행이 중첩되는 복합적인 구조로 이루어지면서 52단계의 증득 과정을 잘 표현하고 있습니다.

이 품의 전편(全篇)은 앞의 여러 품들에 비하면 상당히 긴 편에 속합니다. 여기에서 다루어지고 있는 여러 주요 항목은 예컨대 보살의 10종행(十種行), 10종선지식(十種善知識), 10종근수정진(十種勤修精進), 10종정희망(十種正希望), 10종법성취중생(十種法成就衆生), 10종계(十種戒), 10종자지수기법(十種自知受記法), 10종입(十種入), 10종심입여래(十種深入如來), 10종입중생심행(十種入衆生心行), 10종다라니(十種陀羅尼) 등 10종(十種)으로 열거되는 보살의 각종 행(行)과 덕(德)을 수없이 언급하고 있습니다.

품에서 특히 강조되는 것이 보현행인데, 쉬지 않음[恒行]이 보현행의 성격이 됩니다. 무슨 의미인가 하면, 불과를 이룬 다음에 그 수승한 단계로 인하여 거기에 도달한 수행자가 쉬어도 되는 것이 아니라, 끊임없이 보현행을 실천해야 합니다. 다른 의미로 덧붙이자면 이쪽 세간에 처하게 되었으면 이쪽 세간에 있는 더러움에 처하여야 합니다. 그렇지만 그 더러움에 물들지 않아야 합니다. 그렇기에 이를 이세간(離世間)이라고 하는 것입니다.

한편 이통현 장자는 이 품의 '이세간(離世間)'이란 이름으로 말미암아 뒤의 학자들이 경전 본래의 뜻을 그르치지 않을까 염려하면서 여읠 '리(離)'자를 이로울 '리(利)'자로 바꿔서 「이세간품(利世間品)」이라 번역하는 것이 옳다고 피력하기도 하였습니다.

이 품이 「여래출현품」을 이어서 보광명전에서 설해지는 이유는 5위의 공덕을 이루어 본디의 성품을 열어 자성여래가 출현하는 것이 근본지를 의지하여 중생을 이롭게 하려고 세간에 처하되 물듦이 없음을 보인 것이라 할 수 있습니다.

아래는 「이세간품」 내용의 대략(大略)입니다. 혹시 눈이 밝으신 불자님이 계셔서, 먼저 대략이라도 훑어 보셨다면 품의 구성이 『화엄경』 전체의 가르침과 짝을 이루고 있음을 알아채실 듯도 합니다. 경전의 내용을 다시 한 번 되짚어 보고 기억하시는 데 요긴한 도움이 되리라 믿습니다.

서분

　1. 원만한 기세간(器世間)

　2. 원만한 지정각세간(智正覺世間)

　3. 원만한 중생세간(衆生世間)

삼매에 든 보현보살

보현보살에게 보혜(普慧)보살이 200의 법을 문의

　1. 10신(信)의 행

　2. 10주(住)의 행

　3. 10행(行)의 행

　4. 10회향(回向)의 행

　5. 인과(因果)의 원만한 행

2000의 답으로 보현보살이 법문을 펴다

　1. 10신(信)

　2. 10주(住)

　　1) 발심주(發心住)

　　2) 치지주(治持住)

　　3) 수행주(修行住)

　　4) 생귀주(生貴住)

　　5) 구족방편주(具足方便住)

　　6) 정심주(淨心住)

7) 불퇴주(不退住)

8) 동진주(童眞住)

9) 법왕자주(法王子住)

10) 관정주(灌頂住)

3. 10행(行)

1) 환희행(歡喜行)

2) 요익행(饒益行)

3) 무위역행(無違逆行)

4) 무굴요행(無屈撓行)

5) 이치란행(離癡亂行)

6) 선현행(善現行)

7) 무착행(無着行)

8) 난득행(難得行)

9) 선법행(善法行)

10) 진실행(眞實行)

4. 10회향(回向)

1) 구호일체중생이중생상회향(救護一切衆生離衆生相廻向)

2) 불괴(不壞)회향

3) 등일체불(等一切佛)회향

4) 지일체처(至一切處)회향

5) 무진공덕장(無盡功德藏)회향

6) 수순견고일체선근(隨順堅固一切善根)회향

7) 수순일체중생(隨順一切衆生)회향

8) 진여상(眞如相)회향

9) 무박무착해탈(無縛無着解脫)회향

10) 등법계무량(等法界無量)회향

5. 10지(地)

1) 환희지(歡喜地)

2) 이구지(離垢地)

3) 발광지(發光地)

4) 염혜지(焰慧地)

5) 난승지(難勝地)

6) 현전지(現前地)

7) 원행지(遠行地)

8) 부동지(不動地)

9) 선혜지(善慧地)

10) 법운지(法雲地)

6. 등각위(等覺位)

7. 묘각위(妙覺位)

법문의 명칭과 권학(勸學)

상서(祥瑞)

일체 모든 시방 부처님의 증명

보현보살의 중송(重頌)

처음의 믿음을 버리지 않고 지키는 까닭에 부처님 지혜의 경지〔果地〕에서 중생을 위한 작용을 펼쳐〔力用〕 중생으로 하여금 이롭게 하면서도, 보살은 더러움에 물들지 않는 것입니다. 항상 중생을 이롭게 하면서 세간에 있어도 또한 더러움에 물듦이 없으므로, 머물거나 쉬지 않고 늘상 행하게 되는 보현행은 보광명전(근본 보광명지)에서 설한 것입니다.

자비와 지혜로 행하는 이타행은 모든 번뇌가 다한 것이기에 세간에 물드는 일이 없이 이타행을 할 수 있습니다. 그래서 보현의 대행으로써 널리 중생을 이롭게 하여 원융한 자성 여래의 덕이 출현하게 됩니다. 그래서 「여래출현품」이 드러낸 과행果行을 모두 섭수하는 이치를 언설한다면, 여기 이 「이세간품」은 과후(果後)의 이생(利生)을 밝혔습니다. 이러한 입장에서 설하는 것마다 부처 아님이 없으며, 보는 것마다 부처 아님이 없다고 할 수 있습니다.

경전에서는 늘 열 분의 부처님을 설하며 늘 열 분의 부처님을 본다고 말하고 있습니다. 보혜보살이 구름과 같은 2백 질문을 일으키자, 보현보살은 2천 답문을 비오듯 내리 부으니, 법문을 듣는 이로 하여금 본받게 하여 보현행을 실행하게 한 것입니다. 공덕이 이루어지고 행이 원만해지면 마치 흙을 제거한 순수한 물은 흔들어 휘젓더라도 다시 더러워지지 않는 것과 같습니다. 닦아 나아감이 끝난 연후에도 속진(俗塵)과 함께하되 물들지 않고, 중생을 이롭게 하면서 항상하는 길을 보여야 하는 것입니다. 공덕을 이룬 보살이 보현행을 운행하여 세상 삶으로 들어가 중생을 이롭게 하되, 조작도 없고 그침도 없으며 조작된 의식이나 나에 대한 생각도 없는 일체의 평상적인 자재한 행입니다. 이 점이 「이세간품」이 지닌 본래의 의미가 되겠습니다.

급고독원의 설법 8

39 입법계품(入法界品)

다음은 지상의 마지막 설법, 「입법계품」입니다. 장소에 의한 설법의 이름은 '서다림원중각회'입니다. 선재동자가 남쪽을 유행하며 앞서 경전에서 제시해 왔던 5위를 거듭 깨우치는 품인 동시에, 거듭 이곳에서 설법을 하는 것은 자비와 지혜가 서로 장엄함을 나타내며, 이 법이 중생을 제도하여 거두어들이기에 지상의 '급고독원'에서 시설됩니다.

설처 —— 서다림(逝多林)

설주 —— 보현보살, 각처의 여래와 선지식에 대한 내용

방광 —— 미간의 백호광명(佛放白毫光)

삼매 —— 여래 사자빈신삼매(獅子嚬呻三昧)

설법 —— 본말2회(本末二會)

〈제8회, 『60화엄경』의 기수급고독원 중각강당회. 『80화엄경』
의 급고독원은 제9회 설법〉

본회 —— 망수돈증(忘修頓證, 果法界)

지말법회 —— 기인수입(寄人修入, 因法界)

특히 이 부분은 사람에 의지하여 깨달아 들어가 덕을 이루
는 부분(依入證入減德分)으로 우리가 익히 들어왔던 53선지식
에 의해 선재동자가 구법을 하여 법을 익히는 부분이 되겠습
니다. 불보살과 널리 여러 수승한 선우(勝友)를 의지하여 깊
이 법계를 깨우치는 까닭에 '익인입증'이리 하고, 법을 깨달
음이 자기에게 있기에 '성덕'이라 합니다.

처음에는 부처님을 중심으로 기원중각(祇洹重閣)에 보살들
이 운집해 있습니다. 성문의 수도 500이며 명정원광명(明淨
願光明)보살을 비롯한 열 분의 보살이 차례로 부처님을 찬양

하는 노래를 읊은 뒤, 보현보살은 삼매의 공덕을 찬탄합니다. 그리고 설처(說處)가 화려한 광명과 음악으로 황홀경을 이루는 가운데, 문수사리보살이 나타나 찬탄합니다.

이어 5백의 동자와 5백의 동녀 가운데 그 대표격인 선재동자가 문수보살의 안내를 받아 보리심(anuttarāṃ samyak-sambodhim, 阿耨多羅三藐三菩提, 無上菩提)을 발현합니다. 그리고 선지식을 만나 법을 구하고자 남쪽으로 유행(遊行), 최후의 보현보살에 이르기까지 53분의 선지식을 만나 보살행을 묻고, 그 보살도의 수행하는 극적인 구도의 과정을 전개합니다.

이곳의 일은 부처님께서 성각(成覺) 후 상당히 시간이 경과한 뒤의 일입니다. 어떤 학자는 제1품에서 「이세간품」까지는 여래(tathā-āgata, 如來)의 연기(緣起)를 말한 것이고, 그 다음의 「입법계품」은 여법(tathā-gata, 如法)의 연기(年起)를 말한 것이라 보기도 합니다.

즉, 바꾸어 말하면 연기(緣起)는 법을 중심으로 그 법에 이르는 수행의 진행 과정을 말한 데 비해, 연기(年起)에서는 사람을 중심으로 깨달음에 진입[入證]하는 과정을 말한 셈이 됩니다.

'입법계(入法界)'란 '차제입법계(次第入法界)'라고도 풀이됩니다. 법계(dharmadhātu, 法界, 達磨馱都)의 계(dhātu, 界)는 인(因)이란 뜻이고, 법(dharma, 法)은 성법(聖法)이라는 의미를 가져 곧 성법을 내는 원인이 되는 것이 되어 진여(眞如)를 의미합니다. 즉 법계(dharmadhātu, 眞理의 窮極)로 점차(漸次)적으로 입증(入證)하는 것을 의미합니다. 별도의 뜻을 부가해 보면 '계'는 성(性)이란 뜻이고 이럴 경우 '법'은 일체 모든 법으로 해석하여 만유 제법의 체성이 되는 것이라 봅니다. 그래도 그 의미는 결국 진여에 귀결하게 됩니다.

tathatā : 如如, 如實, 實際, 性, 眞如

tathātā : 眞如

bhūmi tathatā : 眞理, 自然

더욱이 '계'는 분제(分齊, 分位差別)이니, 차별한 범위, 혹은 상당한 위치란 뜻을 가지고 있습니다. 그래서 서로 같지 않은 모든 법의 모양을 의미하여, 곧 만유 제법을 포함하여 말하는 것이 됩니다. 간혹 쓰는 용어로 일법계(一法界)가 있는데 진여(眞如)를 나타내는 말입니다. 여기서의 일(一)은 절대의 일이고, 법은 우주의 만유, 계(界)는 원인의 의미를 가집니다. 그래서 절대 유일한 우주 만유제법의 근본 원인이란 뜻을 의미하게 됩니다.

화엄의 법계는 여러 분류법이 있으나 일반적으로 넷으로 크게 분류합니다. 처음부터 끝까지 우주의 본체, 곧 법계의 이(理)를 밝혔으므로, 이것을 화엄 법계라 하며 이 법계는 4종으로 나누는 것입니다. 4법계[四種法界]는 모든 일체의 세계를 네 방면으로 관찰한 화엄종의 중요한 관점이자 교의(敎義)입니다.

- 사법계(事法界)
  - 우주 만유가 낱낱 개별상이 있는 방면
- 이법계(理法界)
  - 우주 만유의 근본에 일관한 본체, 곧 평등한 세계
- 이사무애법계(理事無碍法界)
  - 이(理)·사(事)는 낱낱이 독립된 것이 아니고, 사상즉본체(事象卽本體), 본체즉사상
- 사사무애법계(事事無碍法界)
  - 사법계와 이법계가 서로 융통무애할 뿐만 아니라 현상 차별계 사이에도 융통무애

처음의 사법계(事法界)는 우주 만유의 개별상·특수성(特殊性)이니, 곧 차별적 방면인 현상계·경험계입니다. 다음은 이법계(理法界)로 우주 만유의 근본인 무차별상(無差別相)·보편성으로, 곧 평등적 방면인 본체계(本體界)·근본원리입니다.

그 다음은 이사무애법계(理事無碍法界)입니다. 사(事)인 현상과 이(理)인 본체는 서로 독립되어 관계가 없는 것이 아니고, 융통 무애해서 현상이 곧 실재(實在)라는 의미입니다. 그리고 마지막이 사사무애법계(事事無碍法界)인데, 사인 현상과 이인 본체가 상즉(相卽)할 뿐만 아니라, 평행하는 여러 선이 서로 평행하는 것같이 현상과 현상도 또한 상즉하여 무애함을 말합니다.

이 4법계 가운데서 제1의 사법계를 제외한 다른 3법계에서 차례로 진공절상관(眞空絶相觀)·이사무애관(理事無碍觀)·주변함용관(周遍含容觀)의 3종 관법을 세웁니다. 이것이 화엄법계의 3관이며, 화엄종 수행인은 이 관법을 점차로 닦아서 사사무애법계의 경지로 들어가는 것을 가장 큰 단계로 삼게 됩니다. 이 가르침의 깊은 뜻은 만유란 원융무애하여 '일즉일체(一卽一切)·일체즉일(一切卽一)'이라는 것입니다.

우주의 만물은 각기 하나와 일체가 서로 연유(緣由)하여 있는 중중무진한 관계이므로 또 이것을 법계무진연기라고도 합니다. 이미 설명드린 6상원융(相圓融)과 10현연기(玄緣起)로 제시되고 있는바, 해당부분을 참조하면 좋을 듯합니다.

설법이 행해진 수풀 동산〔林園〕은 인도의 인간 세상인데 여기서 이 법문을 설한 것은 바로 인간 세상을 떠나지 않고, 인간 세상이 또한 부처님 법계임을 보인 것이라 할 수 있습니다. 법계회상에 운집한 대중들은 모두 묵연히 신통변화를 보여 과위의 행을 드러냅니다. 모두 묵묵히 삼매를 얻어 말을 버리고 행을 의지합니다. 53분의 선지식 명호를 살펴보면서 각각의 지위가 어디에 상응하는지 짚어 보기로 하겠습니다.

Ⅰ. 10신위 선지식
　1. 문수보살(文殊菩薩)

Ⅱ. 10주위 선지식
　2. 덕운비구(德雲比丘) - 초(初) 발심주(發心住) 선지식

3. 해운(海雲)비구 – 제2 치지주(治地住) 선지식

4. 선주(善住)비구 – 제3 수행주(修行住) 선지식

5. 미가장자(彌伽長者) – 제4 생귀주(生貴住) 선지식

6. 해탈(解脫)장자 – 제5 구족방편주(具足方便住) 선지식

7. 해당(海幢)비구 – 제6 정심주(正心住) 선지식

8. 휴사우바이(休捨優婆夷) – 제7 불퇴주(不退住) 선지식

9. 비목구사선인(毘目瞿沙仙人) – 제8 동진주(童眞住) 선지식

10. 승열바라문(勝熱婆羅門) – 제9 법왕자주(法王子住) 선지식

11. 자행동녀(慈行童女) – 제10 관정주(灌頂住) 선지식

Ⅲ. 10행위(行位) 선지식

12. 선견(先見)비구 – 제1 환희행(歡喜行) 선지식

13. 자재주동자(自在主童子) – 제2 요익행(饒益行) 선지식

14. 구족 우바이(具足優婆夷) – 제3 무위역행(無違逆行) 선지식

15. 명지거사(明智居士) – 제4 무굴요행(無屈撓行) 선지식

16. 법보계장자(法寶髻長者) – 제5 이치란행(離癡亂行) 선지식

17. 보안(普眼)장자 – 제6 선현행(善現行) 선지식

18. 무염족왕(無厭足王) – 제7 무착행(無着行) 선지식

19. 대광왕(大光王) – 제8 난승행(難勝行) 선지식

20. 부동우바이(不動優婆夷) – 제9 선법행(善法行) 선지식

21. 변행외도(徧行外道) – 제10 진실행(眞實行) 선지식

Ⅳ. 10회향(廻向) 선지식

22. 육향장자(鬻香長者) – 제1 구호일체중생이중생상(救護一切衆生離衆生相)회향 선지식

23. 바시라선사(婆施羅船師) – 제2 불괴(不壞)회향 선지식

24. 무상승장자(無上勝長者) – 제3 등일체불(等一切佛)회향 선지식

25. 사자빈신비구니(師子頻申比丘尼) – 제4 지일체처(至一切處)회향 선지식

26. 바수밀다녀(婆須蜜多女) – 제5 무진공덕장(無盡功德藏)회향 선지식

27. 비슬지라거사(鞞瑟胝羅居士) – 제6 수순견고일체선근(隨順一切堅固善根廻向)회향 선지식

28. 관자재보살(觀自在菩薩) – 제7 수순일체중생(隨順一切衆生) 회향 선지식

39. 대원정진력(大願精進力)주야신 – 제8 부동지(不
    動地) 선지식

40. 람비니임신(嵐毘尼林神) – 제9 선혜지(善慧地) 선지식

41. 석녀구바(釋女瞿波) – 제10 법운지(法雲地) 선지식

Ⅵ. 등·묘각위의 선지식

42. 마야부인(摩耶夫人) – 마야부인 한 분이 총의(總義),
    이하 열 분이 별의(別義)가 됨

43. 천주광녀(天主光女)

44. 동자사변우(童子師徧友)

45. 지중예동자(知衆藝童子)

46. 현승우바이(賢勝優婆夷)

47. 견고장자(堅固長者)

48. 묘월장자(妙月長者)

49. 무승군장자(無勝軍長者)

50. 적정바라문(寂靜婆羅門)

51. 덕생동자 유덕동녀(德生童子 有德童女)

52. 미륵보살(彌勒菩薩)

53. 문수보살(文殊菩薩)

54. 보현보살(普賢菩薩)

앞에서 이미 우리는 '여래의 출현' 과 마음에 물듦이 없음인 '이세간' 을 이미 살펴보았습니다. 이 품은 모든 부처님께서 성도하신 뒤 지혜의 항상을 보이는 품입니다. 즉 여태까지 각 품에서 여러 선지식을 살펴보았는데, 원래는 이 선지식들께서 「입법계품」에 등장하여 경전을 마무리하게 되는 구성입니다. 이 품에서는 '말을 버리고 행을 의지하는 법문' 을 따로 시설하여 선재동자가 남쪽에서 법을 구하는 발자취를 좇게 합니다. 그 지위가 닦아 나아감을 버리지 않고서 법을 지으며, 세속과 함께하되 물들지 않으며 중생을 이롭게 합니다. 선지식의 규범을 보여 사람들에게 본받는 것입니다.

선지식들의 수행지위는 경전의 처음과 끝에 이르는 계위와 상응하며, 그 내용에 대해서는 이미 앞서 함께 살펴보았습니다. 경전의 이러한 구성의 의미는 결국 시종(始終)에 결부시켜 본다면 처음도 끝도 없으며 또한 앞의 다섯 지위의 진보가 이로써 본체(本體)가 됨을 알 수 있을 것입니다.

여태껏 앞의 품들에서는 법에 의탁해 지위와 수행의 승진을 제시한 것이었다면, 이 품은 사람에 의지하여 깨달아 들어가는 것의 점차적인 순서로 이어집니다. 바로 53선지식의 등장이 되겠습니다.

이 선지식들의 본체는 사실 모두 각자(覺者)의 지위에 있습니다만, 선재동자로 대표되는 중생 근기에 맞추어 각각의 수행 지위에 맞추어, 10신에서 10회향까지 그리고 등각과 묘각위까지의 위치가 제시되어 있어 돈점(頓漸)의 묘용(妙用)을 활용하고 있다 하겠습니다. 품의 마지막에는 다음과 같이 게송이 설해집니다.

> 세계 티끌 같은 마음 헤어서 알고
> 큰 바다 물이라도 마셔 다하고
> 허공을 측량하고 바람 맨대도
> 부처님의 공덕은 다 못하노니
>
> 이러한 공덕 바다 누가 듣고서
> 기뻐하며 믿는 마음 내는 이들은
> 위에 말한 공덕을 얻게 되리니
> 여기에서 의심을 내지 말지어다.

흔히 미혹한 자는 부질없이 말을 버린다는 말에만 집착하여 행을 의지하는 진실을 잃습니다. 급기야 배움을 끊고 함이 없음을 옳다고 하고 진실로 바른 뜻을 닦는 것을 그르다고 이야기하는 이들도 있습니다. 그렇지만 화엄의 가르침은 올바른 가르침입니다. 우리가 살아가는 사바세계에서 설해지는 화엄의 설법은 연화장세계에 모두 두루 걸쳐 설해지는 고귀한 가르침입니다.

지금껏 보셨듯이 화엄에서는 수없이 많은 세계를 언급하고 있습니다. 법문이 설해진 처소는 엄청나게 많은 장소이며, 또한 많은 횟수를 거듭하여 설해집니다. 화엄의 가르침을 얻은 후에 바르게 수행을 하려면, 편안하게 따라 들어가 부처님 법계의 미묘한 장엄 바다로 들어가야 합니다. 세속과 함께하되 물들지 않으며, 중생을 이롭게 하면서 항상하는 길을 묵묵히 걸어야 하는 것입니다.

경전에서 이야기하고 있는 세상, 다시 말해 우리가 살아왔고 앞으로도 살아갈 이 우주의 시간과 공간을 화엄에서는 법계라 표현하고 있습니다. 법계의 세계는 부처님의 세계입니다. 마음속에서 환하게 드러나지만 그 모양을 볼 수가 없고, 번뇌의 세계 속에서도 빛나는 곳입니다. 이 법계라는 것은 화엄의 비로자나부처님이 지닌 본질[大]입니다. 비로자나부처님의 상태[方]이며, 비로자나부처님의 작용[廣]입니다.

이러한 가르침은 경전을 통해 과거와 현재 그리고 미래를 거쳐 끊임없이 비로자나부처님에 의해 설해지고 있습니다. 모든 세계의 부처님과 보살님들이 한결같이 닦은 바이며, 모든 성현들께서 존중하신 바이며, 법계의 중생들이 모두 함께 갖추고 있는 바입니다.

우주 만유는 항상불변(恒常不變)하는 본성이자, 본성으로부터 나타난다고 살펴보는 것이 성기(性起)입니다. 이것은 화엄의 교의(教義)에서 말하는 성기·연기(緣起) 2종 법문의 하나입니다. 성기의 '성(性)'은 부처님의 깨달음 자체입니다. 그 자체로서 적연(寂然)한 것이지만, 중생을 가엾이 여겨 중생에게 대하여 말할 때에는 일어납니다.

그런 까닭에 성은 변하지 않는 본체라 봅니다. 상대적으로 '기(起)'는 나타나는 작용입니다. 완전하고도 청정한 부처님만이 성기한 것이라 할 것이지만, 중생과 국토가 전부 여래라는 점에서 보면 우주 만유는 다 성기라고 할 수 있습니다. 화엄종에서 진실한 지해(智解)로써 법계를 볼 때에는 만유는 모두 불신(佛身)입니다.

이러한 법계를 깨달음의 대상과 깨닫고자 하는 주체의 입장으로 마무리해 본다면 '대방광'과 '불화엄'으로 나눌 수 있습니다.

각각 소증법계(所證法界)와 능증지인(能證之人)이라 합니다. 소증법계의 뜻은 증득할 대상으로서의 법계라는 의미입니다. 법계는 모든 중생들이 참여하고 더불어 함께 있음[大]인데, 그 모습과 성질 등은 법계와 한 치도 어긋남 없이 평등[方]하고, 작용은 큰 허공과 같이 두루 섭수하여 막힘이 없는 것[廣]입니다.

능증법계의 의미는 능히 증득하는 주체를 뜻합니다. 이는 수행의 궁극적 결과인 근본지와 다르지 않으며[佛], 궁극의 결과에 상대하는 모든 수행의 원인은[華], 궁극적 결과인 부처님의 세계를 장엄[嚴]합니다.

중생에게 뛰어들어 장엄하거나 비춘다는 행위조차도 극복하고, 이어서 복덕과 지혜와 대행과 대원[福智行願] 그리고 여러 원만한 수행의 덕을 아울러 갖추면 비로자나부처님을 증득하는 것입니다.

결국 소증과 능증이 더불어 뜻하는 바는 '증득할 대상인 법계[所證]는 근본지를 떠나지 않고, 증득하는 주체[能證]는 미묘한 행을 떠나지 않아, 근본적 깨달음과 실천행은 하나의 도리인 것이다' 라는 의미가 됩니다. 여기에 '경' 이라는 것은 설명할 바의 법을 거두고 보관한다는 뜻입니다. 따라서 일정한 틀이 되므로, 변함없이 전하는 가르침이라는 의미가 책 제목을 통해 형성됩니다.

　결국 이 경전은 크고 반듯하고 넓고 깊은 부처님 세계의 꽃으로 장엄된 경이라 풀이할 수 있습니다. 모든 부처님과 아울러 중생들이 더불어 평등함과 본래의 참된 덕을 바로 드러내어 보인 경전이라 하겠습니다.

_후기

필자로서는 혹시라도 경전의 가르침을 잘못 전하면 어찌할까 하는 고민을 무수히 해오면서 이 못난 글을 세상에 내어놓습니다. 사실 원래 기고했던 분량의 3분의 1로 줄여 고치는 과정을 겪었습니다.

지나치게 축약된 점이 없지 않아 경전의 말씀을 많이 담아 게재할 수 없음이 그저 안타깝기만 합니다. 하지만 개설입문서 내지 교양서적이라는 점에서 길라잡이 삼아 만족하게 읽으신 분이 한 분이라도 계셨다면 필자로서는 큰 법열(法悅)과 위안이 될 것입니다.

행여 책의 내용에 실망을 금치 못하신 분이 계시다면, 저의 못난 졸필임을 자인하며 사죄를 드리겠습니다. 경전의 가르침을 전달하는 책임을 통감하면서, 같은 불자의 입장에서, 그리고 늘 초심(初心)으로 언제든지 허심탄회하게 부처님 이야기와 그 가르침에 대한 법담(法談) 나누기를 희망합니다.

　　짧지만 긴 여정 고생 많으셨습니다. 저와의 산책에 동반해 주셔서 진심으로 감사와 존경의 말씀을 올리며 글을 마무리 짓습니다. 부디 공덕의 선근을 심으시어 성불하시기를 진심으로 불보살님전에 기원 올립니다.

정병조

1970년 동국대 인도철학과를 졸업하고 1984년부터 2년간 인도 네루대학 교환교수를 역임했다. 1986년 동국대 대학원 철학박사학위를 취득, 1980년부터 2011년까지 동 대학 교수로 재직했다. 1996년부터 2007년까지 (사)한국불교연구원 원장을 역임했다. 동국대 도서관장과 사회교육원 원장, 교무처장, 부총장 등을 역임하였고, 2011년 정년퇴임했다. 2011년 현재 금강대학교 총장으로 재직 중이며 동국대 명예교수, 불교연구회 회장 등을 맡고 있다.

저서로는 『정병조의 불교강좌』, 『인도철학사상사』, 『지혜의 완성』, 『불교와 인도고전』, 『인도의 여정』, 『전환기의 한국불교』, 『정병조 불교입문』 등이 있고, 역서로는 『역해 육조단경』, 『현대불교입문』, 『야스퍼스의 불교관』, 『불교의 심층심리』가 있으며, 「십일면관음의 연구」, 「한중불교교류사연구」, 「불교의 경제윤리」 등 다수의 논문이 있다. 또한 2010년 『성사원효(Master Wonhyo)』 및 『한국불교사상사(History of Korean Buddhism)』 등 영문판을 출간하였다.

왕초보 화엄경 박사 되다

초판 1쇄 발행 | 2012년 3월 29일
초판 2쇄 발행 | 2019년 4월 30일

지은이 | 정병조
펴낸이 | 윤재승
펴낸곳 | 민족사

등록 | 제1-149호(1980.05.09)
주소 | 서울 종로구 삼봉로 81 두산위브파빌리온 1131호
전화 | 02)732-2403~4 팩스 | 02)739-7565
홈페이지 | www.minjoksa.org
E-mail | minjoksabook@naver.com

ⓒ 2012, 정병조

ISBN | 978-89-7009-461-8 03220